하늘이 내린 춤꾼

이매방 평전

그의 춤 안에는 삶과 죽음 사이의 거리가 없다

하늘이 내린 춤꾼
이매방 평전

문철영

그의 춤 안에는
삶과 죽음 사이의 거리가 없다

새문사

이매방의 춤 영원하리라

이매방을 가리켜 명무(名舞)라고 일컫는다. 그 까닭을 따지자면 사람에 따라 내세운 점이 다르겠지만 […] 그의 춤은 혼(魂)으로 추는 춤이라는 점을 내세우고 싶다. 바꾸어 말해서 장단에 맞추어 손을 펴고 다리를 올리는 춤사위의 정확성도 있겠지만 이매방의 춤은 가슴에서 우러나오는 춤이다. 그것은 단순한 기교가 아니라 심혼을 기울여서 기도하듯 추는 춤이다. 그러기에 그 춤추는 자태나 표정은 곱다 못해 엄숙하고 절묘하다 못해 신비롭다.

사르르 내려 간 듯 한 그의 눈에서는 항상 우수가 담겨있다. 약간은 처져 내린 가냘픈 어깨의 선은 누군가가 덥썩 안으면 금세 허물어질 것만 같다. 그러나 그가 땅 위에 엎드린 자세로 침묵을 지키다가 몸을 꿈틀 일으키는 승무 첫 장단과 장삼의 물결은 바로 힘과 의지와 탐구로 달구어진 화신이다. 무대 위에 가득한 그의 그칠 줄 모르는 에너지와 허공을 가득 채운 춤사위의 파장은 이미 인간의 세계를 벗어난 것이다.

- 외길 인생 이매방 춤 대공연(2001) 팸플릿 중에서 -

차례

들어가는 글 | 어린아이들이 놀고 있는 놀이터에 떨어진 폭탄, 이매방의 승무/ 10

제1장 1930년대 목포의 눈물/ 22

제2장 일제강점기 전통춤 전승 공간, 권번(券番)/ 34

제3장 교실 밖에서 만난 학교/ 47
_ 목포 권번

제4장 소년 이매방의 역할 모델/ 61
_ 중국 경극배우 매란방

제5장 이매방이 보고 들은 최승희의 춤/ 69
_ 왜소한 시대의 왜소한 춤

제6장 　해방 전후 죽음의 문턱에서/ 82
　　　　_ 일본군에서 인민군, 인민군에서 국군으로

제7장 　6·25전쟁 이후 무용계의 재편과 떠돌이 이매방/ 91

제8장 　죽었다고 알려진 이매방의 화려한 부활/ 106
　　　　_ 새로운 시대의 여명

제9장 　여성보다 더 여성적인 '탐미주의자'의
　　　　성적 욕망과 근원적 외로움/ 116

제10장 　'단정하지만 무뚝뚝한' 여자, 아내 김명자/ 127

제11장 **인간 이매방과 그의 춤(1)/ 149**
　　　　_ 진화하는 천재적 섬광

제12장 **인간 이매방과 그의 춤(2)/ 163**
　　　　_ 남성성과 여성성을 초월한 '요염함'

제13장 **인간 이매방과 그의 춤(3)/ 173**
　　　　_ 광기에 가까운 완벽주의

제14장 **부와 명성을 모두 얻은 남자(1)/ 184**
　　　　_ 승무와 살풀이춤 무형문화재 지정

제15장 **부와 명성을 모두 얻은 남자(2)/ 210**
　　　　_ '춤꾼'과 '교주'의 경계에서

제16장 쓰러지고 또 쓰러지고 …/ 236
_ 꺼져가는 불꽃들

제17장 지상에서의 마지막 나들이/ 250
_ 여정 자체가 보상이다

후기 | 이전에도 없었고 이후에도 없을
이매방 춤의 향방/ 263

• 감사의 말/ 276
• 이매방 연보/ 280

_ 찾아보기/ 290

● 들어가는 글

어린아이들이 놀고 있는
놀이터에 떨어진 폭탄, 이매방의 승무

    1977년은 내가 대학에 입학한 해이다. 그때는 계열별 모집이라고 해서 먼저 계열을 정해서 들어가 1년 공부하고 나서 2학년 올라갈 때 희망하는 과를 정했다. 1년 재수하고 대학에 들어갈 때의 나의 꿈은 영문과로 진학하여 외무고시 합격해서 외교관이 되는 것이었다. 그런데 당시 대학은 나의 그러한 낭만적인 꿈을 펼칠 정도로 여유로운 형편이 못 되었다. 긴급조치세대에 걸맞게 대학 안에는 무언지 모르는 무거운 공기가 신입생을 짓누르고 있었고, 독립투사와 같은 분위기의 선배들은 당시 대학의 낭만이 얼마나 사치스러운 것인지 후배들에게 죄의식을 갖도록 하였다. 민족과 민중 등의 개념이 당시 대학생활의 모든 행동과 판단을 가늠하는 지표가 되었다. 죄의식에서 벗어나기 위해서 학생운동에 참여해 보기도 하고, 가면극이라든지 탈춤과 같은 민중문화운동에 함께해 보기도 했다. '외무고시'의 목표를 포기하고 '우리 역사'를 공부하기 시작했다. 대학은 걸핏하면

문을 닫았다. 주변의 친구들은 갑자기 보이지 않곤 했다. 군대에 끌려 갔다는 소문만 들려왔다. 괴로웠다. 휴학하고 1년을 방황해야 했다.

그렇게 대학을 휴학하고 방황할 때, 그때 처음 '이매방' 이름 석 자를 보았다. 1977년 8월 3일자 「조선일보」에 실린 홍종인선생의 글, '이매방씨의 승무를 보고'에서였다. 그 글에서 그는, 이매방의 승무 발표회에서 우리 전통무용의 장래를 크게 약속할 수 있는 감동적인 본보기를 보았다고 흥분해 하면서 다음과 같이 그 감동을 전하였다.

> 검은 장삼에 흰 고깔을 쓰고 나온 〈삼현승무〉에서 관중을 등지고 납작 엎드려서 피리와 아쟁, 해금, 북이 울려나오기 시작할 때 등골을 으쓱 들었다가 놓는 그 순간 그 깊은 한숨소리는 들은 바 없었으나 그 순간의 한숨은 하늘이 꺼지는 듯 깊은 느낌이었다. … 이씨의 춤이 각별하다는 점은 악곡이 지닌 장단과 가락 속에 섬세하고 대담하면서도 자연스럽게 온몸에 매듭과 힘줄이 움직일 수 있는 모든 부분에 작동하고 있다는 그 기교를 훨씬 넘어서 그의 전신에 넘쳐 흐르는 예술적, 창조적 그리고 또 즉흥적인 감흥이 압도적이었다는 데에 있다 할 것이다. … 우리춤의 전형적인 다양한 발맵씨와 더불어, 상체의 중요한 동작 속에 갈피 갈피 스며있는 속절없는 슬픔과 기쁨을 아로새겨 나가는가 하면, 기쁨도 슬픔도 초월한 파탈의 정열이 솟구쳐오르는 감동을 그대로 그려낸다. (홍종인, '이매방씨의 승무를 보고')

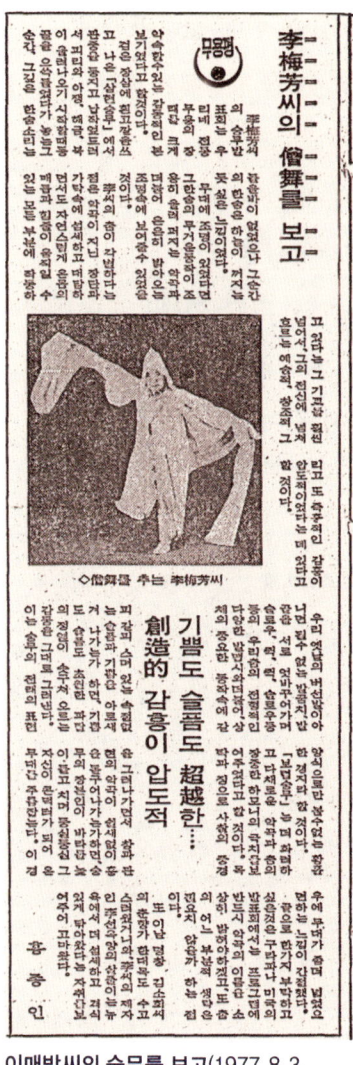

이매방씨의 승무를 보고(1977.8.3. 「조선일보」)

이때 '이매방' 이름 석 자가 내 뇌리에 새겨졌다. "얇은 사(紗) 하이얀 고깔은… 파르라니 깎은 머리 박사(薄紗) 고깔에 감추오고… 두 볼에 흐르는 빛이… 까만 눈동자 살포시 들어 먼 하늘 한 개 별빛에 모두오고… 소매는 길어서 하늘은 넓고 돌아설 듯 날아가며 사뿐히 접어 올린 외씨버선이여… 휘어져 감기우고 다시 접어 뻗는 손 끝…" 조지훈의 시 '승무'와 함께.

조지훈의 시 '승무'가 어떤 춤을 보고 쓴 것인가에 대해서는 설왕설래가 있었다. 최승희의 승무를 보고 썼다는 주장이 있는가 하면, 김은호의 그림을 보고 썼다는 주장도 있었다. 하지만 이매방의 회고에 의하면, 이매방의 춤 선생이었던 광주 권번의 박영구의 손녀인 박봉선의 '승무'를 보고 그 시를 지었다고 한다.

조지훈씨는 박봉선 누님의 승무를 보고 쓴 거야. 내가 그걸 봤어요. 지금 자네처럼 그렇게 춤추는 데 와서 적고 그랬어요. 조지훈씨는 내가 대한항공 10주년으로 외국공연 갈 때 단장으로 갔으니까 그때도 친숙히 그렇다고 했어요.

'인간' 이매방은 과장해서 자신을 부풀리거나 없는 사실을 만들어서 있는 것처럼 포장하는 유형의 인간이 아님을 그동안의 대담을 통해서 확인했기 때문에 나는 이매방의 진술에 무게를 두고 싶다. 그리고 대학시절 '이매방' 이름 석 자가 내 뇌리에 새겨질 때 동시에 조지훈의 시 '승무'가 떠올랐던 것도 우연이 아니라고 생각한다. "고이 접어서 나비일레라~ 뿌릴 때는 하늘이 낮다 할 정도로 뿌리고 내릴 때는 사뿐히, 고요하면서도 뼈 안에 박력이 있어야지."라고 강조하는 이매방의 '승무'에서 나는 조지훈의 시 '승무'를 느꼈던 것이다.

하지만 당시 나는 이때 등장한 이매방의 승무가 어떠한 역사적 의미를 가지는지 알지 못했다. 당시 지방을 전전하다가 서울무용계에 본격적으로 등장한 이매방 춤의 충격을 가늠할 수 없었다. 이것은 마치 어린아이들이 놀고 있는 놀이터와 같은 서울 중심의 기존 무용계에 떨어진 폭탄이었다. '전통춤의 현대화' 운운하면서 뿌리도 모르고 원형도 모르는 전통춤의 외피만 입고 있는 신무용 중심의 무용계에 떨어진 폭탄과 같은 충격이었다. 인맥도 없고 학맥도 없이 변경에서 올라온 외톨이 촌놈이 인맥과 학맥으로 똘똘 뭉친 기존 무용계의 질서와 판도를 뒤흔드는 충격의 신호탄이었다.

당시 현장에서 이매방의 승무를 보고 춤 애호가에서 전문적인 춤꾼의 길로 방향 전환을 한 어느 제자는 그때의 개인적 충격을 이렇게 기록하고 있다.

그러니까 지금으로부터 34년 전, 종로 YMCA 강당 무대 위에서 전통춤의 명인 이매방 선생님의 〈승무〉공연을 관람하게 되었다. … 전통춤의 하나인 〈승무〉를 보게 된 그 날, 나는 詩로만 읽었던 조지훈의 〈승무〉가 바로 내 눈 앞에서 동작으로 현현됨을 본 것이다. 비록 그가 파계승은 아니었다 해도. … 독수리 날갯짓처럼 중후한 그러면서도 우아한 그의 춤사위에 그만 숨이 멎었다. 충격이었다. 온몸에 전율이 일었고 나는 흥분상태를 가라앉히려 아무리 애썼지만 소용이 없었다. 공연이 끝난 후에도 한동안 … 처음에 엎드려서 느린 염불장단으로 시작, 서서히 일어서면서 장삼을 위로 힘차게 뿌린다. 펼쳐졌던 장삼이 허공에 곡선을 이루며 살포시 내려앉는 그 아름다운 형상은 장관이었다. 장삼이 흩뿌려지고 다시 모아지는 형상은 인간사 백팔번뇌 같았다. 후반부엔 북 놀음이었는데 구정놀이(자진몰이) 장단으로 자근자근 치다가 점점 몰아가면서 멋들어진 가락이 나오고 신명이 나면서 흥겨워지기 시작했다. 그러다가 휘몰이로 넘어가 매우 빠르게 몰아붙이면서 북소리는 천둥 뇌성 소리로 변하고 관객들의 마음은 물론 공연장 전체를 마구 흔들어대기 시작했다. 마침내 한 맺힌 고뇌가 몸부림-맘부림 하는 듯 꿈틀대다가 마지막 장삼 자락이 허공을 향해 흩뿌려지면서 살포시 다시 내려앉는 그 순간 비로소 모든 번뇌가 다 사라지는 후련함. 그 카타르시스를 체험한 그 날의 큰 감동은 내 춤꾼으로서의 삶에 자극제가 되었다. 그 후 이매방 선생님의 문하에 들어가기로 결심하고 춤공부를 본격적으로 시작하였다. (김정녀 회고)

그의 춤은 이렇게 한 사람의 삶을 바꿔놓을 정도로 충격적이었다. 현장의 관객들 마음을 뒤흔들고 공연장 전체를 뒤흔드는 충격과 전율이었다. 이매방 춤의 이 전율과 충격을 그 1년 전에 이미 예감했던 지방의 한 평론가는 "그의 춤이 우리 춤의 본성을 일깨워 준다."고 하였다. 일제시대 그 암담하던 고난의 때보다도 해방 후 실상 우리의 신무용 반세기는 오히려 오랜 무료와 허망한 만성갈증 상태였는데 그것을 해소시켜 준 것이 이매방의 춤이라고 하였다. "가뭄에 맞는 소나기와 같은 기쁨"이며, "연기 예술의 본령에 닿는 촉감이며 고동"이라고 하면서 그의 승무를 이렇게 평하였다.

이매방의 〈삼현승무〉는 형식상 현존 고전승무의 전형이라고 할 수 있다. 승무 원류인 법고놀이를 외면한 승무는 어디까지나 신무용적 발상에 불과하기 때문이다. 〈삼현승무〉는 분명 이매방의 분신이다. 물심일여를 이룬 연기는 과히 일품으로 민속고전무의 정통적 명무임을 입증하여 주었다. 그것은 그가 민속고전무의 제반특징을 고스란히 지녔다는 점 때문이다. (강이문 평론, 1976)

부산을 중심으로 활동하였던 무용평론가 강이문은, 이매방이 유일하게 자기 춤을 이해한다고 인정했던 평론가였다. 그렇기 때문에 서울 중앙에 이매방이 알려지기 전에 그 누구보다도 이매방 춤의 가치를 먼저 파악했던 사람이기도 했다. 그런 그가 이매방의 춤 승무를 '민속고전무' 혹은 '정통적 명무' 혹은 '고전승무의 전형'이라고 하면서 '신무용적 발상'과 대비하여 평가하는 것이 눈에 띈다. '오랜 가뭄에 맞는 소나기와 같은 기쁨'이나 '오랜 무료와 허망한 만성갈증 상태의 해소'와 같은 감동적 표현을 '신무용 반세기'와 대비하여 표현하고 있는 것이 주목된다.

당시만 해도 순수 전통춤을 볼 수 있는 기회는 드물었다. 한국 춤은 종류도 다양하고 각양각색의 모양으로 추어지고 있었는데, 크게는 궁중에서 추는 궁중 정재와 민간인 사회에서의 민속무용이 주류를 이루었다. 당시 신무용의 허망함이 한국무용계의 주류를 형성한 가운데 우리 춤의 원형에 대한 갈급함이 있었지만, 화석화되어버린 궁중 정재나 시정잡배의 춤으로 전락한 민간의 민속무용으로는 그 갈증을 해소하기 어려웠던 터였다. 이때 궁중 정재와 같은 고전적인 아름다움, 곧 법무로서의 품격도 있는가하면 민속무로서의 토속성과 즉흥성, 즉 민중적 생명력까지 끌어안고 있는 이매방의 승무의 출현은 무용사적 일대 사건일 수밖에 없었다.

그래서 이렇게 법무로서의 품격과 민속무로서의 생명력을 가진 이매방 승무를 강이문은 기존의 승무와 구별하여 굳이 '고전승무의 전형' 혹은 '민속고전무의 정통적 명무'라는 표현을 반복적으로 사용하게 된 것이었다. '고전' 혹은 '정통'이라는 개념 사용에는 기존의 승무와 다른 이매방 승무를 어떻게 표현해야 할지 또한 어떻게 개념 규정해야 할지에 대한 그의 고민이 담겨있다.

1940년에 발간된 「조선일보」에는 조선음악무용연구회의 도동기념공연 머리기사에서, "오늘밤 춤의 무대는 열린다. 고전무용의 호화판"이라 하여 조선음악무용연구회의 춤들을 고전무용이라 칭하였는데, 이때 '고전무용'이란 순수한 조선춤을 뜻했다. 놀음에 맞게 축소, 변질된 기생의 춤도 아니고, 현대무용의 기법으로 변형된 최승희나 조택원의 '신무용'도 아닌 무대화된 조선춤의 원형을 보았고, 이를 고전무용이라 칭했던 것이다. 이는 '신무용'과 양식적으로 구분되는 용어이고, 한국근대춤사의 일정 시기에 전통춤을 양식적으로 규정할 수 있는 용어라고 할 수 있다.

강이문은 자신이 체험한 이매방의 춤이야말로 무대화된 한성준류의 춤과도 다른 순수한 조선춤의 원형이라고 보았다. 그래서 자신이 체험한 새로운 경험을 '고전'이니 '정통'이니 하는 언어를 사용하여 개념 규정하여야만 하였다. 하지만 이매방의 춤을 어떻게 규정하건 가장 중요한 이매방 춤의 충격의 본질은, 그전까지의 춤과 다르게 그의 춤을 통해 "우리 춤의 본성을 일깨우게 된" 것이라는 결론에 도달하였다. 이처럼 혜성같이 등장한, 고전무용이면서 민속무용인 이매방의 춤은, 당시 한국 춤의 외피만을 입고 있는 신무용에 갈증을 느끼면서도 궁중 정재나 기존의 민속무용 혹은 한성준류의 무대화된 우리춤에서 그 갈급함을 해소하지 못한 채 모래성을 쌓았다가 부수고 또 쌓기를 반복해 온 '어린아이들의 놀이터'에 떨어진 폭탄이었던 것이다.

당시 공연을 앞두고 「조선일보」가 이매방을 인터뷰했는데, 정작 이매방 자신도 자신의 춤 승무를 어떻게 표현해야 할지 몰랐다. 그래서 이렇게 말한다. "글쎄, 40년동안 추어온 내 춤 승무를 정식으로 공개하려니… 말로는 못하겠어. 춤으로라면 표현할까."(공연 전, 「조선일보」와의 인터뷰)

우리가 어떤 사물을 표현하려면 그 사물과 거리가 있어야 한다. 주체와 객체로서의 분리가 있어야 그 객체를 대상으로 설명할 수 있는 것이다. 이매방은 자신의 춤이 고전인지 민속인지 정통인지 모른다. 자신의 춤이 최승희류의 신무용이 아니어서 대중적 관심을 받지 못했다는 것은 알았을지 모르겠다. 하지만 대중적 관심이나 주류무용계에서의 평가, 혹은 서울 중심의 활동과 무관하게 40년을 춤을 추면서 "한국 춤의 본령에 닿는 촉감이며 고동"을 느낀다. 그가 승무를 출 때, 그 승무는 주체와 객체로 분리된 것이 아니며 자신의 분신과도 같았다. 이것이 곧 강이문이 말한 '물심일여'의 경지인 것이다. '고전적으로' 추려고 해서 춘 것이 아니었고, '민속적으로' 추려고 해서 춘 것이 아니었다. '한국 춤의 정통'을 공부해서 나온 춤도 아니었고, '민속고전무의 제반 특징'을 연구해서 나온 춤도 아니었다.

온 몸의 동정과 일거수 일투족에서 그의 정신이 넘쳐 흐르고 감정이 표출되어서 관중 자신도 모르게 충동되어 감탄이 터져나오게 하는 높은 경지의 예술성이 흘러나온다. 온 정력과 심혈을 쏟아서 추기에 자신도 모르는 사이에 도취되고 모든 생명력이 경주된 춤으로 생명이 있는 춤이기 때문에 '물아일여'의 경지에서 그는 자신도 모르게 눈물을 흘린다. 평론가식으로 어렵게 표현하자면, "생득적 인체 기능과 충동이라는 터전 위에 구축"(강이문 평론)된 것이었고, 아마추어식으로 쉽게 표현하자면, '그냥 몸에 배어서' 나온 것이고, '곰삭아서' 터져 나온 것이었다. 물론 이렇게 곰삭기 위해 '술'이 필요하기도 하였다. 하지만 어쨌거나 이것은 새로운 현상이었다.

> 술 하니까 옛날 선생님께서 공연 중 주무신 생각이 나서 지금도 웃음이 납니다.
> 선생님께선 시민회관 공연에서 승무를 추시게 되었어요.
> 그때만 해도 출연하기 전 무대 옆에서 쭈그리고 앉으셔서 소주 몇 잔을 드시고 나가셨거든요. 그런데 염불장단이 나오고 몇 장단이 지나도 일어나시질 않는 거예요. 염불장단이 얼마나 긴데, 우린 가슴이 내려앉는 것 같았어요.

무대 옆에서 선생님, 선생님 점점 더 크게 선생님, 선생님! 하고 소리를 질렀어요.

그 소릴 들으셨는지 순간 잠이 깨셨는지, 아무렇지도 않게 일어나시면서 남은 장단에 맞춰 춤을 추시는 것이었어요. 몇 장단이 흘렀는데도 귀신같이 장단을 다 맞추시는 공연을 했어요.

전 정말 놀랍고 신기했지요.

언젠가 세월이 흘러 제가 그 일을 말씀드렸더니, 미친년 내가 언제 그랬냐고 시치미를 뚝 떼셨어요. (박소림 회고)

그래서 이매방 춤의 등장이라는 이 새로운 현상을 이론적으로 설명하고 싶어 했던 평론가 강이문은 앙드레 브르통의 "고전이란 어제와 오늘과 내일이라는 세 개의 시상 속에서 언제나 직면해있는 새 진실에의 문제를 소재로 한 작품에서 찾아볼 수 있으며, 이 작품의 바이탈리티가 미래로 상향한 현재의 마음에 영원한 고동을 주는 그러한 유기체가 고전이다."라는 어려운 개념 규정까지 동원하면서, 이매방의 춤을 "이러한 규정으로 미루어 보아도 막연하나마 진실을 표방하는 편에 서서 우리의 운치 있는 고전무의 위상을 견지하는 외로운 샛별이라 하겠다."(강이문 평론)고 예감하였다. 샛별은 무엇인가? 이제 새 날이 동틀 것을 보여주는 징표이다. 이제 어둠은 물러가고 새 날이 밝을 것을 미리 알려주는 것이다. 강이문은 평론가적 직감을 가지고 이매방 춤이 오랜 무료와 허망한 만성갈증에서 벗어나지 못하는 한국무용계에 새 날을 열 것을 예고하고 있었던 것이다. 그 외로운 샛별의 고향은 1930년대 목포였다.

YMCA 강당에서의 이매방 승무 발표회(1977.7.30)

● **제1장**

1930년대 목포의 눈물

사공의 뱃노래 가물거리며
삼학도 파도 깊이 스며 드는데
부두의 새악씨 아롱 젖은 옷자락
이별의 눈물이냐 목포의 설움

– 목포의 눈물 1절

엘레지의 여왕으로 알려진 이난영의 '목포의 눈물'은 민족의 울분과 저항이 감추어진 노래로서 당시 19세의 이난영이 노래하였다. 이난영은 이남순의 장녀로 1916년 6월 여름 목포 앞바다가 내려다 보이는 양동 42번지 속칭 양동 6거리의 산동네 초가집에서 태어났다. 지금은 어엿한 주택지로 변한 곳이지만, 당시만 해도 냇가 언덕위의 바윗등으로 불리는 빈민촌이었다. 그녀가 열 살 되던 무렵 아버지의 술주정과 가난에 시달리다 못한 어머니가 제주도로 가정부살이를 떠나 버렸다. 가난이 원수였다. 나라 잃은 조선인들의 한탄과 절망을 표현한 '목포의 눈물'을 불러 대표적인 대중가수의 반열에 우뚝 선 이난영 여사의 생가터가 양동 육거리에 있다.

이난영이 태어난 후 11년 뒤, 이매방은 사촌누이뻘인 이난영이 태어난 목포 양동 거리 27번지에서 태어났다. 이렇게 이매방은 일제시대 대표적인 조선인 마을인 양동에서 태어나 주위의 가난과 한탄과 절망이 낯설지 않은 환경에서 자라게 되었다.

이매방은 훗날 머리를 노랗게 물들이는 유행을 당시 막 똥통에 빠진 것을 건져 올린 것처럼 구역질난다고 비판하면서 이렇게 어린 시절을 떠올린다.

> 왜정 때 목포 우리집 옆에 밭이 많았거든. 그때는 인분, 사람이 똥으로 농사 지었거든. 똥을 갖다 인자 지게로 퍼서 변소마다 그땐 똥 푸다, 똥통에다 똥을 완전히 삭혀가지고 3년, 4년 삭혀서 밭에다 인자 밭거름, 무 같은 거 배추 … 똥통을 이것보다 더 높게 더 크게 파 갖고 지게를 지어다가 거서 인자 썩혀. 그라믄 길하고 똥하고 똑같애. 그른게 인자 몬지가 끼고 뭐 흙이 날르고 해서 게 싸우다가 어트케 민 것이 똥통에 요로게 들으가 부르써 기양. 보로로 까라 앉으니까 우선은 살려야 될 꺼 아니야. 쌈은 안 해. 깊으니까 건져서 이렇게. 그런데 지금 머리에 노란 물 들인게 아 그렇게 빼다 박았어, 기냥 똑같애.

염색한 노랑머리를 그가 이렇게 싫어하는 데에는 일제시대의 가난이 배어있다. 그래서 보기만해도 그냥 구역질난다는 것이다. 물론 여기에는 "머리, 눈썹, 눈동자는 검어야 아름답다."는 한국의 전통적인 아름다움에 대한 그의 직관이 담겨있기도 하다.

> 우리 동양에는 삼흑, 삼백, 삼홍이야. 머리, 눈썹, 눈동자가 검어야 돼. 세 군데가 검어야 돼. 그런데 요새는 전부 다 노랑물 들이고. 내가 기차타고 목포를 갔는데 목포에 내 전수관 있잖어. 80넘는 할망구가 내 옆에 탔어. 할망구가 노랑물 들였어. "할머니 젊었을 때 이태원에 술 따르고 술 집 했어요?" 하니까 "아이고 난 술 먹을 줄도 몰라." "옛날엔 이태원에 양갈보들이 노랑물 들였는데 할머니 양갈보 아닌데 왜 노랑물 들이고 그래요?" "아, 우리 집 손주년이 물 들이면 좋다고 해서 … 나도 싫다고, 징그럽고. 아저씨 말이 맞소." 그러더라. 우리나라 미(美)를 살려야지.

도시 성장기 1920년대 목포에서 남교동과 양동, 죽교동, 대반동 등은 대표적인 조선인 마을이었다. 일제강점기가 고착화 하면서 조선인들 중에 돈을 번 사람들이 하나둘씩 생겨났다. 이들은 1924년 매립을 통해 조성된 남교동에 저택을 짓고 살기 시작했다. 그러나 양동은 가난에 쫓겨 농촌을 떠나 도시로 몰려드는 빈민 조선인들의 주요 터전이었다. 당시 조선인들은 도시에 나와 날품을 팔며 살았다. 이렇게 대부분 농촌에서 패잔한 무리와 봇짐 행상들이 방황하는 곳이 상업도시 대목포항의 이면을 이루었다.

청년은 생선장수·지게벌이, 여자는 떡장사·고구마장사, 소년은 게마이빵·덴뿌라·수건양말장사, 소녀는 콩기름·나물장사 등으로 길거리에서 먹고 살았다. 이들은 교통정리 한답시고 내쫓는 바람에 이리저리 몰려다니는 가련한 신세들이었다. 실로 1920~30년대 목포의 현실이었다. 생활고로 자살하는 사람들도 줄을 이었다. 걸인들도 무리를 지어 다녔다.

이매방이 출생하고 어린 시절을 보냈던 고향은 이처럼 나라 잃은 조선인들의 한탄과 절망이 '목포의 눈물'에 배어있는 곳이었다. 이매방이 어린 시절에 목포에서 중국으로 왔다 갔다 한 것도 당시 조선인이라면 누구나 겪었던 이러한 가난 탓이었다.

죽동 육거리에서 북교동 쪽으로 나가는 언덕이 바로 만인계터이다. 목포사람들이 보통 마인게터라고 부르는 만인계터는 개항과 더불어 항만에 하역 업무가 늘어나고 시가지의 매립 등으로 사람들이 몰려 들자 만인계라고 하는 무진계를 하였다. 만인계는 지금의 복권과 비슷한 방법으로 돈을 내서 일정한 금액이 모아지면 추첨을 해서 당첨자에게 많은 상금을 주는 행사였다. 이 행사가 있는 날이면 목포 인근 해남, 영암, 진도, 완도 등 멀리서까지 사람들이 모여 들어 성황을 이루었다. 사람들이 몰려 들면서 돈을 잃은 사람들로 인해 폭행, 도둑 등 사회적 문제가 야기되기도 했다. 이로 인해 당국의 단속으로 만인계가 없어졌다.

만인계가 이루어진 곳을 중심으로 사람들이 모여 만들어진 골목이 만인계터이다. 이곳은 옛날 도로 사정이 좋지 않고 교통 수단이 없었을 때는 교통의 요충지였다. 유달산을 넘어 북항 뒷개로 연결되는 유일한 길이었으며 양동과 죽동, 또 오거리로 바로 갈 수 있는 곳으로 많은 사람들이 모여 살았다. 죽동 육거리 이곳은 1970년대까지 서민들의 애환이 깃든 곳으로 술집과 유곽(遊廓)들이 즐비했었다. 이매방이 7살부터 10여년간 춤을 배웠던 목포의 권번이 이곳에 있었는데, 당시 6칸 기와집으로 감나무와 대추나무가 심어져 있었다고 한다.

개항과 더불어 새롭게 출발한 목포는 많은 사람들에게 기회의 땅이었다. 그러나 성장 과정에서 어느덧 목포는 차별의 땅으로 자리잡았다. 일본인과 조선인은 공간적으로 구분되어 있으면서 시설과 문화 등 모든 면에서 서로 대립 경쟁 관계에 있었다. 학교 생활에서도 조선인과 일본인은 서로 다른 공간과 환경 속에서 서로 다른 활동을 하였다.

당시 초등학교를 보면, 일본 쪽에서는 목포공립심상(尋常)고등소학교(현 유달초등학교)를, 조선 쪽에서는 목포공립보통학교(현 북교초등학교)를 각각 열었다. 일본 쪽의 목포공립심상고등소학교는 개항 이후 늘어나는 일본인의 자녀 교육을 위해 1898년 12월 16일에 동본원사의 주선으로 목포심상소학교로 개교하였다. 그후 1912년 12월 1일 목포공립심상고등소학교로 개칭하였고, 1921년 조선공립소학교 교육제가 발표되면서 이 학교는 목포부의 직접 감독 하에 들어갔고

학교 규모도 차츰 확대 발전되어 갔다. 현재 1929년에 신축된 2층 철근콘크리트조 강당 1동이 남아있다.

이 강당은 매우 훌륭했고, 무대설비도 있어 미우라 다마끼(三浦環)의 오페라, 이시이 바쿠(石井漠)의 모던 발레도 공연하였다. 1938년경 이시이 바쿠의 공연에서는 그 제자인 최승희의 인기가 높았다. 특히 그녀의 검무(劍舞)는 인상적이었다고 한다. 당시 이매방의 나이는 11살 정도였고, 한국춤에 입문한 지도 5년 정도 되었기에 이러한 최승희의 춤에 대한 소문을 그도 관심있게 들었을 것이다.

조선 쪽의 목포공립보통학교는 1897년 소학교령에 따라 무안읍 향교 양사재와 그 앞밭을 토대로 무안공립소학교로 창설되었고,

일제강점기 북교초등학교

1901년 현 위치로 교사를 이전하였다. 그후 1907년 4월 1일 교육령에 따라 공립목포보통학교로 개칭하였다. 그 후, 교명이 1932년 목포제일보통학교, 1938년 목포심상소학교, 1940년 목포북교공립심상고등소학교, 1941년 목포북교공립국민학교로 각각 개칭되었다. 광복 후 1946년 7월에는 목포북교국민학교로, 1996년 3월에는 목포북교초등학교로 교명을 변경하였다. 이매방은 조선인 마을에서 조선인들이 주로 다니는 이 소학교에 입학했으나 1학년 때 대련의 정포소학교로 갔다가, 5학년 때 다시 이 북교소학교로 편입하여 졸업하였다. 대련의 소학교를 다닐 때에도 여름과 겨울 방학 때면 목포에 와서 권번에서 춤을 배웠다.

자본주의와 함께 온 근대문명이 문화에 근본적인 변화를 초래한 시기는 1930년 전후였다. 그 중에서도 복제기술이 가져온 변화가 인쇄, 출판, 영화, 레코드, 라디오 등의 새로운 복제문화 영역을 열었고, 이를 바탕으로 근대 대중문화가 싹텄다. 레코드를 통한 대중문화의 확산은 이난영의 '목포의 눈물'과 함께 왔다.

> 레코드가수… 이난영이가 유행 레코드 가수가 되니까 모두 뒤 따라서 너도나도하고 『… 연의야』 따위의 유행가를 길가에서나 산에서나 바다에서 목을 다듬는다고 가수가 되는 것이 않인 것은 무론이어니와 처음붙어 유행가수를 목표로 수양한다는 것 붙어가 예술의 파산이며 예술의 모독이다.(「호남평론」)

이처럼 목포 출신의 이난영이 유명해지자 너나 할 것 없이 유행가수가 되겠다고 나서는 것을 비판하였다. 하지만 이는 거꾸로 대중가요가 목포에서 얼마나 유행하고 있었는지를 엿볼 수 있게 한다. 대중문화의 화려함을 좇아가는 현상들도 나타나기 시작하였다.

> 한동안 목포 청년 일부를 ○○○○은 유명한 여류신사(女流紳士) 한 분이 근일에는 예술미를 아러서 모 극단에 몸을 붓치어 방랑의 길을 떠낫다고 그러나 그 부모는 극단에 소개한 사람을 고소한다고! 번 바닥이 이런 바에야 소개인만 원망할 것 무엇 잇스며 고소까지야 생각 할 문제(「중외일보」)

이처럼 극단을 따라 무작정 떠나는 사람들까지 나와 목포의 이야기거리를 만들었다. 이것이 사회문제화하여 신문기사에 실리기도 하였다.

한편 영화는 목포극장·평화관 등 대중연예장을 중심으로 활발했다. 대중성을 띤 공연도 많아졌다. 대중문화와 관련된 변화를 『목포부사(木浦府史)』에서 보면,

> 인류가 생활하는 곳에는 반드시 위안 오락의 설비가 있고 음식과 이에 따른 유흥기관을 제일선착으로 왕왕 일상생활의 발족과 선후를 분간하기 어려운 일이 적지 않다. 관극장이나 대중연예장은 전자의 개개인 자유의 출처진퇴를 목표로 하는 것과 달라서 시황이 상당히 번성하여 대중의 경제와 심리적 여유와 욕구가 생기고, 고상하고

> 가정적인 분위기가 넘칠 때 흥성하기 때문에 발달시기는 전자에 비하여 뒤지는 것은 어쩔 수 없을 것이다.

라고 하여 유흥기관과 관극장, 대중연예장의 사정을 소개하였다. 그 속성상 유흥기관이 당연히 먼저 생기고 이후 후자가 시대의 발전에 따라 나타난다고 했다. 따라서 목포에서 유곽과 같은 유흥기관은 이미 번성했고 후자도 "시황이 상당히 번성하여 대중의 경제와 심리적 여유와 욕구가 생기고, 고상하고 가정적인 분위기가 넘칠 때"가 되었다고 하여 그 성장 가능성을 예고하였다. 이는 목포에서도 모더니즘 문화가, 상업 문화가 발달하여 대중문화를 이끌어 갈 정도로 성장했다는 뜻이기도 하다. 그때가 1930년 전후였다.

이매방은 목포에 이러한 근대적 대중문화가 막 번성하기 시작할 때 출생하여, 목포에서의 근대 대중문화의 성장과 함께 어린시절을 보내게 되었다. 이매방이 출생한 1927년에 우리나라에서 처음으로 우리나라 사람들에 의한 서커스가 목포의 거리에서 시작되었다는 점도 특기할 만하다. 바로 '동춘연예단'의 결성이었다. 곡마단이라고 하는 서커스가 우리나라에 들어온 것은 1913년에 일본 사람들에 의해서였다. 유럽이나 미국에서는 18세기에 들어와서 오늘날과 같은 서커스가 정착하였다고 하는데 우리나라에는 유럽이나 미국과 같은 대규모의 서커스는 없었다. 그런 사정에도 불구하고 바로 목포의 거리에서 '동춘연예단'이 본격적으로 그 시작을 알렸다.

한편 근대적 공연물들도 새롭게 나타났다. 이 시기 식민지 근대성을 상징하는 근대극으로 신파극이 소개되었다. 목포에 신파극이 공연된 최초의 기록은 1918년 8월 23일 「매일신보」의 "조선 신파개량단 김도산 일행은 현금(現今) 여수에서 흥행 중인데 오는 이십삼일에는 목포에 도착 흥행하리라더라"라는 기사에 보인다. 1922년 3월에는 상반좌에서 목포청년회가 '악마의 저주'를 비롯한 사회극을 공연하였고 이를 선전하고자 광주 송정역 등에 나아가서 공연하기도 하였고, 군산, 전주 등에까지 나아가고자 하였다. 또 1929년 목포청년동맹에서 회관수축기금을 얻고자 목포극장에서 소인연극대회를 개최하기도 하였다. 특히 청년들의 신파극을 통해 전파된 신파적 정서는 목포 도시공간의 이중성을 통해 증폭되고 다시 확인되었다.

이처럼 1930년을 전후한 시기는 목포의 경제적 전성시대였을 뿐 아니라 대중문화의 측면에서도 그랬다. 그런데 여기서 짚고 넘어가야 할 것이 있다. 1930년대 목포의 문화행사 일람을 살펴보면, 장소에 따라 장르가 엄격하게 구분되지 않았다. 흥행 내용에서도 '대중' 문화와 '고급' 문화의 구분이 없었다. 구분할 만한 숫적 여유가 없었기 때문이기도 하지만 아예 구분 자체를 의미 없게 만든 데는 식민지 근대성의 영향이 컸다.

당시 서울의 공연장 사정을 분석한 연구에 따르면, 식민지 조선에서는 일본 본토와는 달리, 근대 초 대중문화의 태동기에 예술의 '고급' '저급'이 섞여 있었고 이를 나눌 만한 형편이 못 되었다고 한다. 또 1930년 전후 본격적으로 등장하는 대중가요의 경우에도 창작자는 물론 가창자의 경우에도 고급예술인들이 끼어 있어 대중 음악과 고급 음악의 벽이 그리 높지 않았음을 알 수 있다.

당시의 대중 문화는 도시의 개화한 사람들의 문화로 그 자체 새로운 것이었고, 고급 문화 역시 서구 문명의 수용에 토대를 두고 있었기 때문에 새로운 것이었다. 따라서 모두 새롭다는 점에서 같은 지위를 누릴 수 있었다. 더구나 양자를 구분할 만큼의 양적, 질적 축적이 없었던 식민지 상태의 조선에서 '고급' '저급'의 선긋기는 해당되지 않았다. '고급' '저급'의 구분을 허락하지 않았던 식민지 형편은 서울이 그랬던 만큼 목포는 두말할 필요도 없었다. 따라서 식민지에서는 고급 문화까지도 대중적 속성을 지닌 채 대중에 접근했던 것이 당시의 현실이었다.

이매방이 어려서 익혔던 목포 권번에서의 춤 또한 '고급' '저급'이 섞여 있었다. 일제시대 권번에서 학습되고 추어진 춤으로는 궁중의 고급문화라고 할 수 있는 정재무가 상당한 비중을 차지하고 있는데, 이는 권번의 기녀들 중에는 관기 출신이 많았기 때문으로 보인다. 그리고 교방춤이 한일합방 이전에는 궁중의 일부지배계층만이 독점하던 예술이었는데, 1900년대 초 서구식 극장무대의 등장 이후 그 대상(향유층)이 불특정 다수로 전이되었다는 점이 주목된다. 즉 궁중에서 제한된 관객만을 위해 특수하게 존재했던 궁중춤이 기녀들에 의해 일반에 공개되었고, 민속춤과 함께 한 무대에서 공연되었다는 사실이다. 이것은 바로 시대적 변화에 따른 예술생산층과 향수층의 변환으로 해석된다.

　이런 까닭에 목포와 광주의 권번을 통한 이매방의 전통춤 형성에는 궁중의 교방여악(敎坊女樂)으로서의 고급 문화적 성격과 민속춤으로서의 대중 문화적 성격 모두가 포함될 수 있었던 것이다. 이매방의 춤이 지방에서 40년간 곰삭아서 중앙에 터져 나올 때, 평론가 강이문이 "우리의 운치 있는 고전무의 위상을 견지하는 외로운 샛별"이라고 큰 기대를 나타내면서, 이매방의 춤 승무를 '민속고전무' 혹은 '정통적 명무' 혹은 '고전승무의 전형'이라고 개념 규정한 것은, 고급 문화적 성격과 대중 문화적 성격 모두를 포함하고 있는 이매방 춤의 이러한 이중적 성격에서 기인한다고 생각된다. 왜냐하면 이매방 춤의 근본적인 뿌리는 '권번'이었기 때문이다.

● **제2장**

일제강점기 전통춤 전승 공간, 권번(券番)

조선왕조 5백년 동안 모든 궁중 연회를 관장해 오던 예조의 장악원이 1894년(고종31)에 폐지되고, 이듬해에는 궁내부로 이속되어 장례원에 통폐합되었다. 그리고 다시 협률과로 축소되었으며, 1897년(광무1)에는 교방사로, 1907년(광무11)에는 장악과로 명칭이 변경되었다. 그 후 1910년 장악과가 아악대로, 다시 1913년에 이왕직아악부(李王職雅樂部)로 바뀌었는데, 여기에서 조선시대 궁중의 악무(樂舞)를 계승하게 되었다. 한편 1905년(광무9)에는 여악(女樂)이 폐지되었고, 1908년에는 모든 관기제도가 폐지되기에 이르렀다.

이러한 사회적 변화와 함께 소위 '권번'이라는 기생조합이 생겨나게 되었다. 권번이란 원래 일본 게이샤들의, 이른바 포주업자들의 조합식 조직이었는데, 그것이 우리나라에 기생을 본격적으로 감독

하고 관리하기 위해 도입된 것이다.

　권번의 효시는 1900년대 초기에 생겨난 기생조합에서 찾을 수 있는데, 가장 먼저 생긴 기생조합은 한성기생조합이다. 한성기생조합은 관에 속해 있던 조선시대의 관기(官妓)가 해체되던 즈음에 이루어졌다. 관기는 1907년부터 점진적으로 해체되어, 1908년 9월에는 장례원에서 관리하던 기생들을 경시청에서 관리하고 기생들에게 자유영업을 하게 함으로써 사실상 폐지되게 된다. 이러한 관기제도의 폐지에 불만을 품은 기부(妓夫)들은 기부(妓夫) 있는 기녀, 즉 유부기(有夫妓)들을 모아서 조합을 조직하게 되는데, 이것이 한성기생조합이었다. 1909년 4월 1일자 「황성신문」의 다음과 같은 기사에서 그 이름을 구체적으로 확인할 수 있다.

> [자선연주회]. 문천군 기근을 위하여 한성기생조합소에서 음력 윤달 11일로 한 10일 연주회를 원각사에서 열어 다소간 기부를 바라니, 원각사의 성의 또한 감사하여 이로써 알려드리니 모든 군자는 왕림하시기를 바랍니다. 한성기생조합소 백. (「황성신문」, 1909년 4월 1일)

　한성기생조합은 후에 광교기생조합으로 명칭을 바꾸게 되고 이후 1914년에 다시 한성권번으로 이름을 바꾸고 조직을 개편하였다. 이 한성기생조합의 설립과 함께 조선 기생의 '권번화'가 시작되었다고 할 수 있다. 『조선미인보감(1918)』에 기록된 권번의 수는 서울지역 4곳, 지방의 12곳으로 총 16곳이다. 이 중 서울에는 다동기생조합에서 출발하여 후에 조선권번으로 개칭되는 대정권번, 광교기생조합에서 출발한 한성권번과, 그리고 한남권번과 경화권번 등 4곳이 있었음이 확인되며, 규모면에서는 대정권번과 한성권번이 가장 컸다.

먼저 대정 권번은 1911년 조선 정악전습소에서 1913년 전환된 다동기생조합에서 출발하였으며, 정악원 학감 하규일(河圭一)이 설립한 최초의 권번이다. 무부기(無夫妓)의 지방 출신 기생조합의 성격으로, 서울과 서도 출신 기생을 중심으로 설립되었다. 실제로 『조선미인보감(1918)』에 따르면 대정 권번 인원 전체 181명 가운데 96명이 평안도 출신이며, 경성부 61명, 경상도 18명, 전라도 출신은 4명, 황해도 1명, 출신지 미확인 1명으로, 경기와 평안도, 황해도 출신 기생을 합하면 모두 158명으로, 구성원의 대부분을 차지한다.

조선시대 의궤 자료를 보더라도 평안도에서 선상(選上)된 기생들이 역사적으로 많았으며, 그러한 전통이 20세기까지 이어져 평안도 기생이 서울에 자리를 잡으면서, 서울지역 권번의 구성 비율도 압도적으로 높아지게 된 것으로 보인다. 이에 따라 평안도 교방에서 연행하던 연희가 서울 권번으로 자연스럽게 흘러들어 교류할 수 있는 여건이 만들어졌으며, 일례로 오늘날 서도소리와 경기소리의 창법이 다름에도 불구하고 함께 불릴 수 있는 이유도 여기에서 찾을 수 있다.

한성 권번은 별감 출신 장계춘(張桂春)이 설립한 광교기생조합에서 출발한 것인데, 유부기(有夫妓)의 경기(京妓) 출신과 남도 출신 기생이 주축이 된 기생조합이다. 1918년 당시, 한성 권번 소속은 총 190명인데, 이 중 서울 출신은 74명, 황해도 4명, 함경도 1명, 평안도 45명, 충청도 1명, 전라도 3명, 경상도 48명, 경기도 10명, 출신지 미확인 4명이며, 서울과 경기 이남의 남도 출신 기생의 수가 도합 136명으로 나타난다. 대정 권번에 비하여 기생의 출신지가 매우 다양한데, 이는 출신지를 막론하고 한성 권번을 열 당시 서울에 거주하던 기생들이 한성 권번에 적을 두게 된 것으로 추정된다.

이러한 현상은 조선 말기 대원군이 주최한 연회에 지방의 기녀들이 선상되어 연회에 참석했던 기녀들이 하향하지 않았을 가능성과도 연관지을 수 있다. 실제로 어떤 목적에서 귀향하지 않았는지는 정확하게 파악할 수 없으나, 아마도 서울에 머물면서 기업을 차렸거나, 자신의 고향에 신분을 노출시키고 싶지 않아서 의도적으로 고향에 가지 않은 경우로 추정해 볼 수 있다.

한남 권번은 시곡조합에서 출발하여 이름을 '한남 권번'으로 바꾸었는데, 1917년 2월에 남도출신 기생들이 만든 권번이다. 1918년에 총 75명의 한남 권번 소속 기생 중 서울경기·강원도 출신 기생 9명을 제외한 나머지가 모두 경상도와 전라도 출신의 기생이었다. 특히 61명의 기생들이 경상도 출신의 기생으로서, 한남 권번의 주축을 이루었다.

다동기생조합총회(최석로, 『사진으로 보는 조선시대 생활과 풍속』)

종로 권번, 경화 권번 등은 그 이후에 생긴 권번으로 그 기세가 대단했으며, 춤 선생으로는 박노아, 이규환, 박성재가 있어 춘앵전, 검무, 승무, 사고무 등을 가르치면서, 서울에만 67개의 권번이 활동을 하게 되었다. 이후에 조선, 한성, 종로 권번은 1940년에 삼화 권번으로 통합되어 낙원동에 위치한 종로 권번 건물을 사용하게 되었다.

권번에 입학한 동기(童妓)들의 교육 기간이나 내용은 지역 별로, 권번 별로 차이가 있다. 『조선미인보감(1918)』에 나타난 서울 지역 권번의 경우, 한성 권번에서는 주로 노래[歌]와 가사, 우조, 시조 등과 악기로는 양금, 현금, 가야금 등을 주로 가르쳤으며, 검무·승무·입무와 함께 정재가 춤 교육의 중심을 이루고 있음을 알 수 있다. 한남 권번에서는 주로 남도소리를 중심으로 가야금과 병창, 정재무와 승무, 검무 등을 가르쳤고, 경화권번에서는 가곡과 경서잡가를 중심으로, 역시 정재무와 검무, 승무 등을 가르쳤다. 특히 대정(조선)권번에서는 한성 권번에서보다 다양한 종류의 정재를 교육했으며, 한성준이 승무와 한량무, 학춤을 비롯하여 오늘날의 살풀이춤에 해당하는 '남중속무(南中俗舞)'를 가르쳤다.

『조선미인보감(1918)』에 보이는 대정 권번 예기 중, 평양부 출신 주학선(朱鶴仙)의 경우 19세의 나이에 노래[歌], 가사, 시조, 서남잡가, 양금, 가야금, 검무, 승무, 정재 48종무를 비롯하여 서양무도와 내지무(內地舞)까지 배웠던 것으로 나타난다. 대정 권번에서 가르칠 수 있었고 가르쳤던 교육 과정이 매우 다양했으며, 대정 권번에서 교육을 받는 예기들이 얼마나 높은 수준이었던가를 보여주는 예라고 하겠다.

지방의 권번에서는 정재무보다 승무와 검무, 입무 등 민속 무용을 중심으로 가르쳤으며, 가야금과 가곡, 가사, 시조, 병창 등을 가르쳤는데, 권번 별로 중점을 둔 교육 내용이 있었던 것으로 나타난다. 예를 들면 평양 권번에서는 시조와 서도잡가, 현금, 승무, 검무 등이 중심을 이루며, 광주 권번의 경우 가곡과 〈춘향가〉, 〈심청가〉, 가야금, 승무, 검무가 중심을 이루고, 수원 권번에서는 가사, 시조, 경서잡가, 정재무 등이 중심을 이루어, 각 권번의 교육 내용에 지역적 특성이 반영되어 있는 것이다.

1910년 이래 변혁기의 권번의 춤은 자연히 전승되는 과정에서 춤의 내용과 변화가 오게 되었다. 많은 인원수와 번잡한 무구(舞具)를 필요로 하는 복잡한 정재무는 점차 줄어가고 민속무용이 늘어가는 경향으로 흘러왔다. 때문에 인원이 많이 필요한 종목은 점차 지도도 하지 않게 되고 쉽게 할 수 있는 독무(獨舞)나 2인~4인무(舞)만이 전해 내려 왔다. 이 시기 권번에는 각 지역의 잡가와 민요, 그리고 승무, 살풀이 등 민속연희가 적극적으로 유입되어 요리점을 무대로 연행되었으나, 공연의 무대가 작은 공간으로 축소되자 궁중연희의 종류와 규모는 축소된 것으로 보인다. 이에 따라 작은 공간에서도 연행이 가능했던 춘앵전, 검무, 장생보연지무, 무고 등을 제외하고는 연행되지 않게 되었다. 또한 시간의 제한도 있었기 때문에 공연 시간이 길거나 지루한 대목은 삭제되어 축소된 형태로 공연할 수밖에 없었다. 따라서 원래의 궁중정재의 모습은 찾아볼 수 없을 정도로 감축되고 변질되었을 것으로 보인다. 때문에 권번에서도 쉽게 공연할 수 있는 독무와 2~4명 등 소수로 해결할 수 있는 춤 종목을 교육하게 되었고, 필요에 따라서는 사고무(四鼓舞)와 같은 새로운 춤 양식을 창출하기도 하였다.

한편 기생조합의 예기들은, 협률사와 광무대 등 서구식 극장 공연에도 참여함으로써 자신의 기예를 선보이기 시작하였는데, 1902년 건립된 원각사 개관 공연인 '소춘대유희(笑春臺遊戲)'를 계기로 처음 일반인들에게 공개하였다. 여기서 예기(藝妓)들은 아박무, 대고무, 가인전목단, 항장무, 무산향, 춘앵전, 선유락 등 궁중정재를 민간인 앞에서 처음으로 공연하였다. 그 후 일반 대중을 상대로 기생조합의 공연은 계속되었고, 광무대와 원각사, 연흥사, 장안사, 단성사 등의 극장에서 궁중과 민간 연희를 아우르는 전통연희가 공연되었다. 일례로 1920년 6월 20일자 「조선일보」에는 '기생권번의 연합연주회'라는 제목으로 다음과 같은 기사가 실려 있어, 당시 기생조합의 공연 상황을 대략 짐작해 볼 수 있다.

금일부터 단성사, 한성·다동·경화·한남의 네 기생 권번은 연합하여 금일 밤부터 동구 안 단성사에서 대연주회를 개최할 터인데, 그 연주과목은 한성권번에서는 장생보연지무·입창, 다동권번에서는 무고·좌창, 한남권번에서는 박접무·남도입창·춘향가 이 외에도 간항 특예를 발휘할 터임으로 준비가 이미 충분하게 되었는데 각 권번의 연합연주는 이번이 처음 있는 일로 그 반화한 광경은 실로 관객의 눈을 황홀케 되리라더라.

이러한 과정을 거쳐 권번에 동기(童妓)로 입적하여 예기(藝妓)로 거듭난 권번의 기생들은 조선시대 이후 우리나라 근대 연희 전승의 주체였고, 권번은 전문 예인을 양성하고 교육했던 중심 교육 기관이었던 것이다.

이처럼 일제시대 권번이라는 조직은 단순히 퇴폐적 사회 풍속의 한 측면으로서 존재했던 것이 아니라, 전통 예술의 전승과 창조를 가능하게 했던 중요한 공간적 측면의 의의가 있었다는 점을 주목하여야 할 것이다. 이러한 권번의 기녀들의 춤은 오늘날 한국적 특성을 지닌 승무를 비롯해서 살풀이, 승전무, 검무, 포구락 같은 수준 높은 무용문화의 유산으로 평가받고 있다.

근대 권번의 기생춤이 주목되는 이유는 그들이 전통사회에서 근대로의 이행기, 일본의 강점에 놓인 불운의 시대에 민족 고유의 정서가 스며있는 전통춤을 보존하고 창조적으로 계승했다는 점에 있다. 그들에 의해 계승된 전통춤들은 1960년대 무형문화재제도가 성립된 후 문화재 춤으로 인정되었다. 현재 중요무형문화재로 지정된 7개의 춤 종목 대부분이 일제 강점기 권번 및 기생과 연관되어 있다. 그런 점에서 권번과 기생은 '전통의 지속'이라는 측면에서 의미 있는 역할을 담당했다고 평가된다. 일제강점기 권번은 전통예능교육기관으로서, 그리고 기생은 전통춤의 담당주체로서 전통의 창조적 계승에 있어 주체적 역할을 수행했다는 점에서 역사적 의의를 지닌다 하겠다.

일제 후반기는 창극이나 연극, 영화, 악극, 양악 등 이미 공연예술이 다양해졌고, 그 유통과정도 근대적 성격을 갖추고 있었다. 외래춤도 다양하게 수입되어 추어지고 있었다. 그러나 전통춤에 대한 일반의 인상은 매우 부정적이었다. 궁중무든 민속무든 전통춤은 낡고 발전 가능성이 없는 구시대의 유물로 일반에서 치부되고 있었다.

그러나 한편으로는 춤이 하나의 예술 장르로 인정되고 있었다. 이는 서양춤을 중심으로 한 최승희와 조택원의 무대 공연 활동의 성과로 인정되었겠지만 춤을 분명히 예술로 보기 시작했다.

또한 전통시대에 추어졌던 전통춤은 사회가 전반적으로 근대화되는 과정에서 새로운 무대와 새로운 유통체계에 맞게 변형될 수밖에 없었는데, 일제 초기부터 기생조합을 중심으로 이러한 변화는 계속 시도되었다. 그러나 일제 중반 이시이 바쿠의 공연 이후 본격적인 무대춤이 등장하면서 서울을 중심으로한 권번들은 근대화에 맞추어 전통춤을 변형, 재창작하는 역할을 포기한 상황이었다.

이렇듯 중앙에서의 전통춤은 고리타분한 시대적 유물로 치부되고 있었고 전통춤 근대화의 주역이었던 권번이 자신의 역할을 포기했던 상황에서, 한성준이 이끄는 '조선음악무용연구회'는 어려운 처지에 놓인 전통춤을 독자적인 춤예술로 정립시키고자 노력하였다. 한성준은 '조선음악무용연구회'의 활동을 통해 전통춤의 양식화에 전념하여 한성준류라는 전통춤의 한 계보를 세울 수 있었다. 하지만 한성준은 조선춤을 그대로 추는 것이 아니라 무대에 맞게 변화를 줄 수 있다는 인식을 갖고 있었다. "그런데 이왕 춤 이야기가 나왔으니 말이지만 조선춤을 앞으로 많이 개량하면 세계 어느 나라에 비할 데 아닐 겁니다."라 하여, 전통춤을 무대에 맞춰 양식화하려는 노력을 경주하였다.

당시 열두세 살 남짓의 어린 이매방은 목포에서 서울로 오가면서 때때로 한성 권번에 들르기도 하고 한성준의 춤을 보기도 하였던 것 같다. 어린 이매방에게 목포 권번에서 춤을 가르치던 집안 할아버지 뻘의 이대조와 한성준이 나이 차이가 있음에도 불구하고 친구처럼 지냈던 사이여서, 한성준이 목포에 내려와 이화중선이 육자백이 할 때 장고를 쳐주었던 것도 보았다고 한다. 아마 이런 인연으로 서울에 친척이 있어 올라오면 한성준이나 그 제자들의 춤도 보았던 모양이다. 이매방은 그때를 웃으면서 이렇게 회상했다.

우리 춤을 가리키는 이대조선생님은 이동백씨 소리 하는데 북을 치고… 또 한성준씨는 내려와서 이화중선이 육자백이 하는데 장고

치고… 그러면서 저 그때 성준아, 대조야 서로 벗하고… 보니까 친구구나.… 한성준씨는 키도 별로 크도 않고 인물도 우리 선생은… (웃음) 그리고 춤도 내가 어렸을 때 보니까 춤만 내 눈이 높았든가 몰라도 보니까, 에에(눈살을 찌푸리며) 이래 되고, 우리 이선생 춤은 (놀라운 표정을 하며) 이렇게 되고. … 서울에 간혹 가다 한번 쑥 오믄 한성권번에 가믄 가리키더라구 … 한성준씨는 인자 서울로 올라와서 인자 이 전통춤을 갖다가 무대화를 해서 요새말로 창작, 창작을 좀 넣어가지고 무대화를 이렇게 좀 세련되게 때를 베꼈다 그말이야. 그 춤이 오늘날의 한영숙의 춤. 내 춤은 때를 안베낀…그냥…전통 옛날 그대로의 춤이고

당시 어린 이매방의 춤에 대한 열정은 대단하였고, 우리 춤의 아름다움에 눈을 뜬 상태였다. 이때 이미 목포 권번에서 이대조를 통해 전통춤의 세계에 입문하였고, 중국에서 매란방의 춤에 매료되어 그 조교를 통해 춤 수업을 받은 적도 있었다. 그리고 서울을 오가면서 최승희 무용도 보았고, 한성준의 춤도 보았다. 당시 서울에서 어머니라고 불렀던 진홍심에게 살풀이춤을 배우기도 하였다. 하지만 한성준의 춤에 별 매력을 느끼지 못하였다고 한다. 만일 그의 춤에 매력을 느꼈다면 그에게도 춤을 배웠을 것이라고 한다.

하지만 어린 이매방의 눈에 비친 한성준의 춤은 자신이 춰야 하는 한국의 전통춤은 아니었다. 이매방이 늘 강조하듯이 "춤은 무거워야 하고 그늘이 있어야" 하는데, 한성준의 춤에는 그것이 없었다고 한다. 후일의 얘기지만, 무엇보다도 춤은 요염해야만 하는데, 어

린 이매방의 눈에 비친 최승희의 춤은 말할 것도 없고 한성준의 춤에서도 그런 아름다움을 못 찾았다고 한다. 그가 목포 권번을 떠나 중앙으로 가지 않은 이유이기도 하다. 중앙에서는 전통춤 근대화의 주역이었던 권번이 자신의 역할을 포기했던 상황에서, 우리 춤에 눈 뜨게 되었던 목포 권번에서 민족 고유의 정서가 스며있는 전통춤을 보존하고 창조적으로 계승하는 것은 오롯이 그의 몫이었다.

● 제3장

교실 밖에서 만난 학교 _ 목포 권번

    고려시대 유명한 문인인 이규보는 누구보다 뛰어난 실력을 가졌는데도 불구하고 세 번이나 과거에 낙방하였다. 과거 시험에서 떨어질 때마다 좌절하여 술로 보낸 나날이 많았는데 드디어 22세 때 과거에 합격하였다. 과거를 보러 가기 전날 꿈을 꾸었는데, 문학을 맡은 규성(奎星)이 합격할 것이라고 일러주었다는 일화가 전해지고 있다. 이러한 꿈을 꾸고 나서 과거에 장원을 했다고 해서, 그는 이때부터 '규성'에서 글자를 따다가 이름을 '규보(奎報)'라고 지었다.

    그런데 이매방 주위 사람들은 누구나 몇 번씩 들었겠지만, 이매방은 그의 춤 입문 이야기를 늘 그의 어머니가 꾸었던 태몽에서 시작한다.

    우리 어머니가 나를 임신해가지고 그 꿈을 꾸는데 밭으로 이런 똥글똥글한 불, 불덩어리가 막 돌 위에 궁글러 가지고 어머니 치마 폭에 폭 들어오더랑. 그래 치마를 이렇게 쌌대. 임신해갖고 태몽 꿈이 … 그러니까 어떤 사람은 꿈 얘기하면 그래서 당신이 문화재도 두 가지를 지금 인정받은 거 아니냐. 이런 말도 있고.

고려시대 문인 이규보가 세 번이나 과거에 낙방하다가 길몽에 힘입어서 과거에 붙은 것처럼, 이매방이 승무와 살풀이춤 무형문화재에 지정된 것은 그의 어머니의 태몽에서 이미 예견되었던 것이 아닐까 하는 것이다. 그래서 그는 늘 이 태몽이야기를 그의 어머니의 사랑과 함께 기억해내고 이야기하기를 즐거워했다. 어린 시절 그의 어머니만이 유일한 그의 힘이었기 때문이다.

이매방은 1927년 음력 3월 7일 새벽 동이 틀 무렵(묘시)(호적상 1927년 5월 5일)에 전라남도 목포시 양동 27번지(기본증명서 상으로는 대성동 186번지)에서 본관을 완산(完山)으로 한 부친 이경율(李敬律)과 모친 조병림(曺炳林) 사이에서 3남2녀의 막내둥이로 태어났다. 원래 10형제였으나 당시 홍역이니 장티푸스니 마마병이니 하는 유행병으로 5남매가 죽고 5남매만 살아남았다.

이매방의 아명은 가문의 돌림자를 따서 영길(永吉)이라고 하였으나 얼마 후 스님이 귀하게 자라라고 귀태(貴泰)라는 이름을 지어주어 개명하였으나 호적 등록시에 잘못되어 규태(圭泰)로 등록되었다. 현재의 이름 '매방(梅芳)'은 중국 경극의 명인 '매란방(梅蘭芳)'의 첫 자와 끝자를 따서 지어진 이름으로서 원래는 예명으로 사용하였으나 뒤에 매방(梅芳)을 본명으로 호적 개명하였다.

막내인 이매방의 출생 당시 아버지의 나이는 쉰 셋이었고, 어머니의 나이는 마흔 여섯이었다. 그리고 제일 큰누님하고는 나이 차이가 스물세 살이었고, 큰형님하고는 열아홉 살 터울이었다. 그래서 그런지 어린 이매방이 형제들과 살갑게 어울려서 함께 놀았던 유년의 추억은 거의 없었던 것 같다. 단지 막내로서 어머니를 향한 아련한 그리움은 그의 평생을 따라다니고, 그의 끝 모를 외로움의 근원이 되었던 것 같다.

이매방의 아버지에 대한 기억은 "담뱃대를 이렇게 물고, 인저 뿔관 쓰고 이렇게, 잿 털이 탁 뱉고, 저놈으 자식이 커서 뭐이 될라고 쬐깐한 자식이 꼭 가시내들하고 소꼽장난하고 … 저 자식 저런 짓거리하는 … 역대 우리 집안에 역대없는 초랭이 패가 하나, 무당새끼 한나 생겼다." 하면서 늘 혼났던 꾸지람뿐이다. 이때마다 어머니는 마치 그녀가 꾸었던 예사롭지 않은 태몽을 기억해내듯, 어린 이매방을 감싸고 돌았다. 그리하여 옆집에 살던 목포 권번의 권번장 함국향씨와 의논하여 아버지 몰래 목포 권번으로 춤 배우러 보낸다. '어렸을 때 떡잎부터 알아본다고 소질 있는 거 봐가지고 이런 방향으로 밀어줄' 작정으로.

이렇게 아버지의 절대적인 반대를 무릅쓰고 이매방은 함국향씨

이매방의 부친 이경율(李敬律)

이매방의 모친 조병림(曺炳林)

가 소개한 목포 권번에 입문하게 된다. 목포 권번에 입문하여 춤뿐만 아니라 판소리 학습도 함께 시작하였으나 판소리는 그의 목청이 좋지 않았을 뿐만 아니라 상청이 터지질 않아서 곧바로 그만두었다.

이매방의 회상에 의하면 당시 목포 권번은 6년제였다. "6년제 학교처럼 6년 동안은 학비를 내면서 의무적으로 다녀야 하고, 6년 이상이 되면 어쩌다 한 번씩 가도 되었다"고 한다. 그리고 시간대는 "전부 일정한 시간도 없고, 완전히 아침에 오든, 낮에 오든, 저녁에 오든, 자기가 하고 싶은 대로 하루 종일 하기도 하고, 밤 너댓 시간을 하기도 하고 자유롭게, 또 한시간을 하든, 십분을 하든 낭만이 있었고 아주 낙천적으로 공부하였다."고 기억한다. 강압적인 일제 강점기 소학교와는 달리, 교실 밖의 학교인 권번은 어린 이매방의 마음에 밥 안 먹어도 배부를 정도로 너무너무 편안하여서 눈뜨자마자

달려가고 싶을 지경이었다.

어머니도 그 말이 좀 납득이 돼갖고 아버지 모르게 인자 저 누나 따라가서 한 번 가보라고, 가니까 장구치고 막 춤 치고 동기들 인제 열두 살, 아홉 살, 뭐 열, 열한 살 짜리 동기 길게 머리 따고 기양 댕기대서 춤추고 가야금 헌께, 내가 가니까 너무너무 내 맘이 좋지. 그러니께 밥 안 먹어도 배부르고 근께 그게 뜬 눈 새부리구 양 권번 가는 게 일이지. 그래 권번에 가서 인자 춤을 배웠어.

3, 4살 때부터 주로 여자애들하고 소꿉장난하고, 5, 6살 때 주로 집안에서 누나들 치마 질질 끌고 옷고름 매만지면서 경대 거울 앞에서 춤추고, 7살부터 목포 권번에서 길게 머리 땋은 열 살 안팎의 여자 동기(童妓)들과 함께 지내고, 목포의 북교소학교 입학하자마자 대련의 정포소학교 다니다가 5학년 때 다시 북교소학교로 편입해오고, 대련에서 소학교 다닐 때도 여름방학과 겨울방학 때마다 목포에 와서 권번에서 춤 배우고… 이렇게 그의 어린 시절의 추억을 온통 채우고 있는 것은 목포의 권번이었다. 어린 시절 이매방에게 있어서의 목포 권번은 밥 안 먹어도 배부른 일이었고, 눈만 뜨면 권번 가는 게 일이었다. 보통 여자들만 입학할 수 있었던 권번에서 유일한 남자 학습생이었던 이매방은 주위 선배들과 동기들의 사랑을 독차지하였다. 당시 목포 권번이나 광주 권번의 인원은 약 30명 정도였는데, 이매방은 자신이 유일한 남자학습생이었음을 늘 자랑하곤 했다.

7살 소년 이매방이 이렇게 목포 권번에 들어갔을 때 당시 예순 넘었던 이대조 선생이 승무와 북놀이, 검무 그리고 고법(鼓法)을 가르치고 있었다. 이매방의 할아버지뻘인 이대조 선생은 호남 일대에서 명성이 높았던 춤의 명인으로서 승무와 북놀이에 탁월한 예인이었다. 이대조 선생은 지금까지도 이매방 춤의 정신적 지주이자 영원한 고향이다. 이매방과 인터뷰할 때면 그가 아직까지도 품고 있는 스승에 대한 사랑을 느낄 수 있었다. 그가 그동안 스승 이대조에 관해서 언급한 내용들을 통해 이매방 자신이 생각하는 자신의 춤의 뿌리를 엿볼 수 있다. 이매방 스스로 느끼는 자기 춤의 정체성을 살펴볼 수 있다.

i) 내 춤에는 옛날 옛날 지금부터 백 년 전, 이 백년 전 춤을 선생님들이 다 변형을 시키지 않고 가락을 받아서 흘러 흘러서 나까지 온거야. 내가 배웠던 선생이 이대조, 이창조, 박영구 선생. 박영구 선생은 화순. 이창조 선생은 전라도 장성. 이대조 선생은 목포.

ii) 이대조씨 같은 분은 없어. 인물 체형 이쁘지. 그저 꽹가리 잘 치지. 상모 잘 치지, 장구 잘 치지, 춤 잘 추지. 어렸을 때 서울 가서 한성준 씨 춤을 보니까 이대조씨 춤하고 비교를 하면 '워매, 저건 춤이 아니야.' 이렇게 돼. 한성준씨가 이대조씨보고 형님이라 했거든. 그때(이매방 선생 열두세 살) 명창대회 할 때 한성준씨가 와서 장구치고 이화중선이 물동이 이고 노래부르고 이대조씨는 이동백씨 소리에 북치고… 이대조씨가 사람은 서울로 가야되는데 자네는 홍성서 경성이 가차와서 경성 올라와서 활동해서 돈도 벌고 이름도 나고 다 이자 팔자 때문 하더라.

 iii) 나 가르쳤던 이대조 선생님이 한글이 아니고 한문의 책을 가지고 왔더래. 검무는 이창조 선생. 거기서 검무가 나왔고. 승무는 더 오랜 역사를 가졌고. 몇 백년도 전에 신방초 그 양반에게서 온거야. 검무는 한 200년 될꺼 아니야. 그때 나왔지. 승무, 검무 다 배우고, 권번에 입문하면은 요새말로 기초, 기본을 배워야 할꺼 아니야. 발놀림, 손놀림을 배워가지고 승무, 검무를 다 배웠지. 그놈이 승무, 검무를 오래 추고, 무대에 나가서 추면 관객 손님들에게 받을 정도로 가다듬을라면 1년, 2년 가지고는 안 되지. 적어도 6년 이상, 소리도 6년 이상, 곰삭어. 춤도 곰삭고, 김치도 곰삭아야 맛있잖어. 막 담그면 생김치 아니야.

 i)과 iii)에서는 이매방 자신이 자신의 춤의 뿌리를 어떻게 생각하고 있는지가 드러난다. 자신의 춤은 백년 이백년 내려온, 심지어 승무 같은 경우는 몇 백년 동안 변형을 시키지 않고 선생님들로부터 가락을 받아서 흘러 흘러서 자신에게까지 이른 것이다. 뿌리가 있는 오래된 전통춤을 추고 있다는 자부심은 어린 이매방의 가슴을 뛰게 하였을 터이다.
 ii)에서는 자신의 스승인 이대조 선생과 형, 아우하며 친구처럼 지냈던 한성준과의 비교가 들어 있다. 당시 한성준은 1937년 '조선음악무용연구회'를 설립하며, 조선춤들을 본격적으로 무대화하기 시작했다. '조선음악무용연구회'는 1938년 6월에 조광회 주최로 부민관에 올린 '고전무용대회'에서 승무와 한량무, 살풀이춤, 검무 등 14종목의 춤을 선보였다. 하지만 당시 한성준의 춤은 소년 이매방의 미의식을 충족시켜 줄 수 없었다. "장단이면 장단, 춤이면 춤, 인물이면 인물 우리 이대조 선생이 나았건만 목포에 눌러 앉았기 때문에 돈과 명예에서 멀어졌다."고 한탄한다. 이매방이 해방 후 부산을 중심으로 활동하다가 서울로 진출하는 데는 스승의 이런 경험도 크게 작용했을 것이다. 그래서 그는 늘 말한다. "말은 제주로, 사람은 서울로!"

iii)에서는 춤이 곰삭아야 한다는 자각이 춤의 입문기에 형성되었음을 보여준다. 권번에서 발놀림과 손놀림 등의 기초교육 그리고 그 이후의 승무, 검무 등 최소한 6년 이상 곰삭는 학습이 있음을 말해준다. 특히 한성준과 비교하여 목포에서 푹 곰삭았던 이대조 선생의 춤과 삶은 어린 이매방에게 '예인(藝人)의 길'이 어떠해야 하는지를 본능적으로 느낄 수 있도록 하였을 것이다.

그런 만큼 지금까지도 그는 애정과 안타까움 없이는 그의 스승 이대조 선생을 회상할 수 없었다. "내가 지금 이 나이 먹도록 춤을 외길로 늙었어도 선생님들 살아 계시다면 천리 만리라도 가서 공부하고 싶고 모르는 점이 많거든. 더 파고 공부하고 싶은데 요새 애들은 그것이 아니거든. 어떻게 춤에 대해서 자부, 만족을 느껴? 어떻게 자부심을 느껴? 웃기는 애들이라고 세상에. 공부는 한도 끝도 없잖애." 이렇게 죽기 전까지도 그는 자신의 제자들이 춤 연습을 게을리

할 때마다 만약 자기에게도 지금 선생님이 살아계시다면 가서 춤을 배우고 싶다고 말할 정도였다.

이때 기초교육으로서 배웠다는 손놀림과 발놀림 등은 아마도 권번에서 춤에 입문할 때 처음 학습하는 〈허튼춤〉을 가리킨다.

> 내 맨 첨은 입춤 들어가서 입춤, 아니 저 허튼춤. 허튼춤을 배우고 그 담에 인자 완전히 되믄 몸에 인자 기본이니까 모든 것이 몸에 그것이 스며들어서 받아들이고 인자 익숙하믄 장삼 승무… 그때는 장삼 없응께, 저 한삼을 맨들어서 기양, 한삼 없으면 기양 북방맹이 들고 기양… 그때는 신발 다 배급하고 쌀들 배급할 때니까. 월사금 학채 내고 그렇게 인저 공부들 허는거여. 맨처음에 가면 장구두 배워야 하고. 장구는 특히 알아야. 장단을 알아야 하니까. 장단에도 인자 음양이 있거든.

오늘날까지 이매방 북가락이 일품이라고 하는 것은 이대조로부터 전수받은 가락이다. 이대조의 북가락은 다양하고 가짓수가 많아 '천수북'이란 말이 전해질 정도였다. 이렇게 시작된 이매방의 춤과 북놀이 학습은 8년 동안 계속 이어졌다. 그동안 목포 권번과 광주 권번을 오가며 박영구, 이창조, 그리고 이대조 선생에게서 승무, 승무북놀이, 검무, 입춤, 살풀이춤, 장고춤, 태평무, 한량무, 보렴승무, 홍춤, 장검무, 장고기법들을 배웠다. 이처럼 목포 권번에서 시작된 이매방의 배움의 여정은 이대조, 박영구, 이창조 등 호남지역에서 명무로 소문난 권번의 여러 스승들을 두루 거치면서 무르익어 간다.

춤이 다 거기서 거긴데, 박영구 선생 그 양반은 그 양반만의 감정이, 맛이 조금 틀려. 원래 명인으로 대가 선생님들이니까. 그 선생님한테는 그 선생대로 좋은 가락이 있어. 굿가락도 그 양반 굿가락하고 이대조 선생 굿가락하고 거의 거기서 거긴데 조금 틀려. 유명한 명인 선생님들한테 얼굴도 팔릴 겸, 알릴 겸 배우러 갔지.

특히 이들 스승은 대부분 광주 권번과 목포 권번의 이름난 춤선생들이었다는 사실이 주목된다. 근대 이후 전통무용의 흐름에서 권번 기생들의 역할은 실로 지대했는데, 이매방의 춤은 이렇듯 호남지역 권번의 예맥과 밀접하게 맞닿아 있었던 것이다.

이매방의 12세 때 천진한 모습과 표정(고개를 옆으로 숙인 소년)

그는 열서너 살 되었을 때, 고모인 이소희의 소개로 경성 인사동에서 '석산장'이라는 음식점을 운영하는 담양 출신 진소홍에게 살풀이춤을 배웠다.

선생 이름이 담양, 전라도 대나무로 유명한 담양, 담양출신 진소홍. 성이 진달래 진 자, 맑을 소 자, 홍, 붉은 홍 자. 이름도 예쁘지. 그 어머니가 조선 마지막 미인이야. 우리나라 조선 마지막 미인에다가 춤꾼이야. 춤, 그분한테 내가 살풀이 춤을 배웠어. 내가 인자 춤을 거기서 배웠거든, 니가 한국춤 맛을 알려면 석산장에서 어머니 선생한테 배우라고. 사이사이, 일정한 시간, 날짜는 없고, 일주일에 한 번 가든 한 달에 두 번 가든, 세 번 가든, 가면 수건 들어 봐라 하고 가르쳐주고. 선생님이 아니라 어머니라고 그래. 어머니.

임금님 앞에서 춤을 췄어. 소문이 널리 나가지고. 얼굴도 미인이고, 춤을 기가 막히게 잘 춘다는 말이 왕실에 들어갔던 모양이야. 임금님이 진소홍씨를 불러서 춤을 한번 보게 좀 해달라고. 왕에게 살풀이춤을. 살풀이는 장단 이름이여. 살풀이장단. 엇박, 굿거리장단, 타령장단, 연물장단. 장단 이름이잖어.

춤이 얼마나 요염하고 아름다웠던지, 얼굴도 예쁜데다가 춤을 이렇게 곡선미를 넣어서 정중동을 넣어서 춤을 추니까 임금님이 자기도 모르게 다라라락 내려가서 그 어머니 손을 잡고 춤추는 어머니를 보듬었어.

앞에서 보았듯이 이매방은 진소홍에게서 살풀이춤을 배우기 전에 이미 이대조로부터 살풀이춤을 배웠다. 허튼춤으로서의 장단과 호남의 정서가 깃들인 한과 이른바 정중동까지를 이미 그의 춤의 형성기에 습득하고 있었다. 그런데 이런 바탕 위에서 진소홍의 살풀이가 이매방에게 덧입혀진 것이다.

서울에 사는 고모 집에 갈 때마다 먹고 자고 하면서 틈틈이 양어머니라고 부르게 된 진소홍에게서 수건 드는 것부터 시작해서 한국 춤의 맛이 어떤지를 몸으로 익혀갔다. 그 안에 여러 감정이 종합되어져서 슬프게 추면 슬프고, 기쁘게 추면 기쁘고, 엇박의 박자로 자신의 감정을 모으고 푸는 법을 배워간 것이다. 이때 앞으로 그의 춤의 계속적인 화두가 될 '춤의 요염함'에 눈을 뜨게 되었던 것 같다. 이대조에게서 한자 교본을 통해서도 정중동을 이미 배웠던 터이지만, 진소홍을 통해서 정중동의 곡선이 얼마나 아름답고 요염할 수 있는지를 배울 수 있었던 것이다. 이렇게 진소홍에게서 배운 흔적을 현재 '석산가락'이라는 형태에서 찾아 볼 수 있다고 한다.

이매방의 첫 공연은 그가 대련에서 소학교를 다니던 1939년에, 배구자무용단이 그곳을 방문하면서 이루어졌다. 그 당시 배구자의 눈에 띄어 무대에 출연하게 된 공연이 첫 무대인 셈이다. 하지만 그의 공식적인 첫 무대는 목포공업학교 건축과 재학중이던 그의 나이 15세 때 목포 역전에서 명창 임방울이 개최한 '명인명창대회'였다고 할 수 있다.

1941년(15세) 목포 역전에다 쇠가래를 세워 그 위에 막을 치고 드럼통을 깔아 만든 가설무대를 만들어 놓고 밤낮 춤과 소리로 명인명창대회를 열고 공연을 했다. 그런데 승무를 담당한 박봉선이 사정이 생겨 춤을 출 수 없는 상황이 생겼다. 목포 사는 신두옥도 놀음을 나가 없었고, 성산호주 역시 결혼을 하여 무대에 설 수 있는 입장이 아니었다. 임방울은 승무를 추어야 할 사람이 갑자기 참석치 못하게 되자 이대조에게 승무를 대신해서 출 사람을 수소문하였다. 이 소식을 들은 이대조는 "다들 회갑집 가고 매방이가 춤을 잘 추는데 그놈 머시맨데 춤은 기가 맥혀" 하고 추천하였다. 그때 그 당시 남자로서는 처음 있는 일이었고, 이북 이남 전국을 통틀어서 남자로서 춤추는 사람은 이매방이 유일하였다. 이때 이매방은 승무를 춤추어 관객의 열렬한 호응 속에서 첫 데뷔 무대를 가졌다.

이매방의 첫 무대 공연은 이처럼 대역에서부터 출발하였다. 생전 처음 보는 이매방의 춤은 임방울씨는 물론 여러 단원들에게 감동을 주었다. 특히 관객들의 환호성이 대단하였다. 이매방의 첫 무대 공연이 여러 사람들에게 호감을 주고 그의 춤이 인정받게 되자 임방울씨는 이매방을 그의 예술단체에 전문 승무공연자로 선정하여 전국 순회공연에 출연시켰다. '명인명창대회'가 열릴 때면 이매방의 승무로 막을 올렸고, 다음에 소리, 춤, 농악, 줄타기의 순으로 이어졌다.

이렇게 발전하게 된 이매방의 〈승무〉는 박영구와 이대조에게서 배운 좋은 멋과 가락만을 따서 만든 이매방류 〈승무〉가 된 것이다.

명인명창대회같은 무대에서 승무를 추던 당시, 전라도 지역에서는 '승무 하면 이매방'이라고 할 정도로 그의 춤은 대단하게 인정받기 시작하였다. 하지만 부모님 작고 후, 임방울 악단에 소속되어 전국을 돌며 순회공연을 하게 되는데, 항상 〈승무〉나 〈허튼 춤〉 등 전통춤만을 고집하던 그에게 공연 성격에 따라 양음악에 맞춘 신무용 스타일의 춤을 요구받기도 하였다. 그것이 그의 춤세계와 맞지 않아 이매방은 악단에서 나와 개인적으로 활동하다가, 다시 악단에 돌아가는 과정의 반복을 거치게 된다.

● 제4장

소년 이매방의 역할 모델
_중국 경극배우 매란방

    매란방(梅蘭芳)은 대대로 경극을 이어온 집안에서 1894년 10월 22일 태어났다. 저명한 경극예술가 매교령(梅巧玲)의 자손으로, 이름은 란(蘭)이다. 8살 때부터 경극을 배우기 시작해서 1904년 만 10살 때 처음으로 무대에 오른다. 그 이후 근 10년간을 북경에서 활동하며 큰 인기를 얻게 된다. 1913년 가을, 매란방은 처음으로 상해에 가서 공연을 한다. 그는 이때 상해에서 한 달 반을 머물며, '신무대'를 중심으로 경극개혁운동을 전개하고 있던 반월초(潘月樵) 등의 새로운 공연을 관람한다. 그리하여 다음과 같은 인식을 갖게 되었다.

    우리들이 공연하는 구극(舊劇)들은 모두가 고대의 사실에서 제재를 취하였다. 비록 어떤 극들은 그 내용이 교육적 의의가 있어 관객들이 본다면 다소간의 영향을 미칠 수는 있다. 그러나 만약 지금의 시사(時事)에서 직접 제재를 취해 신극을 만든다면, 보는 사람이 어찌 더욱 더 절실해하고 재미있어 하지 않겠는가? 효과는 아마도 구극에 비해 더 클 것이다.

이러한 인식 하에 매란방은 상해에서의 계약기간이 만료된 후 다시 북경으로 돌아와 대담하게 경극개혁의 실험을 진행한다. 그리하여 당시 불합리한 봉건적 혼인 제도를 비판하기도 하고, 미신의 폐단과 무당의 사기극을 폭로하기도 하였다. 매란방이 공연한 이러한 신극들은 내용적으로 교육적이고 계몽적인 의의가 강할 뿐만 아니라 예술적인 면에 있어서도 특색이 있었다. 제재가 신선하며, 스토리가 곡절하고, 인물 형상이 선명하여 관객들의 환영을 받았다.

하지만 이러한 성공에도 불구하고 매란방은 수십 년이 지난 후에 이때 공연했던 각종 신극에 대해 다음과 같이 평가를 내리고 있다.

난 늘 이 극들의 스토리가, 비록 다소간 세상을 깨우치려는 뜻을 가지고 있으나, 대체적으로 말해, 모두 틀에 박힌 것으로, 자질구레한 가정사나 남녀간의 사사로운 정 등의 틀에 박힌 이야기를 벗어나지 못했다.

이 시기는 전통적인 세계관과 근대적인 세계관이 서로 충돌하던 시기로 매란방은 근대적인 세계관으로 비록 미래에 대한 전망은 제시하지 못하였지만, 사회의 문제점을 들추어내고 그것을 비판하고 그것의 개혁을 열망했는데, 이러한 점은 시대적 요청에 발맞추고 시대적 역할을 다한 것이었다고 할 수 있겠다.

매란방

매란방 경극개혁의 두 번째 경향은 새로운 무도의 창조 및 인물분장의 개혁에 집중되어 있다. 매란방이 당시의 복장을 착용하고 변화된 시대상을 연기하는 새로운 극인 이른바 '시장신희(時裝新戲)'에서 사실적 연기를 추구한 것이 첫 번째 경향의 특징이라면, 전통 경극에서 착용하던 명나라 시대 복장 대신에 극에 맞는 새로운 옛 옷을 제작하여 입고 가무를 위주로 연기하는 극인 이른바 '고장신희(古裝新戲)'에서 무도[무용동작]의 새로운 창조는 두 번째 경향의 특징 중 가장 두드러진다. 매란방은 그의 '고장신희'에서 대량의 무도 동작을 만들었다. 화겸무(花鎌舞), 주무(綢舞), 수무(袖舞) 등을 새로이 만들어 내었다. 이 무도 동작들은 그가 고대시가, 회화, 조각, 무술 그리고 기타 연기 예술의 정화로부터 창조한 것이다. 그가 이러한 무도 동작들을 만들어 냄으로써 경극의 연기 예술 중에서 노래하며 춤추는 이른바 '재가재무(載歌載舞)'의 특징을 강화시켰다.

매란방이 연기한 '시장신희'에서 매란방이 착용한 무대 의상은 당시 의상을 그대로 착용하고 있어 새로운 창조는 없었다. 그러나 매란방은 '고장신희'에서 무대 의상을 개혁하여 명나라 시대 이전의 무대 의상을 처음으로 만들어 내었다. 전통 경극에서의 무대 의상은 명대의 의상을 따르고 있었는데, 매란방은 전통 경극의 규칙대로 분장하지 않고 고대 회화와 극중 인물이 살았던 역사 시기와 관련된 복식 자료에 근거해서 전통 경극에 일찍이 없었던 여러 가지 새로운 의상을 제작하였다.

이러한 무대 의상의 개혁과 함께 화장법 또한 개혁하였다. 매란방 이전의 배우들은 네모난 얼굴형으로 화장을 하였지만 매란방은 여러 가지 실험을 거쳐 당시 사람들이 좋아하는 계란형으로 화장을 하여 호평을 받았다. 이렇게 해서 새로운 얼굴형을 정립한 것이다. 이렇게 새롭게 제작된 의상들과 개혁된 화장법들은 경극의 무대 예술을 더욱 풍부하게 하였고, 경극 무대의 인물 형상을 새롭게 하여 이후 다른 경극의 연출에 큰 영향을 주었다.

경극 발전의 역사에서 보면 매란방의 이러한 '고장신희' 공연은 노래를 위주로 하던 기존 경극의 형식에서 탈피하여 무도[무용동작]를 위주로 하는 새로운 연극 형식을 창조한 것으로 새로운 미감을 만들어내어 경극의 연기 세계를 더 풍부하고 다채롭게 하였다고 할 수 있겠다. 그리고 이러한 매란방의 '고장신희'에서의 새로운 무도 동작의 창조는 10여 년과 20여 년 뒤 조선의 춤꾼인 최승희와 이매방에게 각기 다른 양식으로 영향을 끼치게 되었다.

초등학교 재학시절, 이매방은 중국에서 운수회사를 하던 형의 권유로 가족들과 함께 중국 대련(大連)으로 건너가 살게 된다. 대련에서 3년, 청진에서 2년을 살다가 다시 고향인 목포로 돌아오게 되는데, 중국에서의 5년 동안의 시간이 이매방의 춤 인생에 있어서 큰 전환기를 맞이한 시기라 평가할 수 있다.

1939년 그의 나이 12세에 만주 대련에서 신무용의 대가인 배구자 무용공연에 출연하게 되었고, 또 북경에 있던 큰누나의 주선으로 당대 최고의 경극 배우 매란방과 조우하게 된 것이 그것이다. 이때 매란방의 공연을 접하고 이국적인 향취에 매료되어 그의 제자에게 장검무 등을 배웠고, 훗날 본명 이규태를 버리고 매방이라는 예명까지를 지어 사용하게 되었다.

내가 이매방과 처음 대담을 하게 된 것은 2010년 10월경이었다. 당시 국사편찬위원회에서는 한국근현대사 구술자료 채집을 위한 프로젝트를 진행하고 있었다. 현존해 있으면서 근현대 예술 동향에 대해 생생한 증언을 해줄 인물들을 구술하는 프로젝트였다. 그 프로젝트의 일환으로 나는 무용계를 포함한 한국 근현대 예술계의 동향에 대해 여러 분야를 몸소 겪었던 이매방의 경험담을 채록하게 되었다. 그 구술을 위하여 처음 만났을 때, 이매방은 나에게 대뜸 매란방 닮았다고 하였고, 그 뒤 나는 매란방이 누군지를 찾아보게 되었다. 매란방을 만난 지 70여년이 흘렀지만 여전히 매란방을 가슴 속에 품고 있었던 이매방의 얘기를 듣고 갑자기 나는 매란방의 그 무엇이 그렇게 어린 소년 이매방의 마음을 움직였는지 궁금하였다.

 1학년 때 중국 만주 대련(大連), 형님네 자동차 운수업을 했거든, 어머니, 나, 누님, 그때 만주라고 그랬지. 중국땅 대련에 형님이 살자고. 가정 형편이 어려우니까. 초등학교 대련에 정포국민학교라고 있어. 정포(靜浦)소학교. … 중국에 그때 매란방이라고 경극 … 누님이 가서 구경도 했었나봐. 구경하고 가서보니까 내 생각이 나더라 그 말이지. 춤을 좋아하니까 매란방 춤이 예쁘지 않냐고. 예술은 국경이 없잖아. 소개를 해서 거기서 춤을 … 매란방이가 직접 나한테 가르쳐준 적은 없고, 요새말로 조교가. 매란방이가 국민학교 어린애를 가르치겠어? … 그래갖고 거기서 춤을 요새말로 레파토리를 세 가지. 그 당시 날라 댕기면 꿩 있잖어. 꿩 털 뒤에 기다란 거 그걸 잡아당겨서 탁 탱겨. 그리고 등불 앞에, 뒤에, 등향불 위로 추는 춤이었어. 다 잊어버렸어. 어렸을 때니까. 그래 갖고, 장검은 내가 잊어버리지 않고 그거 갖다가. 악기 장단을 만들어서 의상도 의상에서 조금 변화시켜서. 우리나라 검무랑 다르지. 우리나라 검무는 장단이 여섯 번 다섯 번 변하고, 우리나라는 전립도 획전립 쓰고. 중국하고 틀려.

이 진술처럼, 지금도 공연 때마다 무대에 오르는 이매방의 장검무는 그때 매란방에게서 배운 장검무의 기법을 토대로 창작된 춤이다. 그리고 장검무 외에도 나머지 레파토리로서 기억하고 있는 춤인

꿩 털과 관련된 춤이나 등향불 위로 추는 춤은 매란방 경극개혁의 특징 중의 하나였던 이른바 '고장신희'에서 무도[무용동작]의 새로운 창조 가운데서 나온 춤들이다. 그리고 전통 경극에서의 무대의상은 명대의 의상을 따르고 있었는데, 매란방은 전통경극의 규칙대로 분장하지 않고 고대 회화와 극중 인물이 살았던 역사시기와 관련된 복식자료에 근거해서 전통경극에 일찍이 없었던 여러 가지 새로운 의상을 제작하였다.

지금까지 이매방이 매란방에게서 받은 영향을 이야기할 때, 주로 장검무의 창작이나 '매방'이라는 예명의 사용만을 얘기하곤 하는데, 이매방이 전통춤을 새롭게 레파토리화 하고 있다든지, 혹은 일찍이 없었던 여러 가지 새로운 의상을 조금씩 변화시키면서 제작한다든지 하는 작업들은 실상 매란방이 추구했던 '고장신희'의 정신과 맥을 같이 하고 있는 것이다. 가장 흡수력이 뛰어나고 예민한 시기에 매란방과의 만남은 이렇듯 평생의 그의 춤에 내면화하고 있었던 것이다.

> 매란방씨도 보통 때는 얼굴이 각이지고 남성다운 얼굴인데, 모두 화장해서 여자로 둔갑하면 천하일색 양귀비야. 매란방이. 내가 거기서 춤을 배웠잖아. 그래서 내 예명을 갖다가 매방을 붙였지. 본이름은 내가 이규태. 클 태자. 어렸을 때는 호적 만들기 이전에는 이연길. 근데 이매방이라고 뒤에 재판해서 호적 고쳤지.

이처럼 어린 소년 이매방에게 있어서 매란방은 자신이 앞으로 꿈꿀 미래의 모습과 같은 것이었다. 그 미래의 모습을 그리면서 재판까지 해가면서 이름을 이매방으로 고치기까지 하였고, 심지어 남성이면서도 어떤 여성보다도 요염한 매란방의 화장 모습을 보면서 남성성과 여성성을 초월한 요염함의 실체에 전율하기도 하였다. 춤꾼으로서의 그에게 중요한 것은 성적 정체성이 아니라 그것까지를 뛰어넘은 요염한 아름다움이었고, 이것은 앞으로의 그의 춤에 계속 화두가 되는 것이었다.

1950년대 이매방 젊은 시절의 요염한 아름다움

● 제5장

이매방이 보고 들은 최승희의 춤
_ 왜소한 시대의 왜소한 춤

　최승희는 매란방의 출생보다 17년 뒤인 1911년에 양반가의 자손으로 태어났지만 일제의 토지조사사업으로 재산을 몰수당해 가난한 성장기를 겪게 된다. 어려운 가정 형편 때문에 고민하다 1926년 3월 21일 이시이 바쿠(石井漠, 1887~1962)의 경성 공연을 보고 25일 이시이무용단을 따라 일본으로 가서 무용가가 된다. 최승희가 일본으로 건너가 춤을 배우고자 했을 때, 그녀는 예술적이거나 미학적인 지식을 갖고 있지는 않았다. 그녀가 일본으로 건너가 춤을 배우고자 했던 동기는 지극히 단순했다. 가난한 가정에 조금이나마 보탬이 되고 싶었고, 오빠가 적극적으로 권했기 때문이다.
　이렇게 하여 무용계에 발을 들여 놓은 최승희는 독일 유학을 다녀 온 스승 이시이 바쿠의 서구적 무용에 영향을 받는다. 그래서 그녀의 예술 활동 초기에는 독일 현대무용의 표현주의 정신이 드러나기도 한다. 그러나 그녀는 스승의 무용세계를 답습하는 것에 머무르지 않고 더 나아가 자신의 독립적인 무용 사상과 방법론들을 구축하는 데 힘을 기울이면서 1930년에는 '제1회 최승희 무용발표회'를 비롯하여 이어 4회의 신작 발표회를 갖는다. 이 시기 그녀의 작품들인 〈그들은 태양을 찾는다〉, 〈방랑인의 설움〉, 〈인도의 비애〉 등은 비록 민족 무용의 형식은 아니었을지라도 당시 식민지 현실과 그로 인한 조선인의 비애 감정, 그리고 조국을 잃은 사람들의 슬픔을 무용 형식에 담은 예술적 표현이었다.

　1930년대 초반만 하더라도 최승희에게 무용이란 단순한 예술 활동이 아닌 조선적인 것에 대한 집착이었고, 식민지 지식인으로서의 저항적인 의미를 담고자 하는 의도적 산물이었다. 그 시절 그녀가 무대에 올린 작품이 유독 '조선의 산물'이나 '학대받는 사람'에 대한 연민과 애정을 담고 있는 것도 이러한 이유에서 비롯된 것이라 할 수 있을 것이다.

　이러한 '조선심'과 '조선춤'에 대한 최승희의 문제의식은 1930년대 전개되었던 이른바 '조선학' 운동이라는 시대적 분위기와 관련이 있다. 특히 다산 정약용선생 서거 99주기를 맞이하여 시작된 이 운동은 민족과 민중을 다같이 중요시하면서 우리 문화의 고유성과 세계성을 동시에 찾으려는 것이었다. 물론 당시 한성준의 영향도 있었다. 이시이는 최승희에게 한국무용수 한성준으로부터 가르침을 받게 하였고 최승희에게 속성연습을 시키기도 하였다.

이 무렵 조선적인 것에 관심이 높았던 그녀는 프롤레타리아 문학의 선두주자였던 사회주의 문학가인 안막(安漠, 1910~1955)과 결혼을 하게 되었고, 다시 일본의 이시이 바쿠의 후원으로 순회공연을 하게 된다. 최승희가 조선 신무용을 개척하고 세계적 무용가로 성장하게 된 배경에는 카프의 문예운동을 주도한 그녀의 오빠 최승일과 안막이 있었다. 안막은 최승희의 후원회를 조직했다. 이 후원회는 일본의 인텔리, 특히 유럽에서 유학을 했던 지식인들을 흡수했다. 그는 최승희가 친일이냐 반일이냐의 논리를 벗어날 수 있는 논리적 근거를 만들어 주었다. 결혼 후 투옥을 경험하고 카프가 해체된 이후 안막은 아예 자신의 문학적 일을 모두 접고 최승희의 매니저 역할에 전념한다. 안막은 최승희를 통해 사상과 예술의 해방구, 최소한 막다른 길을 벗어날 탈출구를 찾을 수 있으리라 기대했던 것이다.

이 시기에 안막은 이미 최승희의 무용을 통해 조선적인 것의 탐색에 착수하고 있었다. 그는 무엇보다도 계급적 고려 위에서 고전을 생각했으므로 궁중무용, 기방무용과 같은 상류계층의 문화를 예술의 소재로 채택하지 않았다. 최승희가 안막과 함께 동경에 온 지 두 달 반만에 무대에 올라 선보인 최초의 조선 무용은 〈에헤야 노아라〉였다. 최승희가 '술에 취한 자기 아버지의 굿거리춤'에서 창안했다고 창작의도를 밝힌 〈에헤야 노아라〉는 장삼옷에 관을 쓴 조선의 한량이 술에 얼큰히 취한 채로 몸을 흔들거리고 고개를 끄덕끄덕 하며 팔자걸음을 걸으며 배를 불룩하게 내놓고 추는 웃음을 자아내는 춤이었다. 민족주의예술 진영이 '조선심'을 역사물이나 시조, 판소리와 같은 과거 사대부 문화에서 발견하려고 할 때, 최승희 부부는 그것을 향토적인 것에서 찾은 것이다. 〈에헤야 노아라〉의 성공 이후 최승희는 농민들의 춤이나 광대들의 탈춤, 기생춤, 승무, 검무 등을 채록하여 조선춤의 영역을 확대해 나갔으며 그것은 하나같이 상류층 문화와는 차별된 것이었다.

이 무렵 승무, 영산춤과 같은 조선적인 정서에 기초를 둔 공연이 일본에서 대대적인 호응을 얻게 되고, 근대 일본에서 '최승희 붐'은 절정에 이르게 된다. 일본 대중은 최승희의 춤을 통해 복원이 불가능했던 과거의 흔적을, 일본 제국은 오리엔탈리즘을 통한 순수한 문화공동체에 대한 열망을 동시에 충족시킬 수 있었던 것이다. 하지만 이러한 일본인들의 호의적인 반응과는 대조적으로, "최승희의 조선춤은 조선적인 것의 모방에 불과하며 진실성이 결여되어 있다."(한설야) 혹은 "저속한 소재에서 조선적인 것을 선택하여 우아함, 신비감, 장중함 등을 보여주지 못했다."(함대훈) 등의 조선 예술인 사이의 비판도 있었다.

당시 동아시아의 멋이라는 슬로건으로 일본 대중 사이에서 일었던 최승희의 붐은 아시아 부흥을 부추기는 일본의 제도적, 제국주의적 문화정책 안으로 빠르게 흡수되기 시작한다. 최승희는 타이완에서도 조선붐을 일으키는 중요한 인물로 부각된다. 식민통치 아래서 근대적이고 민족적인 예술을 창출한 최승희의 예술활동은 타이완 지식인에게 본보기가 되었던 것이다.

최승희는 이 시기 중국에까지 진출한다. 그녀의 중국 진출 또한 일본 문화성이 전략적으로 추진한 문화통합과 부응하는 것이다. 이를 통해 최승희 붐은 일본의 아시아 통합 일환으로 구체화되었다. 「요미우리 신문」을 비롯한 일본 언론에서는 최승희의 성공이 결국은 일본 예술의 확장이라고 평가했다. 그녀의 공연은 태평양 전쟁 시기와 맞물려 있었는데 일본에서는 제국의 이데올로기를 더욱 확산시켜야 한다는 주장이 확대되면서, 황색인의 자랑, 동양 예술의 부흥이란 차원에서 더욱 가속화되었다. 최승희는 내재적으로는 식민지적 유형이었지만 외재적으로는 일본도 아닌 아시아적 인간 유형이었던 것이다. 이러한 일본의 문화정책은 사실 1940년대까지 지속적으로 이루어졌다.

최승희에게는 전면적으로 반제국주의를 내세우지 않고 편승하면서 한편으로는 조선의 무용을 알리려 했던 것 자체가 반식민적 저항이며, 이것이 고통스러운 일상을 견지하게 하는 불안의 실체였을지도 모른다. '조선적인 것'을 포기할 수 없었던 최승희는 동아시아 논리를 자기 식으로 내면화 하였으며, 그것은 조선, 중국, 일본이 평화적으로 공존할 수 있을 것이라는 기대심리를 반영한 것이었다. 그리하여 이러한 기대심리를 가지고 '중국적인 것'과 '조선적인 것'을 아울러 동양주의를 모색하기 위해, 최승희는 일찍이 1940년대에 중국에 왔으며 중국의 전통희곡에 깊은 흥미를 가졌다.

중국에서 생활하는 동안 저명한 경극 연기자인 매란방과 깊은 우

매란방과 최승희

의를 나누었으며, 늘 같이 중국 고전 희곡과 무용예술에 대하여 연구하였다. 1950년대 최승희는 중앙희곡학원인 '무용 연구반'에서 강의를 하기도 했으며, 이때에도 매란방의 도움을 많이 받으며 깊은 우의를 쌓았다. 1941년 4월, 만주에서의 공연을 시작으로 1942년 2월, 1943년 8월, 1944년, 1945년까지 몇 년간 중국에서 공연을 계속하였다. 당시의 통계에 따르면 공연횟수가 모두 1백 회를 넘을 정도였다고 한다. 그리고 이 시기 매란방 역시 평소 최승희의 무용에 대해 높게 평가해오다 1950년대 북경에 온 최승희와 자주 만나 최승희의 무용과 중국의 고전 무용을 접목시키는 부분에 대해 많은 담론을 나누었다.

그런데 이때 만남에서 특이한 점은 최승희가 매란방을 만났을 때 매란방이 콧수염을 기르고 있었다는 점이다. 매란방은 경극 연기에서 언제나 여자역만 맡았기 때문에 콧수염을 기르는 법이 없었다. 그러나 항일 전쟁이 시작된 후 일제는 모든 수단을 동원하여 매란방을 매수하려고 하였고, 그들의 공연 요청을 끝까지 거절한 매란방은 상해가 함락된 이후 어쩔 수 없이 홍콩으로 건너갔다. 홍콩에서 "양홍옥(梁紅玉)" 등의 경극을 공연하면서 항일운동을 벌이던 매란방은 홍콩까지 함락된 1942년 다시 상해로 돌아왔다. 이때부터 매란방은 일본군의 공연 부탁을 거절한 채 콧수염을 길렀고 민족의 절개를 나타내는 그림을 팔아 생계를 유지해 나갔다. 일생동안 주로 여자역을 맡아온 매란방이 수염을 기른다는 것은 그의 결의가 얼마나 확고한 것인가를 보여주는 좋은 사례이다.

최승희는 매란방과 이야기를 나누다가 그가 오랫동안 무대에 서지 않는 이유를 슬쩍 물어 보았다. 최승희의 물음에 매란방은 씁쓸한 웃음을 지으며 "이젠 나이가 많아서"라고 답했을 뿐이라고 한다. 그러나 최승희는 일본에 아부하는 괴뢰정권 밑에서는 공연을 하지 않겠다는 매란방의 속뜻을 알아차렸다. 매란방이 일본 사람들이 중국에서 행하고 있는 침략 행위에 대해 조심스럽게 꺼내는 이야기를 듣고 최승희는 심한 전율을 느꼈다. 나는 누구인가? 일본사람인가, 조선사람인가? 평소 자존심이 강한 최승희였지만 매란방의 이러한 말에 스스로를 돌아보게 되었고 너무나 부끄러워서 고개를 숙여 버렸다. 큰 충격을 받은 것이다. 그들은 허심탄회하게 많은 이야기를 나누었고 훗날 북경에서의 재회를 기약하면서 작별했다. 매란방은 최승희에게 자기가 그린 세 폭의 그림 매초화, 난초화, 인물화를 선물했다.

비록 일제강점기에 일본인으로부터 춤을 배우기 시작했지만 그녀가 재창조한 조선무용과 서양무용의 접합, 동서양의 조화, 현대무용의 기법에 선 조선무용의 새로운 모습으로의 부활과 다양화 등은 모두 시대적 조류로서 예술로서의 조선무용, 나아가 동양무용의 창출로 귀착한 것이었다. 그리고 그 내면 깊숙한 밑바탕에는 민족혼과 민족의식 또는 민족정신이 자리잡고 있었고, 그것이 비록 미성숙한 상태로 발현되거나 회화되어 나타났을지라도 일본 문인들이 하나같이 입을 모아 평가하는 그녀의 춤은 '조선의 향기'를 담아낸 '민족적 정취' 바로 그것이었다. 그녀의 사회관, 예술관, 무용관의 총체로서 조선의 민족 정신과 조선 민족 자의식의 또다른 표출이었던 것이다. 이러한 사상들에 동조한 당시 일본의 국제주의자들이 그녀를 지원하면서 그녀를 통해 자신들의 '대동아사상'을 주장했던 것이다.

당시 이매방의 춤은 목포 권번의 이대조로부터 시작하여 박영구, 이창조 등 호남지역에서 명무로 소문난 권번의 여러 스승들을 두루 거치면서 무르익어 갔고, 진소홍에게서 배운 살풀이춤의 영향으로 요염한 아름다움이 더해졌다. 그리고 임방울이 인솔하던 '명인명창 순회 공연'에서의 승무 공연으로 인해 조선 민중들의 토착적인 정서를 움직인다는 것이 어떤 것인지를 현장에서 체험하고 있었다.

하지만 이매방이 한창 활동하기 시작해야 할 이 시기에 궁중무용과 민속무용의 담당자들은 사회적·문화적으로 최악의 상태에 처해 있었고 상황은 점점 악화되었다. 국권을 상실한 후 관기제도가 없어지면서 무용이 계승·발전될 수 있는 유일한 통로는 기생조합인 권번이었던 것으로 보인다. 그나마 제2차 세계대전의 발발로 권번과 요리점이 한꺼번에 강제 폐점되고, 무용인들은 전시 위문단이나 악극 무대를 전전하게 된다.

반면 1930년 2월 최승희가 일본에서 귀국하여 서울의 경성공회당에서 제1회 무용발표회를 가지면서 이른바 신무용시대가 열린다. 완전 매진을 기록한 이 공연에서 그녀는 〈오리엔탈〉과 같은 서정적이며 서구적인 춤뿐만 아니라 〈해방을 구하는 사람〉과 같은 당시 한국 상황을 암시하는 작품을 발표하였다. 최승희, 조택원은 스승인 일본인 이시이 바쿠의 권유로 창작의 주제를 한국의 소설이나 설화 혹은 음악에 두기 시작했는데, 파리와 뉴욕에서 공연을 하면서 조선적인 소재나 기법의 사용이 자신의 독창성을 인정받는 방법임을 터득했고 창작 취향을 이 방향으로 돌리면서 현재의 한국무용의 춤 계보를 형성하게 된다. 그리고 해방 당시에도 이미 자신의 춤을 조선무용이라고 부름으로써 궁중무용과 민속무용은 명칭의 선점권을 빼앗긴 셈이 되었다.

물론 이러한 신무용 시대에도 한성준은 한평생 한국의 춤 현장에서 전통춤을 발굴하여 집대성하였으며, 특히 무대 공연 춤을 서구식 신무용 일변도로 인식하는 풍조가 수정되도록 〈승무〉〈살풀이〉〈태평무〉〈한량무〉 등 전통춤 유산을 근대적 양식으로 개발하였다. 신무용은 새로운 무대 형식과 관람 방식이 요구되던 근대 초기에 무용가의 자율적 창작, 춤 작품의 완결성 그리고 춤의 독립성을 바탕으로 옥내 무대에서 공연된 신식 예술 춤이었다. 이를 위해 새 시대 정신에 어울리는 새로운 움직임 방식이 개발될 필요가 있었는데, 당시 무용가들은 한국적인 것에 대한 관심을 견지하면서 현대무용을 바탕으로 한 신무용과 전통춤을 무대에 현대화한 신무용을 모색하였다.

이매방은 당시 보고 들었던 최승희의 신무용에 대하여 비판적인 시각을 가지고 있었다. 그는 서울에 친척이 있어서 오고가고 하다가 경성서 열세 살 때 처음 최승희 무용연구소를 보았다고 한다.

> 그때 경성서 열세 살 때 봤다니까, 최승희무용연구소. 경성무용연구소, 최승희가 몇 년 하다 도루 일본 들어갔지. 근데 이상하드라. 막, 이상하게 막 가랑이 벌리는… 뛰는 오두방정은 다 떨고. 기양 우리나라 춤은 뛰는 거 없잖애, 어서 오두방정 떠는 거 없잖애. 그래 갖고 그 무용이란 말이 퍼져 갖고, 지금까지 씨가 확! 보급이 돼갖고 우리네 춤은 그때는 멸시, 무시당하고.

당시 어린 이매방이 느끼기에 최승희의 춤은 너무 이상했다. 막 가랭이 벌리기도 하고 오두방정 떨 듯이 막 뛰기도 하고. 우리 춤과 다른 '그 무엇'이었다.

> 최승희 무용가 춤 그… 이름이 유명했지. 최승희는. 세계적으로 이름이 났어. 왜정 때니까 일본사람이 정치적으로 최승희 춤을 이용했고. 그래서 사이쇼오키. 최-사이, 쇼오-승, 희-키. 사이쇼오키. 반도의 무희. 한또노 마이히메. '반도의 무희 최승희' 이래 갖고 왜정 때 중국으로 미국으로 이용했지. 최승희가 춤을 잘 추고 또 체격도 예쁘고 인물도 예쁘고 좋은데 춤은 잘 추는데 순수한 한국 춤이 아니야. 인자 의상과 음악은 우리껀데 춤은 전부 발레. 일본 사람이 한국 춤을 모르잖아. 일본 사람이 그 때 한국 춤을 알겠어? 장단도 모르지.

이처럼 최승희의 춤은 특이한 기교가 있고 서구적인 몸매에서 나오는 관중을 사로잡는 힘이 있었지만, 일본이 최승희를 정치적으로 이용했기 때문에 궁극적으로 최승희의 춤은 한국춤이 아니라고 단언한다. 일제 강점기라는 왜소한 시대에 마치 볼모처럼 사로잡힌 우리 한국춤의 외양을 띤 왜소한 춤이라는 것이다. 그녀의 춤에는 한국 전통춤의 특징인 '정(靜)'이 없기 때문이다.

> 최승희는 현대화시킨 한국춤이지. 그러니까 정자가 없는 춤이야. 최승희나 배구자나. 정 자. 조용할 정 자. … 배꼽이 키에서 중간이야. 대략 가운데 아니야 배꼽이. 배꼽 밑에가 정 자. 여러분 정숙하게 조용하게. 조용할 정 자 아니야. 정 중. 가운데 중. 정중동. 움직일 동.

운동할 때 동. 그러니까 예를 들면, 배꼽 밑에는 밤. 배꼽 위는 낮. 밤이 있어야 이것도 하고 술도 마시고 도둑질 칼질. 밤이 무서운 거 아니야. 밤이 위험하고, 아름답고. 또 낮에는 활발해. 일 마치고 돌아다니고, 운동도 해야 되고. 낮에 누가 술 먹고 낮에 섹스하고 낮에 사람 죽이고 도둑질하니? 그래서 정-중-동. 그것이 춤에 중요한 요소야. 그러면 정중동이란 명칭이 어느 나라 춤에 있냐면 일본하고 한국. 미국춤은 정 자가 없어. 전부 동 자야. 그러니까 춤이 활발하고 명랑하고 박력있고. 전부 선이 직선이고. 직선. 건물도 미국 건물들 보면 반듯 반듯한 건물이야. 우리나라 집은 전부 곡선이야. 기와집. 초가집도 보면 동그랗고. 이 저고리도 이것이 배래라는 것이야. 옛날엔 붕어소매라고 그랬지. 붕어 배가 이렇게 생겼잖아. 배래… 응. 춤에는 정중동이 있어야 되고, 그래야 춤이 아름답고 요염하고.

이렇듯 최승희의 춤에는 직선적이고 활발한 '동'은 있는데, 곡선적이고 조용한 '정'은 없다. 한국춤의 가장 큰 요소가 빠져 있는 것이다.

앞서 얘기했듯이, 민족주의예술 진영이 '조선심'을 역사물이나 시조, 판소리와 같은 과거 사대부 문화에서 발견하려고 할 때, 최승희 부부는 그것을 향토적인 것에서 찾았다. 그리하여 〈에헤야 노아라〉의 성공 이후 최승희는 농민들의 춤이나 광대들의 탈춤, 기생춤, 승무, 검무 등을 채록하여 조선춤의 영역을 확대해 나갔으며 그것은 하나같이 상류층 문화와는 차별된 것이었다. 그리고 이 무렵 승무, 영산춤과 같은 조선적인 정서에 기초를 둔 공연이 일본에서 대대적인 호응을 얻게 되고, 근대 일본에서 '최승희 붐'은 절정에 이르게 되었다. 하지만 최승희의 16년 후배인 이매방은 최승희 영향을 어느 정도 받았겠지만, 이러한 최승희의 '조선춤'에 대해서 "최승희가 춤을 잘 추고 또 체격도 예쁘고 인물도 예쁘고 좋은데 춤은 잘 추는데 순수한 한국 춤이 아니야."라고 평가하면서 그녀의 한계를 호남춤의 정서로 극복하려 하였던 것이다. 전면적으로 반제국주의를 내세우지 않고 편승하면서 한편으로는 조선의 무용을 알리려 했던 최승희의 불안의 실체를 정곡으로 찌르고 있는 것이다.

이매방에게는 춤과 음악뿐 아니라, 심지어 그 자신의 '욕'까지도 호남의 정서를 반영하고 있는 까닭이다.

> 왜 내가 욕을 배웠냐면 옛날 우리 국악인들 목포 광주 백제, 옛날로 하면 백제 사람들 아니여. 경상도는 신라고. 경기도는 고구려고. 6·25 사변 때도 서울 사람들이 막 경상도로 피난 갔잖아. 인민군 쳐들어오니까. 경상도 가니까 경상도 사람들은 하루 이틀 있다 갈 때 '보이소. 먹는 물 값 내놓고 가이소.' 전라도는 '야, 어서 와. 배고프지? 저녁먹어.' 그니께 백제하고 신라하고 틀리지. 신라는 벌[野]이 없어. 논이 없어. 전라도는 평지 아니야. 논밭이 많거든. 그러니까 낭만 낙천. 욕도 국악인들이 재미로 '시불년아. 잡년아.' 별로 친한 친구 아니면 욕을 안해. 여자끼리도 친하면 '이 잡년아. 이 시불년아.' 모르는 사람한테 그랬다가 뒤지게 두들겨 맞게? 전라도 사람은 오래간만에 만나면 '좆같은 새끼 오래간만이다. 이 시불놈아.' 이러거든.

● 제6장

해방 전후 죽음의 문턱에서
_ 일본군에서 인민군, 인민군에서 국군으로

    일본은 '만주사변' 때부터 이미 전쟁 인력의 부족을 느껴 장차 조선인에 대해 징집제를 실시할 것을 구상했다. 그러나 일반적으로 반일정신이 강한 조선 청년을 무장시키는 데 따르는 위험 부담 때문에 이를 실시하지 못했다. 침략전쟁이 중일전쟁으로 확대된 뒤에는 위험부담을 안고라도 지원병의 형태로 조선 청년을 전쟁에 동원하기로 하고 육군특별지원병령을 공포했다(1938. 2).

    '지원병령'에 따라 징병령이 실시되기 이전부터 1943년까지 1만 8천 명 가량의 조선 청년이 일본군에 '지원'했다. 이들 가운데는 일시적 흥분으로 철없이 지원한 경우도 있었지만, 지원병제도를 성공시키기 위한 일본 측의 교묘한 술책과 전시 하의 농촌 피폐에 못 견딘 청년들이 '살 길을 찾기 위하여' 지원한 경우가 많았다. 지원병제도의 실시를 쌍수로 환영한 이른바 '지도계급 인사'들은 막상 지원해야 할 단계에 가서 남을 권하고 제 자식은 모면하게 함으로써 '지원병'은 소작농민의 아들이 대부분이었다. 지원병 제도로 문을 연 조선 청년의 전쟁 동원은 태평양전쟁이 막바지에 다다른 1944년에는 마침내 징병제로 바뀌어 패전할 때까지 약 20만 명이 징집되었다.

목포공업학교 2학년 시절의 15세 이매방 (위) (1941년)

이 시기에 이매방도 목포공업학교를 졸업하였는데 이러한 징집의 물결을 피해갈 수 없었다. 그리하여 당시 징집된 약 20만 명의 조선 청년 가운데 하나가 되어, 나라 잃은 백성의 아픔을 온몸으로 감당해야 했다.

해군으로 징집되어 해군본부가 있는 진해에서 훈련을 받았는데, 같이 징집된 소학교 동창생과 셋이서 몇 달을 연구하여 도망치기로 하였다. 산으로 둘러쳐진 진해의 지형을 이용하여 산꼭대기에 가서 밤이 닿도록 기다린 후 밤을 타서 부산으로 도망쳤다.

> 그때 이제 징병이로 나와서 그래갖고 해군에서 도망갔고 … 그래서 산꼭대기에 가서 우리가 셋이 이렇게 엎어져가지고 밤만 되도록 기다린거야. 우릴 잡으려고 진해 시내 사이렌이 "이이잉" 하고 난리고, 잡히면 이제 총살이었지. 그래서 저 부산으로 해서 부산 온천장 위에 국악원에 가서 소리 가르치는 그 형님한테 돈 내가 얻어서…

이렇게 부산에서 형님뻘인 소리 가르치는 최선생에게 돈을 얻어서 목포로 기차 타고 왔고, 목포에서 어머니에게 돈을 타가지고 노도 안 젓고 돛대 바람타고 친척이 사는 신안 앞바다에 있는 비금도로 숨어들었다.

이 섬에도 육군 군인들이 배치되어 있어서 몇 달을 숨죽이고 죽어지내다가 해방을 맞은 것이다. 물론 그가 여기 비금도에서 숨어지내는 동안 목포에서는 이매방을 잡으려고 형사들이 집을 감시하고 어머니를 미행하고 그랬다고 한다. 이렇게 우리 역사의 비극 현장을 생생하게 체험하고 구사일생으로 목숨을 건졌던 것이다. 당시 비금도에 배치되어 있던 일본 군인들이 삽도 바다에 던지고 총도 막 던지고 하는 이상한 분위기에서 일본의 항복을 감지하고 해방되고 2, 3일만에 섬에서 목포로 돌아왔다.

해방 당시 우리 무용계의 무용관은 신무용 중심적이었다. 권번을 통해 완성된 한성준 등의 춤은 향토무용이라 부르며 크게 관심을 두지 않았으며, 신교육을 받은 최승희류의 신무용만을 무용으로 보았다. 기생과 광대가 추던 천한 춤을 고귀한 예술로 만들어야 한다는

이매방이 징병에서 탈출하여 숨어 지냈던 비금도

생각이 지배적이었다.

  한성준의 춤이 전통무용에 가깝기는 하지만 분명 식민지시대에 새로 창작된 창작무용이며 1935년 한성준의 신작발표회(부민관에서 공연) 때 언론이 일제히 그를 '대가'로 다루고 있었음에도 불구하고, 최승희가 한성준에게 배운 향토무용을 토대로 새로운 조선무용을 만들었다는 평가가 내려진 상태였으므로 이른바 '향토무용'은 그들이 바탕으로 하고 있던 천한(?) 신분 때문에 위축될 수밖에 없었다.

  해방 후 무용계는 창작 작업을 통한 무대 예술에 관심이 집중된 상태였다. 사회 전반적으로 새로운 것을 바라는 분위기였기에 우리 것에 대한 탐구나 재현보다는 새로운 춤에 대한 열정으로 가득 차

있었고, 전통무용은 무대에서의 새로운 무용을 위한 소재나 재료로서의 의미만을 지닐 뿐이었다.

그래서 전통무용의 맥은 무용계의 밑바닥에서 조용히 이어지고 있었다. 궁중 정재를 중심으로 해서는, 식민지시대 이왕직아악부와 조선음악협회의 조선음악부에 소속되었던 국악인들이 해방 후 국악 담당기관과 국악인단체의 변화를 겪은 끝에 국악원(회장 함화진)으로 집결하였다. 새롭게 발족한 국악원은 1946년 1월 5일 국악원창설 제1회 발표회를 열고 고전 무용과 종합적 입체상 〈춘향전〉을 올렸는데 관객의 열기는 대단했다고 한다.

권번을 통한 민속무용의 맥은 그나마 활발한 편이었다. 전쟁동포원호회 중앙본부와 공동으로 주최한 예성사 소속 기생들의 1946년 11월의 공연, 〈승무〉와 〈봉축노름〉을 대구에서 공연한 대동 권번 학예부생과 예기 일동에 의한 민속무용은 이어지고 있었다. 권번에서 교육된 춤은 해방 전의 것을 계승한 것이 대부분으로 승무, 살풀이, 검무, 교방무 등이 대부분이다. 무용계에 뿌리박지 못한 민속무용이 권번으로 모이게 되고 지역의 명인들이 권번의 엄격한 춤 교육을 담당했다는 사실은 이매방 춤을 통해 입증된 바이다. 이와 같이 전통무용은 당시를 이끌던 무용가들의 관심으로부터 멀어진 상태에서 조용히 그러나 좀더 뿌리깊고 광범위하게 이어져 오고 있었다.

이러한 해방 후의 시대적 상황 속에서 이매방은 권번에서 춤을 가르치기도 하고 공연도 하였다. 1948년 그는 임춘앵 여성국악단에서 춤을 지도하고 안무도 하였는데 이 무렵에 현재까지도 공연되고 있는 그의 작품인 〈보렴무〉와 〈삼고무〉가 안무되어졌다. 그리고 다음 해에는 삼성여성국악단에서 무용지도와 안무를 하였다. 그는 특히 임춘앵을 좋아하고 따랐는데, 훗날에도 제자들에게 임춘앵만은 인정하였다고 한다.

이렇게 꾸준히 무용을 지도하고 안무하면서 후학을 양성하던 것도 잠시뿐 1950년 6·25 전쟁이 일어났다. 물밀듯이 북한 인민군이 단숨에 목포까지 내려왔다. 이매방은 어머니 병환으로 피난하지 못하고, 목포에서 인민군에 강제로 입대되었다.

그리고 북한군의 뒤를 따라 예술동맹 공연단들이 내려와 목포에서 인민들을 위한 위문공연에 최승희의 딸 안성희와 전황(본명 전두황, 전옥의 동생, 전미례의 부친), 최옥산, 임종옥, 한계만, 유선도, 이경팔, 박정호 등이 내려와 공연한 것을 이매방은 보게 되었다. 이때 전황은 〈처녀총각〉, 안성희는 〈장검무〉 등을 추었다. 그리고 이매방을 강제로 무용동맹에 가입시켜 무용활동을 시켰다. 당시 무용동맹 위원장에 차범석, 국악동맹위원장에 장월중선 등이었다. 무용동맹에서 춤을 가르치거나 공연을 하였고 또 국악동맹에 가서 안무도 해주며 지냈다. 안성희가 "규태동무 북조선으로 갑시다" 하는 바람에 또 목숨을 걸고 도피하였다.

무용동맹에도 가고. 또 국악동맹에서도 또 나를. 그때 노래를 갖다가 "해방일세~ 해방일세~ 우리가 갈망하는 인민군의 해방일세~

이 성난 역도들~" 이랬거든. 이 성난이 어떻게 역도야. 이 성난~ 까지는 소리가 커. 이~성난 역도들. '동무! 역도를 크게 해야됩니다.' 이~성난 역도…. '더 크게! 더 크게!' 이랬단 말이여. 그것이 엊그저께여. 무용동맹서 활동하고 국악동맹서 활동하고 그러면서 어떻게라도 생을 떼워야지 뭐. 그러지 않았으면 진작에 죽었어.

6·25때. 그때는 이매방이 아니라 이규태거든. 그래서 전라도 목포 가서 공연하는 이규태 무용하는 요새말로 매방이를 찾아서 올라올 때 이북으로 데리고 오너라 그랬다는 거야. 나를 북쪽에서 같이 가자고. 나를 꼬시더라고. 그래서 '아이구매, 우리 어머니 아파서 누워있고 집에서 어머니 간호하고 있는데'라고 말하고 극장에서 도망갔다니까. 그렇지 않았으면 끌려갔어. 이북으로. 6·25때 끌려갔으면 지금 내가 있겠니. 북조선에서 활동하지. 그럼 북조선에서 내 살풀이가 보급되고.

이매방의 말처럼 그가 이때 북으로 끌려 갔다면 남한에 지금의 이매방의 춤은 없었을 것이고, 아마 북에서 그의 춤이 지금처럼 결실을 맺을 수 있었을지는 의문이다. 어쨌든 이렇게 몇 달을 도피생활을 하던 중에 인민군이 물러나고 수복하여 국군이 들어와서 무용동맹에 가입했던 내력을 조사하게 된다. 그때 "왜 무용동맹에 가입했느냐"고 묻자, 이매방은 "그래 안 하믄 어떻게요. 우리가 먹고 살아야 되는데. 그래 안하믄 죽을텐데 어떻게요"라고 해명했다고 한다.

이것이 우리의 풀뿌리인 민초의 모습이 아닌가? 우리 민초들이 이때 무슨 자유주의가 어떻고 공산주의가 어떻고 해서 인민군에 들어가고 국군에 들어가고 그랬던 것인가? 이매방의 명쾌한 대답처럼 안하면 안되니까, 안하면 어쩔 수 없으니까 인민군에도 들어가고 국군에도 들어갔던 것이다. 젊었을 때 이매방의 이러한 파란만장한 삶이 그의 춤에 반영이 안되겠는가? 그의 춤을 흔히 민속춤이라고 할 때, 이러한 민초적 삶의 애환, 우리 민족의 역사의 상채기를 끌어안고 "안하믄 어떻게요"라고 백치처럼 묻는 이러한 민중의 원초적 삶의 모습이 그의 춤에 투영이 안되겠는가?

> 어떤 예술가의 작품의 본성과 그가 그 작품 안에서 무엇을 표현했는지를 이해하는 결정적인 방법은 그 예술의 연대기적 발전 과정을 보고 그가 무엇에 반응했는지를 파악하는 것이라는 점이다.(매튜 키이란, 『예술과 그 가치』)

이매방의 춤 안의 본성과 그가 춤을 통하여 무엇을 표현했는지를 알려면 그의 춤의 연대기적 궤적을 살펴보고 그가 무엇에 반응했는지를 살펴봐야 한다. 그의 춤에는 그가 한국 현대사의 풍랑 속에서 아무 까닭도 모른 채 도피와 도망으로 반응해야 했던 아픔이 배어 있을 수밖에 없는 것이다.

어쨌든 인민군들이 북으로 올라가고 국군이 들어오자, 그는 다시 국군 군예대(종군연예인공연단)에 들어가게 된다. 당시 육군 군예대는 대구 역전 태평로에 본부를 두어 활동했다. 그때 군예대에는 황해

(전영록 부친), 허장강(허준호 부친), 그리고 무용가 김진걸, 황무봉 등이 소속되어 있었다. 군예대 일원(1951년)으로 활동하면서 지방순회공연을 다녔다. 또 광주에서 전라남도경찰국 선무공작단을 맡아 단장으로 호남 일대를 돌며 순회공연을 한다. 이렇게 지방순회공연을 하던 중 군산에서 연구소를 개설해주겠다는 유지들이 나타나 24세(1951년)에는 잠시 군산으로 옮겨 군산시 영화동에다 이매방무용연구소를 개설하여 2, 3년간 활동을 하였다. 그때부터 이 매방은 그가 직접 운영하는 연구소를 통하여 그의 춤과 북놀이를 전수하기 시작하였다.

제7장
6·25전쟁 이후 무용계의 재편과 떠돌이 이매방

한국의 문화계를 극도로 단조롭게 만든 것은 6·25 한국전쟁이었다. 이 전쟁을 계기로 신민족주의자와 좌익 인사들이 납북 혹은 자진 월북하여 남한에서는 한동안 좌익이념과 더불어 신민족주의도 급속히 냉각되었다. 그 대신 반공일변도의 냉전문화와 서구식 자유주의 문화가 지배하게 되었다.

자유당시절의 1950년대는 남한사회의 전통적 사회질서가 밑바닥에서 해체되는 변화가 일어났다. 일제시대에도 유교전통이 강한 남한사회는 양반 중심의 권위 질서가 지방과 농촌에 남아 있었고, 북한은 남한과는 다른 서민적, 기독교적 기풍이 강했다. 그런데 수백만의 북한 주민이 월남하여 남한사회의 각 분야에서 활약하고 지도자로 부상하면서 양반 문화의 권위는 급속도로 붕괴하였다. 더욱

이 한국전쟁 중 수백만의 서울 시민이 남쪽으로 피난하여 서울 문화의 지방 확산이 촉진되어 이 또한 지방사회의 양반 문화를 해체시키는 기능을 하였다. 이와 같이 민족대이동이 이루어지는 가운데 지방문화의 해체, 권위 질서의 붕괴, 양반 지주계급의 소멸로 급속한 수평사회가 형성되었다. 이러한 변동은 사회발전의 활력소로 작용하였으나 전통과 권위가 무너진 무질서와 가치관의 혼란을 가져오는 요인도 되었다.

미국의 경제 원조와 함께 홍수처럼 밀려 들어 온 미국 문화도 남한사회의 가치관과 생활 풍속을 크게 바꾸어 놓았다. 미국식 자유민주주의사상이 전통적 가치관을 해체시키면서 근대 시민정신을 고양시킨 것도 사실이지만, 서양 문화에 대한 숭배가 지나쳐서 전통을 총체적으로 비하하는 민족 허무주의적 사고가 팽배함으로써 주체성의 상실을 가져왔다. 이는 일제 식민 잔재를 청산하지 못한 남한 사회의 문화 풍토를 더욱 어둡게 만들었다. 당시 뜻있는 지식인들 사이에는 문화 식민지를 우려하는 목소리가 높았다.

6·25전쟁은 기존 무용계를 와해시킨 동시에 새롭게 판을 짜는 계기가 되었다. 많은 무용가들이 월북하거나 납북되거나 행방불명되었다. 6·25전쟁은 또한 최승희에게 교육을 받은 무용가들과 평론가 강이문이 월남하는 계기도 되어, 이때 월남한 김백봉과 그의 남편 안제승은 무용가와 이론가로서 각기 독보적인 활동을 하게 된다. 졸지에 무용계를 이끌게 된 송범, 김윤학 등의 무용인들은 이후

국방부 정훈국 소속 '무용대'로 편제되면서 무용 무대 역시 부산과 대구로 옮겨지게 된다.

당시의 특징이라면 무용가들의 개성이 없다는 점을 들 수 있다. 공연 레퍼토리가 거의 비슷했는데, 이 현상은 휴전 후에 더욱 심화된다. 많은 무용가들이 〈옥중춘향〉과 비슷한 제목의 소품을 올렸고 최승희가 창작한 작품의 아류가 안무자의 이름을 달리하며 반복되었다. 또한 〈장고무〉, 〈초립동〉, 〈즉흥무〉 등 임자 없는 춤이 유행했는데, 이는 분단과 전쟁으로 인한 인맥의 단절이 가져온 작품 계보의 혼란을 실감하게 한다.

또한 6·25전쟁 이후 많은 무용가들이 사라졌으나 몇몇은 오늘날의 대가로 남게 된다. 국방부 정훈국 무용대에서 활동한 송범·김문숙, 태평무기능보유자 강선영, 전쟁 중 월남한 김백봉 그리고 발레계의 중심 인물인 임성남 등이 합세하면서 한국의 현대무용사가 새롭게 시작된다.

1953년이 지나면서 무용계에는 전공에 대한 인식이 생기기 시작한다. 김백봉이 최승희의 기교를 강조하고 임성남이 발레전공자로 부각된 점이나, 강선영이 한성준의 전통춤을 공연하고 김천흥이 궁중무용을 개작한 데서 알 수 있는 사실이다. 전공에 대한 확실한 인식은 1953년 이후에야 비로소 생겨나게 되며, 한국무용·현대무용·발레라는 분야의 구분은 1960년대 중반을 거쳐 대학의 전공으로 연결됨으로써 고착되어 오늘에 이르게 된다.

휴전 후 서구 예술 경향의 흡수·충돌을 통해 발전했던 다른 분야와 달리 무용계는 초기의 신무용 첫 세대의 경향이 거의 그대로 이어지는 현상이 나타났고 이것은 단체의 결성에서도 마찬가지였다. 이러한 현상은 근대 예술이 정립되는 과정에서 막차를 타고 따라온 분야가 춤이었다는 사실과, 이로 인해 춤에 대한 사회 인식이 다른 분야처럼 확대될 시공간적 여유가 주어지지 않았다는 것이 계기가 된다.

무용계는 1954년 9월 한국무용예술인협회 창립 자축과 해방 아홉 돌을 맞는 종합무용제가 시공관에서 펼쳐짐으로써 무용계 세대교체의 막이 올랐다. 신무용의 선구자들이 월북과 행방 불명으로 남한 땅에서 사라지고, 조택원이 해외에서 이승만 정권에 대한 비방을 했다는 이유로 귀국 금지조치가 내려지면서, 무용계는 해방 직후 시기의 신인들이 새로운 주도 세력으로 자리잡게 되었다. 대부분 전쟁 기간 한국무용단으로 활동했기 때문에 이미 신인의 자리는 벗어났고 각각 무용연구소를 두고 활동하고 있었다. 당시의 평은 국내파로 송범, 이인범, 해외파로 임성남, 정무연, 조광의 대결장이라고 표현하면서 세대교체를 정식으로 선언했다. 김백봉은 공식 등단을 하지 않았다는 이유로 공연에 참석하지 못했으나 제2세대로 함께 거론되고 있었다.

한국무용은 김백봉이 1954년 11월 26일부터 28일까지 시공관에서 〈부채춤〉, 〈화관무〉와 같은 작품을 선보여 한국무용으로 이룰 수 있는 형식미의 극치를 보여주었고, 1956년 4월 12일부터 16일까지 〈우리 마을 이야기〉를 올려 한국인의 정서를 무용극화하는 데에 성공했다는 평을 들으며 한국무용의 창작 분야에 확고하게 자리를 잡았다. 이후 무용계의 모든 활동에서 김백봉은 한국무용의 대표적 역할을 하게 되었고, 평론가인 남편 안제승과 더불어 무용계에 급부상하게 되었다.

강선영과 김진걸 또한 거의 매년 발표회를 통해 작품을 올리고(물론 무용연구소 학생들의 학예회 수준의 것이 대부분이었지만), 강선영의 경우 1955년 10월 29일부터 30일까지 시공관에서 소품과 함께 〈농부와 선녀〉 같은 무용극을 선보여 다양한 창작력을 나타냈다.

이 시기 이러한 무용계의 재편과정 속에서 이매방의 존재는 보이지 않는다. 왜냐하면 그는 해방 이후 6·25전쟁 전까지도 어머니가 아파서 목포에 눌러 앉아 권번에서 춤 교습을 통해 생계를 유지해야만 했고, 6·25전쟁 직후 자신의 가장 든든한 버팀목이었던 어머니의 죽음과 부산에 있는 병원에 입원한 아버지 병 간호로 서울로 떠날 수가 없었던 것이다. 그래서 전쟁이 끝난 후에도 군산 영화동에서 무용연구소를 개설하여 승무, 살풀이춤 등을 가르쳤다.

그 후 그는 "서울로 와가지고 흘러, 흘러서 저 부산으로 가 가지고, 군산서 부산으로 부산서 연구소 하다가, 또 서울로 와서"라고 넋두리하듯이, 동대문구 창신동에서 신익희씨 딸의 도움으로 무용연구소 하다가 신익희씨 사망으로 서울 생활을 접고 다시 광주로 내려와 광주국악원에 있는 방에 기거하면서 밥 해 먹고 춤 가르치는 등 떠돌이 삶을 이어간다.

1950년대 6·25전쟁 후 광주에서 이매방 '삼고무'의 초기 모습

　이때 서울에서 따라간 학생들이 밥해 주고 청소해 주기도 하였고, 또 그들을 포함한 광주국악원 학생들 중심으로 광주극장에서 첫 번째 무용발표회를 갖게 된다. 이때 서울에서 행하고 있던 김백봉이나 강선영 등의 발표회와 달리 창작무용이나 무용극 같은 것은 안 하고 〈검무〉, 〈승무〉, 〈한량무〉 등을 올렸고, 광주에서 반응이 좋아서 그 타이틀을 가지고 고향 목포로 가서 공연을 하게 된다. 그래서 비록 서울에서는 알려지지 않았지만 광주와 목포에서는 이름이 알려지게 되었다.

김백봉과 이매방

　물론 춤꾼이나 국악하는 사람들에게는 이미 알려졌던 것 같다. 김백봉도 이매방에 대해 알게 된 것이 6·25전쟁 직후라고 회고했다. "한국전쟁 직후 누군가에게 소문을 들었습니다. 이 시대에 북을 가장 잘 연주하는 춤꾼이 있다고. 그 사람의 춤을 처음 본 것은 〈꽃신〉이라는 창작 작품이었던 것으로 기억합니다만… 명동 국립극장 분장실에서 서로에게 강한 추억을 남겼던 바로 그날입니다."(김백봉 회고)

　하지만 이매방 자신은 당시 지방에서 떠돌고 있었기 때문에 '이 시대에 북을 가장 잘 연주하는 춤꾼'이라고 단지 소문으로만 떠돌고 있었던 것이다.

이후 부산으로 내려온 그는 연구소를 운영하며 제자들을 양성했는데, 당시 부산에서의 활동은 다음 강이문의 글에 잘 나타나 있다.

i) 6·25가 터지면서 부산이 임시수도가 되자 서울 무용인들이 대구와 부산에 임시 체류하면서 간간이 공연활동을 펼쳤다. 1953년 환도와 더불어 모두가 돌아갔는데, 이때 잔류한 무용인으로 장홍심(고전무용)이 영도에서, 한순옥(신무용)이 좌천동에서, 임수영(신무용)이 영주동에서, 박성옥(신무용)이 충무동에서, 김미화(발레)가 동광동에서 각기 연구소를 개설하고 강이문(평론) 등과 더불어 부산 무용 재건에 나섰다. 1950년대 중반에 들어서면서 김향촌(발레-대신동), 이춘향(신무용-범일동), 이매방(고전무용-초량), 김춘방(신무용-대청동), 황무봉(신무용-충무동) 등이 부산 무용계에 유입, 정착하였고 이 무렵 김춘방이 부산에서는 처음으로 해외공연(자유중국 대북, 금문도, 마조도)의 문을 열었다. (강이문,「부산무용의 어제와 오늘」)

ii) 이매방 씨, 씨의 자신의 연주곡 〈승무〉, 〈쌍검무〉에서의 솜씨는 고전기교의 풍미를 호적히 살려 자신의 가락으로 체득, 독자적인 경지를 이루고 있다. 공간감, 리듬감 역시 자연하며, 한국민족무용계 남성무용수로선 유니크한 존재라 하겠다. 그러나 흠이라면 창의와 시간성, 시대감각 등의 결핍, 이 점만 개발한다면 누구에게서도 맛볼 수 없는 독특한 성과가 기대될 것이다. (강이문,「부산일보」, 1958년 상반기 부산무용단 활동 중에서)

ⅰ)에 따르면, 이매방은 고전무용분야로 1950년대 중반에 부산 초량동에 거주하면서 활동한 것으로 나타나고 있으며, 함흥 출신 장홍심과 잠시 활동을 함께 하기도 하였다. ⅱ)에서 보듯, 〈승무〉와 〈쌍검무〉를 공연했는데 공간감과 리듬감이 자연스럽고 자신의 가락으로 체득한 독자적인 경지를 보여준다고 평하였다. 하지만 창의와 시대감각의 결여를 흠으로 지적하였는데, 이매방 춤이 당시 대세였던 '어설픈 신무용조의 한국무용'에서 얼마나 벗어났는지를 역설적으로 보여 준다. 1950년대 중반의 시간적 관점에서는 이것이 흠으로 보였을지 모르지만, 1977년 YMCA 강당에서 있었던 승무 공연의 대성공에서 보듯 이것은 앞으로 한국 전통춤의 새로운 지평을 열어 나갈 공력으로 작용한다.

이처럼 이매방은 6·25전쟁으로 인하여 전란기를 거치면서 목포를 떠나 대구에서 군예대 소속으로 전국의 지방을 돌면서 순회공연을 펼치다가 군산에 자리잡아 연구소를 운영하였고, 그 뒤에도 떠돌이처럼 광주, 부산, 서울을 다니면서 연구소를 운영하며 제자들을 양성하면서 제자들과 함께 무용 공연을 가졌다.

이매방의 생애에서 초기 목포에서 춤의 입문과 학습의 시기를 거쳐 1950년 6·25전쟁 후 부산에 정착하면서부터 전통춤과 가락의 명성을 알고 찾는 이가 생겨나기 시작했다. 그 당시 권번 출신 장홍심과 함께 무용학원을 운영할 때 찾아온 이가 김진홍이었다.

어린 시절 나는 춤의 기본은 안 되어 있지만 춤이 좋아, 느낌으로 춤을 추었다. ⅰ) 군 예대에서, 춤을 잘 춘다는 이매방 선생님의 소식을 듣고 있었는데, 당시 악사들이 "혹시 저, 이규태(이매방 선생님 본명)씨 오~당신 닮았는데?" 하며 보는 사람마다 나보고 선생님을 닮았다 카고. 그러던 어느 날, 이매방 선생님이 초량에 연구소를 한다는 소식을 듣고 한번 찾아갔어요. ⅱ) 그때 내가 찾아갔는데도 냉정하게 눈도 한번 안 맞춰 주어 한 30분 앉아 있다가 왔거든요. 그 후 선생님이 나를 찾아와 내게 "나이가 어리니까 피부도 이쁘고 손도 이쁘고…" 하시며 손도 만져주시고, "나하고 같이 춤추러 가자."해서, "어딘데요?" 그러니 "가보면 알아."해서 갔어요. … 그 후 부산진시장 가설극장에 천막을 쳐놓고 임방울 명인 명창대회를 열었을 때도 함께 참가하여 맨 처음 선생님의 승무를 올렸습니다. ⅲ) 이처럼 국악 할 때는 막 올릴 때 처음은 검무 아니면 승무를 추었습니다. 승무를 출 때, 선생님이 흰 장삼에 흰 바지저고리에 흰 고깔에 흰 버선에 홍띠만 탁 매고 나와서 추는데 조명이 없는데도 그 모습 그 버선발 맵시가 나비 같기도 하고 또 학 같기도 하고… 굉장히 환상적이었습니다. "저렇게 좋은 춤이 있었구나!" 그래서 나도 한국 춤을 배워야 되겠다고 결심하여 오늘날까지 춤꾼으로 살아왔습니다. (김진홍 회고)

김진홍의 회고에 의하면, ⅰ) 이매방은 군예대 시절에 이미 춤을 잘 춘다고 알려져 있었다. ⅱ) 그가 제자를 들이는 방식은 처음에 냉정하게 대하면서 관심없는 척 하지만, 그가 춤 출 만한지 유심히 관

1957년경 30세 전후의 이매방이 동료 이인범과 제자 김진홍과 함께

찰하고 있음을 볼 수 있다. iii) 신무용 전성기인 1950년대 중반에도 그는 무대 막을 올릴 때 한국 전통춤인 〈승무〉를 주로 올렸는데, 이때 장삼은 그전에 흑장삼이 아닌 흰장삼에 홍띠를 맨 것이 인상적이다. 이렇게 이매방을 만난 김진홍은 이매방의 조교 역할을 하면서 승무를 배웠고, 이매방이 서울로 올라간 후에도 서울로 찾아가 가르침을 받아 승무 1기 이수자가 되었다.

1960년대에 한국무용은 신무용 시대의 분위기를 답습하고 있었다. 새로 창작된 춤과 전통 민속춤을 무대에 각색한 춤이 한 무대에서 공존하였고, 1970년대에 들어와서도 전통 민속춤을 각색하는 작업은 흔하였다. 1960년대 이래 춤계는 점차 안정을 찾아가는 것과는 대조적으로 공연물의 빈곤을 절감하게 되며, 춤계 일각에서 시대 추세에 맞춰 특히 한국무용이 현대화되어야 한다는 각성이 일어난다. 게다가 국립무용단이 1972년에 새롭게 발족해서 한국무용 단체로서 정체성을 분명히 할 계기는 주어졌으나, 오히려 무용극이라는 양식에 매달려야 하는 한계가 있었다.

1973년 홍신자가 귀국해서 올린 전위무용 공연은 어느 장르를 불문하고 무용인들에게서 논란을 일으키며 기존의 춤 관념을 동요시켰다. 당시 더러 내한한 해외 공연단들도 새로운 양식의 필요성을 더욱 절감하도록 하였다. 그 결과 1976년 무렵 창작무용이라는 용어가 등장하고 한국무용에서 춤 언어 개발이 강조되어 관객이 공감할 춤을 새롭게 선보여야 한다는 필요성을 대변하였다. 일례로 김매자, 배정혜의 공연들은 기존의 춤사위를 벗어나고 쇄신된 구성으로 호평을 받았다. 같은 시기에 문일지는 전통춤들을 원형 그대로 올리는 작업을 창작춤과 함께 공연하였다.

신무용은 이 시기에 이르러 퇴조하기 시작하며, 무용극이나 무용시가 주도하던 춤계에 새로운 양식이 출현할 조짐이 보였다. 춤 언어가 개발되지 않고 따라서 양식이 정립되지 않은 상황에서 전통춤을 다수의 한국무용가들이 주목하였으며 이후 한국무용은 창작에 유용한 전통적 언어부터 연마하고 조탁하여 새 창작을 모색하기 시작하였다. 그리고 전통춤을 객관적으로 재현하는 차원에 머물지 않고 전통춤의 미적 특질에 눈뜨고 또 권위 있는 전거로 받아들이는 새 태도가 싹트게 된다. 1960년대부터 생겨난 무형문화재 제도에 힘입어 전통 민속춤과 탈춤을 발굴 정리한 작업도 새로운 태도 형성에 영향을 끼쳤다.

1950년대를 이어 1960년대까지도 이매방의 주 활동무대는 부산이었다. 부산의 평론가 강이문은 "6·25동란으로 부산이 임시수도일 때는 한때나마 한국무용의 중심이 대구, 부산으로 몰리는 듯 했으나 환도와 더불어 다시 공백기의 징후를 보이기 시작했고, 이때부터 1960년대 말까지 간신히 김동민(전통무용), 김향촌(발레), 김미화(발레), 장홍심(고전무용), 박성옥(신무용), 이춘우(신무용), 이매방(고전무용) 들이 부산 무용을 유지해왔다."(강이문, 『효원』)고 하였다.

이렇듯 이매방의 주 활동무대는 부산이었지만 군산, 서울, 광주 등을 오가며 활동하였다. 하지만 그의 삶에서 제대로 정착된 생활은 아니었다.

이매방은 1950년대에 군산에서 무용연구소를 개설한 이래 간간이 서울에 올라와 무대에 서기도 했지만, 그에게는 역마살이 뻗친 듯 광주, 대구, 강릉, 속초, 부산 동래 등 한 곳에 정착하지 못하고 여러 도시를 전전하였다. 1960년대에 들어와서도 서울과 부산을 수시로 오가는 등 한 곳에 정착하지 못하여 그의 삶이 결코 순탄하지 못하였다. 그의 표현처럼 '징할 정도로' 옮겨 다니는 떠돌이 삶이었다.

군예대에서 나와서 군산으로 가서 영화동에서 처음 학원을 열었지. 그리고 임방울 씨와 단체를 하다가 영주동에서 해체되자 부산에 머물러 활동하게 됐어. 이왕손이 6·25 때 피난한 가옥을 빌려서 학원을 했지. 그러다 1954년 무렵 서울로 올라가서 동대문구 창신동에서 연구소를 했어. … 낙담을 하고 광주로 갔지요. "에이 그냥 광주로 가자." 그랬더니 권번으로 6, 7명이 따라왔어요. 광주 권번에 방이 많으니까 끓여먹고 자고 한 이년인가 있다가 부산으로 갔지요. 부산에서 한 5년 하면서 제자들을 가르쳤지. 1961년 서울 서대문으로 갔지. 회현동으로 자리를 옮겨서 학원을 하다가, 1966년에는 비원 앞에서 박귀희, 김소희씨와 함께 학원을 운영했는데 두 분은 빠져나가고 나 혼자 남았는데, 그러니까 1968년까지 한 3년 한 거지. 그러다가 일본공연을 가게 되었어. 노래하는 고복수씨와 김정구씨와 함께 신향원이란 요리집에서 술을 먹다 난간에서 떨어져서 뼈가 부러져서 비행기를 타지 못하고 고베에서 배를 타고 부산으로 와서 부산에 머물면서 학원을 했지. … 아휴 징하지.

'징할 정도'의 떠돌이 삶에도 불구하고 당시 그의 춤은 신무용가들에게는 '기생춤'이라는 이름 하에 인정받지 못한 시기였다. 하지만 주목할 만한 것은 그가 권번에서 배운 〈승무〉, 〈살풀이춤〉, 〈입춤〉, 〈검무〉 등의 전통춤을 기반으로 하여 현재까지도 공연되고 있는 춤인 〈보렴무〉와 〈삼고무〉 혹은 〈초립동〉이나 〈화랑도〉 등 대부분의 춤들이 이 시기에 만들어지게 되며, 이매방의 창작무인 〈꽃신 짚신〉이나 〈사랑과 이별〉 또는 〈신검〉 등이 이 시기에 거의 다 이루어진다. 특히 1977년을 기점으로 이후의 공연에서는 〈꽃신 짚신〉이나 〈사랑과 이별〉 또는 〈신검〉과 같은 극형태의 창작활동은 전혀 보이지 않는다.

1960년대 이매방 화랑무   1960년대 이매방 초립동

● 제8장

죽었다고 알려진 이매방의 화려한 부활
_ 새로운 시대의 여명

　영국의 낭만파 시인 바이런은 "어느 날 아침에 눈을 뜨니 유명해 졌더라."라고 하였다. 1977년 7월 30일, 이 날이 이매방에게 그런 날이었다. 광주나 부산 등 지방에서는 유명했지만 서울에서는 무명에 가까웠던, 춤꾼이나 국악인들에게는 유명했지만 일반인에게는 무명에 가까웠던 춤꾼 이매방의 부활을 세상에 알리는 날이었다. 이른바 신무용조의 얼치기 한국무용이 막을 내리고 이제 전통춤의 새로운 시대가 동터 옴을 알리는 날이었다. "부산에 처박혀서 살자 사람들이 내가 죽었다고 했었지."라고 이매방은 당시를 회고하였는데, 그렇게 죽었다고 알려진 이매방이 서울로 귀환하여 화려하게 부활하는 날이었다.

부산을 중심으로 활동하던 이매방은 "전국에 산재해 있는 전통춤을 발굴해 공개발표회를 열고 학술적으로 체계화한다"는 활동 목표를 내걸고 1976년에 창립된 '전통무용연구회' 발표회의 일환으로 1977년 7월 30일 서울 YMCA 강당에서 '이매방 승무 발표회'를 가졌다. 이날 공연에서 〈삼현승무〉와 〈보렴승무〉를 추었는데 관중으로부터 많은 갈채를 받았다.

이매방 승무 발표회 표지, YMCA(1977년)

이날 이매방 춤을 감상하고 조선일보 기사에 발표한 홍종인은 다음과 같은 평문을 남겼다.

> 등골이 으쓱 들었다가 놓는 그 순간 그 깊은 한숨소리는 들은 바 없었으나 그 순간의 한숨은 하늘이 꺼지는 듯 깊은 느낌이었다……이씨의 춤이 각별하다는 점은 악곡이 지닌 장단과 가락 속에 섬세하고 대담하면서도 자연스럽게 온몸에 매듭과 힘줄이 움직일 수 있는 모든 부분에 작동하고 있다는 그 기교를 훨씬 넘어서 그의 전신에 넘쳐 흐르는 예술적, 창조적 그리고 또 즉흥적인 감흥이 압도적이었다는 데에 있다 할 것이다.(홍종인, '이매방씨의 승무를 보고')

삼현승무뿐만 아니라 보렴승무에 대해서도 그는 "더 화려하고 다채로운 악곡과 춤의 장중한 하아모니의 극치를 보여 주었다고 할 것이다. 목탁과 징으로 사찰의 풍경을 그려나가면서 창과 관현의 악곡이 쉴새없이 흥을 돋구어 나가는가하면, 승무의 장본인이 바라를 높이 들고 치며 둥실둥실 그 자신이 콘닥터가 되어 온 무대를 주름잡는다"고 평하였다. 홍종인의 이러한 평은 사실상 우리 무용계에 새로운 별이 등극했음을 시사하고 있는 것이었다. 감상자들의 마음을 움직이는 춤, 전율을 느끼게 하는 춤, 심장박동을 자극하는 북가락, 섬세하고 고운 춤사위에 모두 감동을 받은 공연이었음을 암시해 준다. 아울러 그때까지 한성준류의 한영숙 승무에 매료되었던 이들에게 새로운 유파의 승무가 있음을 지상을 통해 알리는 계기가 되었다.

이매방의 승무

이 무대에서의 성공으로 이매방은 이듬해 1978년 3월 세계민속예술제 한국대표로 프랑스 렌느시에 참가하는 영광을 얻게 된다. 11월에 한국 유네스코 회관에서 이매방 전통무용의 밤을 필두로 공간사 창립 12주년 기념공연 〈승무와 살풀이춤〉에 〈삼현승무〉, 〈살풀이춤〉, 〈검무〉, 〈보련승무〉를 추었고, 많은 공연무대에 초청받게 된다. 또한 1979년 대한항공 민항 10주년 기념공연으로 미국 6개 도시 순회공연을 하면서 명실상부한 국제무용가로 활동무대를 넓혀갔다.

그렇다면 '이매방 현상'이라고 부를 수 있는 이러한 놀랄만한 성공은 어디에서 연유했던 것일까? 대체 이매방 승무의 어떠한 부분이 관객과 평론가의 마음을 움직이고 언론의 주목을 받게 했을까? 당시 한영숙의 승무가 무형문화재로 지정되어 있었고 한영숙류의 승무가 활발하게 공연되고 있었는데도 불구하고, 이매방의 승무에서 한영숙의 승무와 다른 어떤 새로운 부분이 충격으로 다가왔을까?

이러한 '이매방 현상'을 이해하기 위해 먼저 한영숙이 1966년 9월 국립극장에서 가진 첫 개인발표회에 대한 평을 보기로 하자.

  i) 우리의 전통무용을 집대성한 조부 한성준씨의 피와 예술을 이어받은 한영숙씨는 실로 우리춤의 본성인 멋을 밀도화하고 고도로 승화시켰다. … ii) 무대의식을 형상화하지 못했기 때문에 춤의 아름다움을 울타리 안에 그만 머무르게 했을 뿐 하나의 감동으로써 관객의 가슴에 각명(刻銘)시키는 데는 미흡한 점이 있었다. … iii) 또

하나 거슬리는 것은 이른바 신무용조의 얼치기 한국무용이 여러 가지 삽입된 것인데, 물론 문하생들이 출연한 것이기에 문제가 안되지만 여사 자신이나 문하생들이 생각을 고쳐야 할 줄 안다. 우리의 좋은 격식을 버리고 어찌하여 죽도 밥도 아닌 것을 흉내내려 하는지 모르겠다. (김경옥, 「무용평론」)

김경옥의 이러한 평을 통하여 한영숙과 대비되는 이매방 춤의 성격을 살펴보면, ⅰ) 한영숙의 춤이나 그 위치는 늘 조부 한성준의 후광과 연결되어 있다. 물론 이매방도 이대조라는 훌륭한 스승에게서 사사했지만, 서울에서는 무명에 가까운 지명도로는 후광을 전혀 기대할 수 없었다. 이매방이 무명에서 유명으로 올라서는 데는 한영숙과 달리 학맥이나 인맥 없이 혼자 힘으로 '맨땅에 헤딩하듯' 오롯이 서야 했다. 하지만 ⅱ) 한영숙의 춤이 하나의 감동으로 관객의 마음에 울림을 주지 못했던 반면 이매방의 춤은 "속절없는 슬픔과 기쁨을 (관객의 마음에) 아로새겨 나가는가 하면 기쁨도 슬픔도 초월한 파탈의 경지로 솟구쳐 오른 황홀"(홍종인 평문)을 맛볼 수 있게 하였다. 그리고 ⅲ) 당시 한영숙 춤 발표회에서는 죽도 밥도 아닌 것을 흉내 내는 '신무용조의 얼치기 한국무용'이 삽입되어 있었다. '신무용조의 얼치기 한국무용'은 이매방이 서울로 올라와서 성공을 거뒀던 1977년 당시까지도 한국무용계에 두루 퍼져있었고, 이에 대해서 많은 학자들이 우리춤의 원형성에 대한 문제제기를 하고 있었다. 당시 무용평론가 박용구는 이러한 경향에 대해, "그들은 적당히 전통에 편승하면서 자유주의적 무용정신으로 '보여지는 춤'으로서의 한국춤을 작품화하였다. 창작으로서의 '보여지는 춤'은 개량춤으로 전락하였다."(『춤』, 1978)고 비판하였다.

하지만 1977년과 그 이후에 전개되었던 이매방의 춤은 달랐다. 그는 자신의 춤이 나아가야 할 방향을 정확하게 알고 있었다. 당시 한영숙 춤의 특징이 무엇이고 그 춤의 경향성에 무엇이 빠져있는지를 정확하게 알고 있었다. 그리하여 한영숙류와 구별되는 새로운 시대의 여명을 열기 원했다. 이것이 곧 이매방류의 시작이다.

> 원래 우리나라의 춤은 방 안의 춤 아니냐? 그런데 그걸 무대화시키니까 쫙 앞으로 나오고, 쭉 뒤로 가는 춤인 '앞의 춤'으로 만들어 놓은 거지. 한성준 선생님은 훌륭한 분이시지 춤을 무대화시켰으니까. 그러나 나는 무대화를 안 시키고 흙 묻은 춤 그대로 했지. (김말복, 『증언으로 듣는 한국근대무용사』)

이매방이 정확하게 포착하고 있는 것처럼, 앞으로 한성준-한영숙류와 다른 이매방 춤이 걸어야 할 길은 '신무용조의 얼치기 한국무용'도 아니고 '보여지는 춤'으로서의 개량춤도 아닌 '흙 묻은 춤 그대로'의 길이다. 그런 까닭에 그의 춤을 접한 사람들은 크고 화려하지 않은데도 불구하고 무언지 모를 새로운 카리스마와 존재감을 느꼈다. 새로운 기운을 감지하였다. 새로운 시대의 여명을 느낀 것이다.

나는 1977년 YMCA강당에서 이매방의 삼현승무를 처음 보았다. 크고 화려한 무대가 아니었지만 검은 장삼을 입고 추는 그 승무에서 무언가 카리스마를 느낄 수 있었다. 그냥 왔다 갔다 하며 춤을 추는 것이 아니라 그 움직임들 속에 기이한 기운이 감지되고 이매방의 확실한 존재감이 느껴졌기 때문이다. (최종민 회고)

실제로 '이매방 현상'의 시작이자 '이매방류'의 시작인 1977년도를 계기로 이매방의 춤 세계는 변화를 가져온다. 그나마 해오던 창작활동을 이 시기 이후부터는 전혀 하지 않고 전통춤을 계속 고수하며 나아가는 시기가 된다. 이 시기를 기점으로 이매방에게서 창작무용 활동은 전혀 보이지 않게 된다. 창작보다는 전통의 원형을 지키는 것이 보다 중요하다고 생각했기 때문이다. 이렇게 부산에서 서울로 진출하여 YMCA강당에서 열렸던 이매방 승무 발표회는 이매방의 춤 세계에서도 한 획을 그었던 것이다.

1978년 세종문화회관 개관 때 내한 공연을 했던 영국의 발레리나 마고트 폰테인(Margot Fonteyn)이 이매방의 승무를 보고 발놀림의 아름다움을 이야기 한 일은 유명한 에피소드로 남아있다.

마고트 폰테인. 마고트 폰테인이 죽은 지가 한 20년 됐지. 세계에서 제일 발레로 유명해. 마고트 폰테인. 이게 사진. 얼굴이 미녀야, 미녀. 이게 한 23년 전에 코리아 하우스에서 구경하고. 전날은 … 죽었지. 여기자. 살았으면 80이지. 넘었을거야. 그 여자가 여기자협회에서 주최·주관해서 한국의 집 빌려가지고 내 춤을 마고트 폰테인 구경을 시키고. 한영숙이 춤은 서울시에서 주최를 해가지고 인자 딴 데서 춤 구경을 시켜 줬어. 그니께 마고트 폰테인이 한영숙이 춤 보고 또 내 춤을 보고. 거 신문사… 한영숙이가 나보다 8년 선배거든. 한영숙이 춤을 보고 어떻게 소감을 느끼냐? 감상 그대로 말해라. … 또 이쪽에 가서는 이매방 씨 춤을 봤는데 춤이 어떠냐? 물어보고. 양쪽이 춤이 틀릴 거 아냐. 말을 잘 못해 갖고 싸움 붙었잖아. 한영숙이

1978년 후반 마고트 폰테인 내한 기념 때의 이매방 승무(코리아하우스[한국의 집])

> 춤은 순수한 전통 고전이 아니고 고전을 갖다가 조금 개량시키고 현대화시키고 때를 벗겨서 조금 세련되게 해서 순수한 클래식. 반면에… 이매방 씨는 그야말로 전통, 전통도 옛날 전통. 우리나라 냄새가 풍기는 이 나라 춤이다. 조선 춤.

이처럼 당시 마고트 폰테인은 "한영숙은 개량화된 현대춤이고, 이매방은 흙냄새 나는 전통춤이다."라고 평했다는 것이다. 그런데 그녀의 이러한 평이 기사화되자 "이매방이 기자들을 구워 삶았다."고 한영숙이 이매방에게 난리를 쳤다고 이매방은 회고했다.

과거 우리 전통춤의 담당 주체는 광대, 창우, 기생 등으로 민간예인들이었다. 그중에서 무계와 권번 계통의 춤을 정통으로 친다. 무계의 혈통을 타고나 전라도 일대의 권번을 두루 거쳐 호남춤의 다양한 갈래를 습득한 이매방은 이를 융합, 통합하여 호남류 전통춤을 독특한 미학으로 정식화한다. 호남춤에 철저하게 기원을 둔 이매방 춤의 세계성은 곧 여기에서 확인할 수 있다. 시류에 편승하면서 전통춤을 개량시키고 현대화시키면서 서구의 입맛에 변형시키는 데 있는 것이 아니라, 우리나라 냄새가 물씬 풍기는 곰삭은 이 나라 춤 곧 조선춤이 세계인들의 심금을 울리고 감동을 불러 일으키는 이매방 춤의 세계성인 것이다. 이렇듯 호남춤의 전통 속에서 '가장 조선적인 것이 가장 세계적'일 수 있는 가능성을 펼쳐 보인 이매방의 승무에서 20세기 발레리나의 표상이었던 마고트 폰테인 또한 전율을 느꼈던 것이다.

● 제9장

여성보다 더 여성적인 '탐미주의자'의 성적 욕망과 근원적 외로움

브리태니커 백과사전에서는 '탐미주의(Aestheticism)'를 이렇게 정의내리고 있다.

i) 미적 가치를 가장 지고한 가치로 보고 모든 것을 미적인 견지에서 평가하는 태도 및 세계관. ii) 대개 생에 대한 수동적·체념적·관조적 태도라든가 쾌락적 감각주의, 또는 모순적이고 적대적인 현실로부터 미적 현상세계로 도피하려는 생각에서 연유한 까닭에, iii) 종종 반사회적·비정치적 허무주의로 귀착되기도 한다.(『브리태니커 백과사전』)

이매방은 기본적으로 i) 미적 가치를 가장 지고한 가치로 보고 모든 것을 미적인 견지에서 평가하는 태도 및 세계관을 가지고 있고, ii) 세상적 삶에 대해 관조적 태도를 보일 때가 많고 쾌락적 감각주의를 추구하는 경향이 강하였다. 때로는 iii) 모순적이고 적대적인 현실로부터 미적 현상세계로 도피하려는 생각에서 연유한 까닭에 종종 반사회적·비정치적 허무주의로 귀착되기도 하였다. 필자와의 대담 가운데서도 그는 사회에 대해서 냉소적이었고, 대담 중간 중간 'X같은 대한민국' 하면서 월드컵 축구경기를 응원할 때 하듯이 박수를 세 번 짝짝짝 치기도 하였다. 이런 면에서 본다면, 이매방은 사전적 의미에서의 '탐미주의자(耽美主義者)'이다.

어린 시절의 이매방 생애에서 보았듯이, 이매방은 '예쁘다'는 소리와 함께 태어났고 '예쁘다'는 소리와 함께 성장하였다. 다만 그 '예쁘다'는 소리 앞에는 '남자애가 계집애 같이'라는 단어가 늘 붙어 다녔다. 5, 6살 때부터 동네 사람들은 이매방의 볼을 잡고 흔들면서 "아이고 이쁘게 생겼다."를 연발할 정도였다. 이매방 스스로도 '계집애 같이' 더 예뻐지기 위해서 경대 앞에서 화장도 하고 누나들 치마저고리를 입고 질질 끌고 다니기도 했다. 7살 이후에 권번에 들어갔을 때에는 길게 머리땋고 댕기대서 춤추고 가야금하는 열 살 안팎의 '계집애' 동기들에게 마음을 빼앗기기도 하였다.

중국에서 소학교를 다니던 시절 매란방을 만나게 되었는데, 이때 이매방은 '남자애가 계집애 같이', 아니 그 이상으로 예뻐질 수 있다는 사실에 전율하였다. 남성이면서도 어떤 여성보다도 요염한 매란방의 화장한 모습을 보면서 남성성과 여성성을 초월한 요염함의 실체에 전율하였던 것이다. 이로 인해 그는 일반인의 성적 정체성을 뛰어넘는 춤꾼으로서의 요염한 아름다움에 눈뜨게 되었다. 나아가 매란방을 통해 본 성적 정체성을 초월한 요염한 아름다움은 매란방의 실제적 삶에서의 동성애 또한 "근데 요새 말로 매란방 그 사람이 호모였지. 동성연애자. 근데 부인도 있고 아들도 있고. 호모는 호모대로 별도 사생활이라 관계없는 일이고."라고 하여 열린 마음으로 끌어안게 되었다.

그리하여 '동성애'에 대해서도 ⅰ) 미적 가치를 가장 지고한 가치로 보고 모든 것을 미적인 견지에서 평가하는 세계관을 가지고 바라보았고, ⅱ) 그에 따른 쾌락적 감각주의를 추구하였으며, ⅲ) 때로는 자기를 알아주지 않는 모순적이고 적대적인 현실로부터 미적 현상세계로 도피하려는 생각에서 사람들도 만나지 않고 술과 담배에 쩔어서 집에만 파묻혀 있기도 하였다. 이런 까닭에 그는 동성애에 대하여 다음과 같이 인간의 자연적인 본능으로 파악한다.

동성연애라는 것은 옛날 다 조물주가 인간을 맨들 때 양성을 길러 줬거든. 그래서 여자나 남자나 동성끼리 섹스 행위가 되고 연애가 돼. 동물은 양성이 없어. 동물은 숫놈 암놈밖에 안돼. 인간은 양성. 그렁께 형무소 안에서 그런 일이 많고. … 느그들이 맨 첨에 징그러 이해 못한다 해도 어느 경우에 부닥치면 이해가 간다고. 우리나라두 영화계서 … 그것은 사생활이니까. 한국선 아직도 비정상이다, 변태다, 어 징그럽다, 정신병자다, 아직까지도 그러지 않네?

마치 성적 소수자를 변호하는 듯한 그의 이러한 발언은 그 당시 사회적 분위기로 볼 때 선구적이면서도 파격적이다. 그는 동성애가 사회적 편견에서 보듯 '비정상이거나 변태적'인 것이 아니라 '사생활적'인 것이라고 파악하고 있다. 이때 그가 말하고 싶어 하는 '사생활적'이라는 것은 개인의 성적 취향으로서, 이 또한 '정상'일 수 있다는 것이다. 왜냐하면 인간에게는 조물주가 양성을 내려줬기 때문에 그 양성성이 성적으로 어떻게 욕망하는가 하는 것은 '성적 취향'[사생활]의 문제이지, '정상이냐 비정상이냐'의 문제가 아니라는 것이다. 성적 소수자에 대한 이러한 견해에 공감하고 지지하는 분위기가 확산되고 있는 오늘날에도 공개적으로 이런 주장을 하긴 어려운데, 이매방은 이런 솔직한 이야기를 거침없이 해서 대담자를 당황하게 하곤 하였다.

내가 그의 평전을 쓰기 위해서 그와 대담할 때, 그는 종종 이런 당부의 말을 했다. 지금 시중에 자화자찬하면서 돌아다니는 '자가발전식' 자서전류의 '위인전'을 쓸려면 아예 쓰지 말라는 것이다. "어떻게 인간이 실수를 안 하고 살겠느냐" 하면서 "자신도 젊었을 때 많은 실수가 있었고, 그런 것을 감추고 싶은 마음은 추호도 없다."

고 하였다. 그래서 무용학자가 아닌 역사학자에게 자신의 평전을 의뢰하였다는 것이다.

실제로 이매방의 춤은 어떤 여자가 춘 춤보다 더 요염하고 섹시하다고 한다. 나는 그의 춤의 이러한 특징이 그가 주장하듯 남성성과 여성성이 혼재되어 있는 그의 몸과 무관하지 않다고 생각한다. 평상시 그 자신의 양성 안에 눌려져 있는 탐미주의자의 성적 욕망이 '춤'으로 분출할 때 그의 춤에 그늘이 생기는데, 이것이 곧 그가 한국 전통춤의 특징으로 누누이 강조하는 '요염'과 통하는 것이다.

현재까지 전승되는 한국 전통춤의 기법과 미학적 표현법을 볼 때 우봉 이매방만큼 아름다운 춤사위를 구현하는 전통무용가는 없다는 것은 누구나 인정한다. 더 나아가 이제까지 한국 전통춤의 역사상에서도 우봉 이매방만큼 아름다운 춤사위를 구가하는 무용가는 존재하지 않았을 것으로 추측된다. 그러면 어떻게 이처럼 아름다운 춤사위기법을 가지게 되었을까? … 그렇지만 남자가 아무리 아름답게 춘다고 해도 여성만큼 섬세하고 아름답게 추기는 그리 쉬운 일이 아니다. 그 한계성을 극복하는 그 무엇이 있지 않고서는 불가능한 일이다.

결국 이매방의 정신세계엔 성의 정체성을 뛰어넘는 여성적 감수성이 있다고 봐야 한다. 아무리 춤바디가 기방계적 표현력을 지녔다 해도 대개의 남자춤꾼들은 남성의 '춤속'이라는 본성을 지니게 된다. 그러나 이매방의 춤사위와 표현법은 여자보다 더 여성화된 '춤속'을 지니고 있다. 제아무리 성정체성이 뒤바뀐 남성춤꾼이라해도 모두 춤속이 여성화되는 것은 아니다. 대개는 뒤섞인 혼성춤속이나 어설픈 여성춤속을 지니게 된다. 그러나 이매방은 완벽한 기방계 '춤바디'에다, 가장 섬세하고 내면적인 정서의, 여성보다 더 여성적인 '춤속'을 지닌 특별한 춤꾼이다. (이병옥, 『이매방 화보집』)

오늘날 예술은 몸을 탐사하고, 몸 그 자체에 관심을 돌린다. 일상에서 소외된 몸, 교육에서 천대받는 몸을 되찾고, 몸을 왜곡하는 예술을 반성한다. 몸으로 하는 대표적인 예술인 춤은 몸으로 숨 쉰다. 몸은 불사름의 시작인 삶과 불사름의 끝인 죽음이 함께하는 자리이다. 그러므로 몸 안에는 삶과 죽음 사이의 거리가 없다. 이러한 몸의 재발견은 디오니소스와의 만남이라고 할 수 있다. 디오니소스는 애초부터 몸에 상처를 내기 위하여 술을 마시는 반신반인의 존재였다. 디오니소스는 삶의 일상적 구속과 한계를 파괴시켜 버리는 상태의 황홀감을 인간에게 주었다. 인간은 이때 자신의 모든 상징 능력을 최고로 발휘하도록 자극받는데, 그것이 상징으로서의 몸짓이다. 상징은 신체 부분 부분이 각기 개별성을 가지고 행동하지만 광란·광기의 세계를 지향한다.

가장 완벽한 기방계 '춤바디'를 갖고 있고, 가장 섬세하고 내면적인 정서의 여성보다 더 여성적인 '춤속'을 지닌 특별한 춤꾼인 이매방이 자신의 모든 상징 능력을 최고로 발휘하도록 하는 자극이 어디서 올 것인가? 자신의 일상적 삶의 구속과 한계를 파괴시키고 무아지경의 황홀감을 관객에게 줄 수 있는 상징으로서의 몸짓을 어떻게 최고로 발휘할 것인가?

몸이 지닌 원초적인 생의 감각을 되불러오고 싶어 했던 그의 탐미주의적 성적 욕망을 이런 관점에서 이해해야 하리라고 본다. 그는 춤을 비롯한 모든 예술이 성적 욕망과 관련되어 있다고 본다. 따라서 "그것이 안되믄 예술이 가치가 없는 거지. 음양의 이치라는 것이."라고 하여, 음양의 이치를 떠나서는 예술의 가치가 없다고 주장한다.

그는 심지어 상모 돌리는 것까지를 탐미주의적 성적 욕망으로 바라본다. 모든 예술이 이러한 욕망과 연결되어 있는 것이고, 그렇지 않다면 그 예술은 가치가 없는 것이라고 단언한다. 이런 까닭에 이매방은 일상의 윤리나 도덕에서 자유롭고자 몸부림쳤고, 자신만의 '법' 안에서 살고자 발버둥쳤고, 그 몸부림과 발버둥이 내면화하여 최고의 몸짓으로 표출될 때, 누르고 누르고 곰삭아서 터져 나올 때, 관객은 그를 통하여 무아지경의 황홀감을 느낄 수 있었던 것이다.

1970년대 40대 후반 이매방의 타오를 듯한 눈

이매방은 1950년대 중반 부산에서 무용학원 할 때 한성준의 제자로 부산에서 따로 무용학원을 하던 장홍심과 몇 년 동거했던 적이 있다. 이때 장홍심은 이매방보다 8년 정도 연상이었다.

> 내가 그때 총각이루 혼자 밥 벌어먹고 무용학원 하는데 홍심이가 맘을 먹었나봐 내가 유혹을 해갖고 서방을 맨들어야겠다. 그러구 나를 찾아와서 … 그때 내가 술을 좋아할 때니까 … 그래갖고 이제 부부가 된 거야, 원인은.

그런데 이렇게 얼떨결에 시작된 동거로 무용학원을 합치고 몇 년 살았는데, '식은 밥 한 그릇' 때문에 갈라서게 된다. 당시 부산에서 무용학원을 하면서도 무용학원만으로는 먹고 살기 힘들어서 이매방은 여기 저기 안무도 하면서 생계를 이어갔다. 물론 안무해서 생긴 돈은 주로 술 먹고 다 써버렸지만.

'식은 밥 한 그릇' 사건이 있을 때도 목포까지 내려가서 '삼성여성국악단'의 안무를 해주었고, 당시 서양 춤 잘 추는 고향친구와 술 먹다가 그 친구가 목포에서는 서양 춤으로 먹고 살기 힘들다고 해서 부산에서 사교춤 가르치면서 먹고 살라고 부산으로 데리고 왔다. 목포에서 여수로, 여수에서 배 타고 부산으로. 부산으로 오는 데 있는 돈 다 술 먹어버려서 부산 항구에서 집까지 걸어 왔다.

(으음) 걸어서 오니까 홍심이가 무용 갈키고 있드만. 내가 오니까 나를 보드만 삐쳐가지고 말도 안하고 … 그래갖구 인자 배고프니까 밥 먼저 차리랑께 하니 내 밥은 밥그릇에 김이 모락모락 나는데 친구밥은 이렇게 만지니께 차디 차. 그때 겨울이었거든. … 지 것도 만지니까 뜨겁고. 그래서 내 밥허고 친구 밥허고 바꿔놨어. 이렇게 바꿔 놓으니 친구가 벌써 눈치채고 도로 바꿔놔. 밥상을 탁 치면서 가만있어, 그냥 먹어여. … 사람을 망신을 줘도 분수가, 이럴 수가 있냐, 밥상 엎어 분거야 … 쌀이 없어서 그랬다고, 그래? 그래갖고 쌀뒤주를 횟딱 다 엎어 부린게 쌀이 막 허크러질 꺼 아냐? 쌀이 없냐 씨벌년. 그래갖구 그걸로 갈린거여.

한 편의 블랙코미디를 보는 것 같은 이 '식은 밥 한 그릇' 사건은 그야말로 당시 전통춤만을 부둥켜안은 채, 전통춤이 '기생춤'이라 냉대받고 멸시받던 추운 겨울을 어떻든 버텨야 했던 시대의 아픔이 나타나 있다. 또한 그러한 시대를 타협하지 않고 버텨내야 했던, "춤 그 자체가 생존이자 생활이요, 직업이자 예술이요, 본업이자 외도였다고 해도 과언은 아닌"(차범석), 젊은 춤꾼 이매방의 자존심이 '오기'처럼 나타나 있다.

이매방의 진술에 따르면, 장홍심과의 동거는 자신의 자발적인 성적 욕망의 발로가 아니라 술에 취한 상태에서 피동적으로 이루어진 것이었고, 동거의 시작도 먹고 사는 문제였고 헤어진 것도 먹고 사는 문제였다. 이른바 '식은 밥 한 그릇' 사건.

훗날 그는 제자들에게 가혹하기로 소문날 정도로 엄격하였지만, 그럼에도 불구하고 제자들이 춤을 배우러 오면 춤은 안 가르쳐 줘도 밥만은 꼭 먹고 가라고 챙겨주곤 하였다. 심지어 "튀니지에 공연을 갔을 때도 모든 게 낯설고 어색했던 끔찍한 더위 속이었는데도 선생님께서 전기밥솥을 어렵게 구해 호텔방에서 밥을 지어 제자들을 챙겨 주셨을"(김묘선 회고) 정도였다.

한편으로는 부담되기도 했지만 구술하러 갈 때마다 그는 나에게도 꼭 밥을 챙겨 주었다. 꾸부정한 노인이 자신이 담근 장아찌라고 내놓는데 입맛이 다른 내가 그것을 다 먹어치우느라고 곤욕을 치른 기억이 새롭다. 이렇게 '밥'에 대한 집착은 일제강점기의 어려웠던 시절과 6·25전쟁 전후의 배고팠던 시절을 겪으면서 '배고프다는 것'의 의미를 누구보다도 잘 알고 있기 때문이다. 남들의 배고픔을 자신의 배고픔처럼 생각하고 챙겨주는 여린 마음에서 '식은 밥 한 그릇' 사건이 발단한 것이다.

이매방은 이 세상에서 가장 외롭고 쓸쓸한 사람이라는 생각이 들 때가 있다.
소년 시절부터 이미 춤과 소리의 세계에 들어섰으면서도 노상 방황과 회의와 자학 속에서 살았으니 말이다. 게다가 천부의 재능을 분명 지녔으면서도 주위의 따가운 시선과 냉대와 그리고 가난 속에서 제대로 기를 펴고 살았던 시간이라고는 그다지 길지는 않았으니

말이다.

　어쩌면 때때로 죽음을 각오했을지도 모르겠고 때로는 세상을 등지고 살 수밖에 없었던 암울한 시절이 더 길었을 테니 이매방은 이 세상에서 가장 외롭고 쓸쓸한 사람이었음이 분명하다. (차범석,「춤인생 60주년 기념 대공연에 붙여」『이매방 화보집』)

　이매방의 고향 선배로서 그의 삶을 가장 잘 이해하고 그의 평전을 누구보다 쓰고 싶어 했던 극작가 차범석은 이렇게 이매방을 '이 세상에서 가장 외롭고 쓸쓸한 사람'이라고 하였다. 천부의 재능을 분명 지녔으면서도 주위의 따가운 시선과 냉대와 가난 속에서 노상 방황과 회의와 자학 속에서 살았다고 하였다.
　이매방을 누구보다 아꼈던 동향 선배 차범석은 후배 이매방에게서 지금까지 만났던 어떤 예술인들에게서도 볼 수 없었던 '천재성'을 보았다. 그런데 그 '천재성'은 일반인들이 쉽게 알아챌 수 있는 천재성이 아니었다. 그 '천재성'이 꽃 피우기 위해서는 '시간'이라는 물이 필요할 터였다. 그 '시간'이라는 물의 세례를 위해서는 죽음을 각오하거나 세상을 등지고 싶어할지도 모르는 비범한 길이었다. 여기서 차범석은 여성보다 더 여성적인 '탐미주의자' 이매방의 근원적 외로움을 본 것이었다. 그리고 죽고 싶고 세상을 등지고 싶지만 오직 '오기' 하나만으로 버텨내야 했던 이매방의 끝 모를 쓸쓸함을 느꼈던 것이다.

● 제10장
'단정하지만 무뚝뚝한' 여자, 아내 김명자

1973년 당시 32살의 김명자가 47살의 이매방을 처음 소개받았을 때, 김명자 또한 이매방에게서 차범석이 보았던 것을 보았고 차범석이 느꼈던 것을 느꼈다. 그것은 이매방의 근원적 외로움과 끝 모를 쓸쓸함이었다.

다음날 서울 가려고 갖다드리려고 가니까 누워있더라고요. 몸이 아파서 누워있더라구요. 완전히. 우리가 갔을 때도 몸이 안좋으시더니 그 다음날 가니까 완전히 드러누워 계시더라고요. 그게 참 불쌍하더라구요. 이상하게 불쌍한 생각이 들더라고. 그래서 내가 나도 삼십이 넘어가지고 외국에 갔다가 돌아와서 몸이 아프니까 참 외롭더라구요. 내가 외롭다는 걸 처음 느꼈거든요. 그래서 '아, 저 사람도 참 외로웠겠다.' 이런 생각을 하고 내가 서울로 왔어요.

김명자도 어린 시절 외롭게 자랐다. 6·25전쟁으로 인해 피난 갔을 때 아버지는 북으로 납치되었고, 어머니 혼자 어린 자식들을 다 키우기 어려워서 작은아버지와 고모에게 하나씩 맡겼다. 그런데 작은애들은 어리니까 못 보내고, 위는 또 부려먹으려고 못하고 그래서 중간인 9~10살 된 김명자만 혼자서 이 집, 저 집을 돌아다녔다. 작은고모 집에 살았다가 큰고모 집에 살았다가를 반복한 것이다. 마침 작은고모가 예술 애호가였는데, 임방울 선생을 비롯한 당대 가난한 예술가들 대접하는 것을 좋아해서 그들이 와서 따뜻한 밥 먹고 놀고 소리하고 그러는 것을 보면서 자랐다. 그러면서 이 선생님에게 가야금도 배우고, 저 선생님에게 양금도 배우고 하면서 국악계통을 배웠는데 무엇보다 춤을 배우는 게 좋았다고 한다. 그래서 춤을 즉흥적으로 추고 가르치는 박수무당에게 배우기도 하고, 또 당대의 예술가 선생님들 오셨을 때 이렇게 저렇게 배우면서 커왔고, 여학교에서도 무용을 하면서 20대를 넘기게 된다.

　　산 좋고 물 맑은 경남 의령이 저의 고향입니다. 5남매 중 한가운데 본명은 김정수(金貞守). 일본 시절에 태어났다고 아끼꼬라 부른 것이 지금의 김명자(金明子)입니다. 초등학교 2학년 6·25전쟁을 만나 대구로 부산으로 고난의 피난생활이 시작되면서 인천상륙시 그곳에 살고 계시는 막내고모님 밑에서 어린 시절을 보내게 되었습니다. … 저에게 첫 스승의 인연을 주신 분은 작고하신 국악인 이두칠선생님이십니다. 그 시절 학원도 아닌 사찰이나 고아원 등지를 돌아다니며 배웠었는데 그 가르침은 엄격했습니다. … 그리고는 지금의 인간문화재이신 이동안선생님께 춤을 배우게 되었습니다. … 그리고 여고시절 은사이신 김영옥선생님을 만나게 되었습니다. … 그리고는 짧은 시간이지만 단체생활에서 안무지도를 맡아 해주신 김진걸선생님을 만나뵙게 되었습니다. 많은 지도와 지극한 사랑에 힘입었습니다. (김명자, '김명자의 춤' 공연(1994) 머리글)

이처럼 김명자도 어려서부터 국악을 이두칠 선생으로부터 익혔고, 춤은 훗날 인간문화재였던 이동안 선생께 배웠으며, 여고시절을 거쳐 신무용의 맥을 잇는 김진걸 선생으로부터 짧은 시간이지만 사사받았다. 따라서 이매방의 때묻지 않은 전통춤과는 다르지만, 어쨌거나 춤 배우는 걸 좋아하고 춤에 헌신하고 싶어 했던 열혈 여인네였다. 하지만 춤의 계통이 달랐기 때문에 이매방 춤을 이해하는 데 많은 어려움을 겪었다.

그러니까 그냥, 선생님 춤을 제가 시집 와가지고 받아들이는 시간이 30년이 넘게 걸렸잖아요. 그 동안에 그 춤을 추면서도 '아, 이렇게 어려운 춤은 처음 봤다', '이 춤은 참 어렵구나', 춤은 출수록 어렵다는 느낌만 받았지, 그 춤에 만족을 가진 적이 없어요. 지금까지도 없어요. 누가 흉내 낼 수도 없는 춤을 가지신 분이니까. 우리가 아무리 따라다녀도 선생님을 쫓아갈 수 없을거에요. 지금까지도 선생님 춤을 쫓으려고 하는 거나 마찬가지잖아요.

아내 김명자의 솔직한 고백처럼 이매방 춤이 시정잡배들의 춤과 다른 것 중의 하나는 그의 춤이 어렵다는 것이다. 그래서 흉내 낼 수조차도 없다. 그런 까닭에 쉽게 춤을 배워서 써먹으려는 약삭빠른 춤꾼들에게 '이매방'은 거북한 존재다. 옆에 살을 맞대고 사는 아내 김명자조차도 그의 춤을 받아들이는데 30년 넘게 걸렸다고 하지 않는가.

하여간 1973년 어느날 가난한 예술가를 후원하던 김명자의 고모가 부산에 왔다가 김춘지의 소개로 이매방을 만났는데 조카인 김명자가 생각났다.

> 김춘지 선생님하고 같이, 동생이라고 하니까 놀러갔다가. 이렇게 보니까, 사십이 넘은 노총각이고, 또 우리 명자는 서른이 넘은 노처녀고, 이러니까 이매방한테 결혼을 시켜야 되겠다, 이 생각을 하셨는가봐요. 그래서 제가 일본 공연을 갔다가, 6개월동안 일본 순회공연하고 돌아다니다가 오면서 얼굴에 화장독이 올라가지고 여드름이 막 나가지고 왔어요, 한국을. 누가 부산에 가면 온천 목욕을 하면 나을텐데 이래서, 우리 고모가 또 마침 부산에 있으니까, 부산에 와봐라, 좋은 소식 있다. 이렇게 편지가 막 오는 거에요. 고모한테 선물 사가지고 온 것도 있고, 온천도 하고 와야겠다. 여드름이 막 난 그 얼굴로 부산에 온 것 같아요. 왔더니 고모한테 일본 공연갔을 때 가져온 선물 드리고 좋은 소식이 뭔가 하고 봤더니 이매방선생님을 만나게 해주는거예요. 그때도 춤은 유명하시지만 성격이 괴팍하셔서가

지고, 술을 너무 많이 잡수시면 기인이 되어버리는거에요. 무용가들이 그런 말을 듣고, 술을 먹으면 이상한 사람이라던데, 난폭하다던데, 내가 이 말만 들은 기억밖에 안 나서 이런 말을 고모한테 하니까, 우리 고모가 "아니더라, 노총각인데 참 얌전하게 생겼더라." 이러면서, "니가 아버지를 일찍 잃었으니까 나이 많은 선생님한테 가서 사랑받으면서 춤도 배우고, 너는 춤도 좋아하는 애니까, 그 사람한테 가면 어떻겠느냐." 이러는거에요. 그래서 나는 남자무용가 정말 싫다고. 왜 남자가 무용을 할까. 여자같이 생겨가지고, 말도 막 여자같이 하고 그랬었거든요. 그때 우리 선생님도 보면 꼭 여자같이 말하시잖아요. 그래서 왜 남자가 여자같이 말하지? 참 남자답지 못하다. 젊었을 땐, 처녀 땐 그런 생각을 많이 했었거든요. 남자가 씩씩한, 군인같은 남자를 좋아했었거든요. 나는요. 근데, 새색시같은 남자가 뭐 좋아요? 그러고는 선생님 집에 찾아갔어요.

이렇게 처음 이매방을 소개받았을 때는, "성격이 괴팍하다" "술 먹으면 이상한 사람이 된다" 등의 주위 평 때문에 주저하기도 하고, 남자가 여자처럼 말하고 여자처럼 무용하는 것이 싫어서 거부하였다. 그때 김명자의 이상형은 씩씩한 군인 같은 남자였는데, 이매방은 여자같이 생겨 가지고 여자처럼 말하는 '이상한 남자'였던 것이다. 하지만 고모의 강요에 못 이겨 이매방을 만났고 그때 '여자처럼 이상하지만 외로운 남자'를 보게 된 것이다.

이매방 또한 김명자에게서 여성적인 매력을 느꼈던 건 아니다. 당시 김명자 고모와 일본말로 주고 받기를 "얼굴에 여드름이 막 났어도 단정한 여자같다."고 첫인상을 전하였다고 한다. 당시 이매방은 헝클어진 떠돌이 삶에 지쳐서 몸도 아팠고 어머니 품과 같은 기댈 곳을 찾고 있었던 것 같다. 돌아가시기 전에 이 부분에 대해서 더듬더듬 다시 이야기하셨는데, 대체적으로 이런 내용이었다. "'니가 고자냐, 동네 챙피해서 못 살겠다.' 등등의 주위의 시선과 압박감 때문에 결혼의 필요성은 느끼고 있었고 … 근데 집으로 찾아갔는데 그녀의 어머님이 밝고 친절하게 맞아주고, 형제간에 우애도 있고 밝아 보여서 너무 기분이 좋았어. 그동안 춤꾼이라고 무시받기만 했지, 그런 따뜻한 대접은 처음이었고."

이처럼 당시 이매방은 떠돌이 생활을 청산하고 정착해야 한다는 절박함이 있었는데, 당시 김명자와 그 집안 분위기에서 늦둥이 막내로서 항상 갈구하던 목포의 어머님 품을 느꼈던 것이다. 실제로 이매방이 평소 가졌던 한국 여성에 대한 탐미주의적 미의식과 아내 김명자는 그렇게 일치하는 것은 아니었다. 이매방은 평소에 늘 품에 휘어 감기는 작은 여성의 성적 매력을 '전통춤'의 요염함과 관련하여 얘기하면서 키 큰 여성을 비하해왔는데, 그러한 관점에서 볼 때 아내 김명자 또한 작은 키는 아니다. 어쨌든 탐미주의자의 성적 욕망의 대상으로서 아내 김명자를 택했다기보다는, 마치 '젖 뗀 아이가 엄마 찾듯' 엄마와 같은 '버팀목'이 필요했던 것이다. 이러한 서로 다른 결혼 동기는 결혼 후에도 두고두고 서로를 이해하지 못하고 무시하고 멀찍이서 바라보기만 하게 되는 요인으로 작용한다. 이매방은 뒤에 이를 깨닫고 아내 김명자에 대해 죄책감을 느끼기도 하였다.

> 현주엄마[김명자를 가리킴]는 철두철미 불쌍한 여자야. 남편이라고 뭐 …, 돈을 벌어서 무슨 많이 해줘, 뭐 말만 남편이지 개 좆도 해준 거 없으니까 자기 속으론 멍들었겠지. 나도 속으론 좀 미안한 죄책감을 느끼고.

부산에서의 만남 이후에 확답을 안 하니까 중간에서 고모가 매일 편지하면서 결혼을 성사시키려고 하였다. 그렇지만 김명자는 확신이 없어서 부산에 내려오지 않고 있었는데, 이매방이 자기 생일이니 이번에는 꼭 내려오라고 해서 어쩔 수 없이 내려왔고, 이렇게 두 번째 부산에 내려왔을 때 이매방은 김명자에게 청혼하게 된다. 다음은 이매방의 청혼 장면이다.

> 아니, 결혼하자는 소리는 금방 안하고, 저쪽에 송도에 가서 회집에 가서 회를 사주면서, 술도 먹으면서 그러면서 … 응, 술이 약간 취해가지고, 횡설수설하면서, 술을 잡숫고는 송도 근처에 학부형집을 데리고 가더라고 나를, 데리고 가더니 거기서 막 그 사람들을 보고 이야기하는거야, 나한테 얘기 안하고. 학부형들한테 얘기를 그래, "나하고 결혼하자니까 대꾸도 안하고 그런다." 등등 막, 학부형한테 하소연을 하는건지, 나한테 말 안하고. 학부형한테 하는 소리를 듣

고, "아, 멋쩍으니까 말을 저렇게 돌려서 하시는갑다." 이렇게 생각하고 그 다음날 서울로 올라오게 되었어요. 빵 하나 사가지고 거기다 차비를 넣어가지고 고속버스 타는데 창문을 열고 주면서 빵 하나만 딱 먹으라고 강조를 하는 거에요. 왜 빵을 딱 하나만 먹으라고 그러지? 하고 열어보니까, 난 차멀미가 나서 뭐 잘 안 먹거든요. 하나만 딱 먹으라고 하니까, 그 말에 하나만 먹어봐야겠다. 성의를 봐서. 이렇게 먹으려고 하니까, 돈을 딱 넣어놓은 거에요.

이매방을 만났던 사람들은 이 장면이 얼마나 이매방다운지 이해하리라고 본다. 내가 만났던 이매방이 이랬다. 인터뷰 중간에 갑자기 주위 사람들에게 화를 내서 비디오 담당 여자기사가 놀라서 울먹거릴 정도로 괴팍하기 이를 데 없었던 적도 있지만, 정말 어린애같은 천진난만함이 솟아날 때가 있었다. 청혼을 하면서 이렇게 돌려서 하는 것을 본 적이 있는가.

이렇게 돌려서 이야기 하는 스타일은 후에도 계속 이어진 것 같다. 돈이 궁했던 시절에 똑같이 어려운 제자에게 돈 내라고는 못하고 그나마 여유 있는 제자에게 돈을 빨리 받기 위해 이런 연극까지 하고 있다.

그때는 다들 어려웠던 시절이었던 것 같다. 여유가 없었던 나는 선생님께 제대로 해드리지 못하고 모든 면에서 많이 부족한 제자였다. 어느 날 선생님께서 잠깐 보자고 하시더니 봉투 하나를 주시질 않는가? 꽤 두툼했던 걸로 기억이 난다. 이걸 갖고 있다가 나중에 묘선(친구)이 앞에서 작품비라고 하며 내놓으라고 하신다. 그래야 작품비를 빨리 낸다고……

　내가 잘못해 드리는데 그렇게라도 해야 되겠다 싶어 "네"라고 대답하고 친구에게는 미안하고 쑥스러웠지만 연기를 했다. 훗날 친구는 나에게 "나 그때 알았노라"고 그렇지만 "선생님께 드리는 것이라 아무상관 없었다."고 하며 웃어넘겼다. (오은명 회고)

　얼마나 귀여운 연극인가. 직접 대놓고 이야기를 하지 않고 돌려서 간접적으로 자신의 요구를 관철시키려는 이것이 이매방의 천진난만한 어린아이 같은 모습이다.

　원래 청혼은 상대방의 눈을 바라보면서 해야 하는데도 이렇게 술 먹고 고래고래 소리 지르면서 "나하고 결혼하자니까 대꾸도 안하고 그런다."고 주위사람들을 통해 돌려서 간접 대화를 하는 모습을 보라. 어린아이가 엄마에게 젖 달라고 칭얼대는 모습을 떠올리지 않는가. 이래서 차범석은 이매방이 '이 세상에서 가장 외롭고 쓸쓸한 사람'이라고 하였을 것이다. 나이도 들고 몸도 아프고 돈은 없고 세상은 자기를 알아주지 않고, 그나마 결혼이라도 해버릴까 했더니 '단정이 지나쳐서 무뚝뚝하기까지' 한 저 여편네는 묵묵부답이고. 속으로는 아마 '시브럴 년'(?) 하고 있었을지도 모른다. 하지만 마치 '엄마'처럼 미더운 구석이 있었나 보다. 당시 이매방에게는 '요염'한 여자가 아니라 '미더운' 여자가 필요했다. 어머니 품과 같은.

　김명자는 이매방이 빵에다가 교통비를 넣은 것을 보고 "나하고 결혼하고 싶어 하는구나."하고 여겼지만, 그가 여전히 남자답지 않아서 망설이고 있었다. 그런데, 한 선배가 이매방과 만난 이야기를 듣고, "얘, 너는 참 좋겠다. 이매방씨한테 가서 좋은 춤 좀 다 배우고 가서 살지. 그러면 얼마나 좋으니, 너는 춤추기 좋아하는 사람인데, 얘 너는 그렇게 시집가라, 총각이잖니. 가서 살면 좋겠다."라고 하였고, 선배의 그 말 한마디에 결혼을 결심하고 만다. 이처럼 김명자는 이매방의 여성스러움이 싫었지만 그의 춤만 보고 결혼을 결심하게 된 것이다. 따라서 그녀가 앞으로 추구할 결혼 생활의 행복이란 남성적 매력이 (별로?) 없는 남자 이매방을 통해서 오는 것이 아니라 탐미주의적 성적 욕망을 누르고 있는 춤꾼 이매방을 통해 올 것이었다. 그녀의 결혼 생활이 앞으로 '말할 수 없는 인내의 연속'이 될 것을 미리 보여주고 있다 하겠다.

　그 말 한마디에 그냥 결혼하려고 마음먹었어요. 너무 어리석잖아요. 지금 생각해보면. 그래가지고 우리 무용하는 선생님한테 아무 말도 안하고, 선배한테만 이야기하고, 시집간다고 내려왔어요. 그 때 나이 서른 두 살이면 상당히 노처녀죠. 청첩장을 그때 서울로 다 보내거에요. 사람들 다 놀래가지고 저렇게 얌전한 애가 선생님한테 시

부산 제일예식장에서의 결혼식
(1973. 5.12, 신랑 이매방 신부 김명자)

새댁 김명자와 외동딸 현주(1974년)

집가서 어떡하지. 너무 너무 불쌍하다. 이런 사람도 있고, 굉장히 막 까무러치는 사람도 있었다는 소리는 나중에 들었어요. 무용가 선생님들이 많이 오셨었어요. 결혼식에. 근데, 오는 순간에 나는 나를 보는 눈빛이 괜히 눈물나는거에요. 내가 잘못한 것 같아서. 그 선생님들이 오셔가지고 나를 보는 눈빛이. 그래서 얼마나 울었는지 몰라요. 몰라, 무슨 눈빛인지. 아직까지도. 그래서 굉장히 많이 울었던 것 같아요. 식사하는 시간에 많이 울어가지고. 결혼식 끝나고 나서.

이렇게 시작된 결혼생활은 동래 온천장 금강원 밑에, 조그마한 2층에서 시작했다. 25평 정도의 공간에서 살림도 하고, 개인교습도 하고, 국악원에 가서 기생들 춤도 가르치고 하면서. 새 신랑 이매방은 억눌린 탐미주의적 성적 욕망으로 인해 돈 벌면 술 먹고 즐기고, 사람들 데리고 와가지고 깽판치고 놀고, 그랬다. 그래서 몇 달 뒤 학부형이 무용연구소를 차려줘서 김명자가 무용학원 하면서 생계를 이어 갔다. 지금까지 하고 있으니 40년 이상 하고 있는 셈이다.

새 신랑 이매방은 연락도 없이 어디를 막 돌아다니는데 열흘씩 있다가 나타나곤 했다. 당시 이매방 집에는 전화가 없어서 옆 집 전화로 어쩌다 한 번씩 죽었나 살았나 전화가 오곤 했다. 결혼식에서 지인들이 자신을 향해 보낸 눈빛이 생각나는 순간이다.

이상한 짓을 하잖아요. 생각지 못한 일들. 왜 집에 안 들어오지? 이상하잖아요. 자기 막내 누님이 우리집 근처에 살았었어요. 누님한테 가서 밥 얻어먹고 오고 그랬었어요. 내가 맨날. 외롭고, 그리고 옆에는 권번에 다니는 사람들이 많이 살았어요. 빌딩같은데 방에 사는 사람들이 많았어요. 그 사람들 보기에도 부끄러운 거에요. 새로 시집온 여자가 맨날 남편이 안 들어오니까, 내가 부끄러워가지고, 나가서 밥 해먹을 수도 없었어요. 당시에는 부엌이 없으니까 세면대도 아니고, 수돗가에서 너도나도 나와서 쌀 씻고 밥해먹는거에요. 그러니까 그 젊은 사람들 보기 부끄러워가지고 밥을 못 해 먹겠는 거에요. 부끄러워서 맨날 굶기도 하고, 아니면 누님 집에 버스 타고 두 정거장이면 가니까 가서 얻어먹고, 밤에 슬슬 오고, 자고 가라고 그러면 자고 오고, 이렇게 살았어요.

나는 김명자의 이러한 진술을 들으면서 그녀가 얼마나 강한 사람인지 보았다. 실제로 이매방이 김명자를 택한 이유도 그녀에게서 이런 강인함을 보았던 것이 아닌가 한다. 이매방 자신은 너무 마음이 여리고 정에 약하기 때문에, 자신의 이런 단점을 보완해줄 '여전사(?)'가 필요했을지도 모르겠다. 아니나 다를까, 뒤에 이매방의 육체가 쇠잔해져 가면서 김명자는 점차 강인한 '여전사'가 되어 이매방 춤의 원형을 지키는 데 앞장서게 된다.

하지만 당시 갓 결혼한 새색시가 이런 생활을 견디기란 쉽지 않다. 심지어 성적으로도 참아내기란 쉬운 게 아니었다. 단지 이매방의 춤만 보고 이렇게 속이 타들어가는 인고의 세월을 보낸 것이다. 주위에서 그런 것이 없으면 예술을 못한다고 위로하기도 하고, 근처 선배들이 "그러니까 춤을 추는거지. 네가 멋을 몰라서 그렇다." 이

외동딸 이현주 1살 때(1974년)

러기도 하면, 속으로 "멋 두 번 있다간 큰일나겠다. 자기도 살아보지 못해서 그렇지, 살아봐라, 그걸 멋이라고 생각하나." 이러면서 부글거렸다. 지금은 "아, 남보다 특이한 사람이니까 특이한 춤도 추시지 않았겠나."하고 넘겨 버리는데, 그때는 젊었기 때문에 마음이 편하지 못했고 이해할 수도 없어서 힘든 시절을 보낸 것이다. 만약 이때 김명자가 이매방을 포기했다면, 지금의 이매방도 또 이매방 춤도 없었을 것이다.

　실제로 김명자도 이매방을 포기할까 생각하고 집을 나간 적도 있었다. 하지만 아기 하나 낳아주고 나가면 죄받진 않겠지 생각해서 아기 낳을 때까지 참았고, 아기[현주]를 낳고 나니까 "어린 아기를 두고 이대로 나가면 내가 또 죄받겠지." 하는 생각에 버티면서 지금까지 왔다는 것이다. 그래서 그때부터 부처님을 믿기 시작했다고 한다.

　이매방의 춤 인생에 한 획을 그었던 1977년 YMCA 승무공연은 김명자의 가정생활에도 큰 영향을 주었다. 1973년에 결혼해서 1974년에 딸 현주를 낳았고, 1977년 YMCA 승무 공연 성공 이후 78년에 이매방 혼자 서울로 올라오게 된다. 당장 무용연구소 열 형편은 못 돼서, 김소희 선생 소리연구소 빌려 거기서 자기 이불보따리 가지고 가서 얻어 자면서 "너 춤 배워라, 춤 배워라" 하면서 사람들을 하나둘씩 가르치고 돈을 벌었다. 하지만 연구소도 없는 열악한 형편에서 돈벌이가 잘 되었던 것은 아니었는데, 그래도 이때 이매방이 돈을 벌면 모아가지고 신문지에 싸서 집으로 가져다 주곤 했다고 한다. 이매방은 이렇게 서울과 부산을 왔다갔다 하면서 푼돈이나마 벌고, 김명자는 딸을 키우면서 부산에서 무용연구소를 하고, 경제적으로 넉넉지는 않았지만 이때가 가장 행복했다고 한다. 이러한 행복한 삶은 이매방이 무형문화재로 지정된 이후 경제적으로 풍요로워졌을 때 오히려 흔들리게 된다.

딸 유치원 재롱잔칫날(1980. 5)

이매방이 승무와 살풀이춤 무형문화재로 지정된 이후에 그의 주위로 여자 제자들이 몰리고, 여자 제자들에 의해 둘러싸이고, 아내 김명자의 존재감은 점점 약화되고, 심지어 잊혀지는 듯 보이기도 했다. 실제로 당시 제자들 가운데 이매방에게 아내가 있는지조차 몰랐던 사람도 허다했다. 아내 김명자는 부산에 멀찍이 떨어져 있는 채, 이매방을 둘러싼 여자 제자들로 철옹성이 만들어지면서, 오히려 아내 김명자를 고립시키려는 분위기도 있었다.

예컨대, "부산에서도 그러는데요 뭐. 나는 맨날 떨어져 사니까 첩인 줄 알아요. 첩. 본부인이 아니라고 생각해요. 첩으로 생각해요. 그래가지고 첩이니까 부산에 떨어져 혼자 산다고. 이렇게 말해서 자기들이 선생님한테 배운 게 더 많다고 생각하는 사람들이 많죠."(김명자 진술) 이런 분위기가 팽배하였다.

이매방 스스로도 부인 김명자 외의 모든 주위 사람들이 자신을 신처럼 떠받드는데, 오직 아내라는 자만이 부산에서 가끔 서울로 올라와서는 여자 제자들에게 휘둘리고 있다고 쓴소리를 해대니, 아내가 서울로 가끔 올라오는 것을 그가 반길 리 없었다. 아내가 오히려 부담되었을 것이다.

20년 동안에는 정말 그 10년은 없이 살아도, 그래도 순정은 있었거든요. 하다못해 외국 공연 같은 데 가면 선물 같은 거 다 사가지고 오시고, 편지 같은 것도 다정하게 편지도 하시고, 그랬던 시절들도 있었어요. 그런데, 문화재 되고 나서는 아주 여자들 등쌀에 우리가 편할 날이 없었어요. 그러니까는 못살다가 용돈도 많이 생기니까 또 뇌물먹었다고 해가지고 소문도 많은거에요. 문화재청에 고발하고, 그래서 신문에도 막 나고. 그래서 내가 그런 거 받으면 막 뺏어가지고 도로 갖다가 주고, 그런 것도 있었고. 이런 것으로 인해서 우리가 정말 감정이 맨날 격해 있었던거 같아요. 그래서 우린 어떻게 보면 문화재가 되면서 가정의 행복이 많이 달아났어요. 정말 힘들었어요. … 내가. 그 여자들한테. 이수할려고 선생님을 끼고 앉아가지고, 그러면 내가 화가 치밀어가지고요, 못 참아가지고, 수없이 울면서 혼자서 가는 거예요. 눈물 얼마나 많이 흘리고 다녔는지도 몰라요. 정말, 비행기 타고 다니면서도 많이 울고, 기차 타고 다니면서도 많이 울고, 하여튼 허구 헌 날 이수자들 때문에 너무너무 가슴 아픈 일이 많았어요.

이매방의 아내 김명자가 아닌 춤꾼 김명자의 살풀이춤은 실로 이러한 인고의 세월이 겹겹이 쌓여 있는 한(恨)의 정서가 녹아 있다. 그런데 그것은 시장바닥에서 악다구니 하듯 걸러지지 않은 격정적인 한풀이가 아니다. 그동안 켜켜이 쌓인 서러움과 아픔까지도 끌어안으면서 이매방 춤의 깊이에 닿고 싶어 하는 간절함이 놀랄 만큼 정제되어 '새색시의 수줍음'으로 다가온다. 이매방과 같은 '맛'이나 '멋'을 기대하는 이들에게는 실망스러울지 몰라도, 슬프지만 비통해하지는 않는 한국의 어머니들에게 내재돼 있는 '애이불비(哀而不悲)'의 진솔함이 묻어 있다.

언젠가 평론가 차범석은 이매방의 춤을 '구도자(求道者)의 춤'이라고 하였는데, 나는 그와는 또다른 의미에서 김명자의 춤을 '구도자의 춤'이라 부르고 싶다. 다만 차이가 있다면, 이매방은 집을 떠나 방황하면서 도를 구했다면, 김명자는 모든 짐을 부처님께 내려놓고 가정과 이매방 춤을 지켜내면서 도를 구했던 것이라고 하겠다.

춤꾼 김명자는 이매방이라는 거목의 그늘에서 자신을 드러낼 수 없었다. 남편과 생이별한 채 생계를 위해서 어린 아이들에게 무용을 가르치면서 하나뿐인 딸을 묵묵히 키워왔다. 한국의 여느 엄마들처럼 그 자식이 대학에 갈 때까지는 자신의 모든 꿈을 유예시켜 둔 채 자식의 고3시절이 끝날 때를 기다려야 했다. 그 딸자식이 대학에 들어감으로써 이제 어머니 김명자로서의 유예 기간이 끝나고, 춤꾼 김명자로서 걸어가고 싶었던 길을 걸을 때가 됐다. 그동안 켜켜이 쌓인 서러움과 아픔까지도 끌어안으면서 이매방 춤의 깊이에 닿고 싶어 했던 간절함을 보여 줄 때가 됐다.

그리하여 춤꾼 김명자는 1994년 부산문화회관에서 첫 개인발표회를 갖는다. 여기서 기원무와 승무 그리고 살풀이춤을 추는데, 이것이 이매방 주위에 둘러싸인 여자 제자들로 인해 존재감 없이 가려졌던 춤꾼 김명자의 첫 '홀로서기'이다. 이매방의 춤이 자신이 져야 할 십자가라면 그것을 기꺼이 지고 가야 하는 첫 출정식이었다. 이 공연의 머리글을 보면, 처음에 "산 좋고 물 맑은 경남 의령이 제 고향입니다. 본명은 김정수 ⋯ 지금의 김명자입니다."라고 하여, 그동안 '현주 엄마' 혹은 '이매방 부인'으로만 불리는 삶을 살면서 잃어버렸던 자신의 이름을 되찾는 데서부터 인사말을 시작하고 있다. 그리고 인사말 중간에 보면,

> 때로는 외로움 때로는 원망의 파도. 그러다 또 때로는 부서지면서 밀려오는 밀물 위 인간의 바다를 찾아 떠도는 바다새를 안았습니다. 그래서 잉태되는 것이 참 예술의 길이었다면 불덩이는 막 타올라 바람적시는 단비였는지 모릅니다. (김명자, '김명자의 춤' 공연(1994) 머리글)

라고 하여, 마치 도를 찾아 길 떠나는 불교 선사(禪師)의 선문답과 같은 부분이 있다. 이 글을 쓰면서 확인해보니, 당시 이매방 선생 자서전을 쓰려고 했던 젊은 작가의 작품이라고 한다. 김명자가 마음을 전하면 그 작가가 글을 썼던 모양인데, 첫머리는 자신의 얘기처럼 간결하게 시작했는데, 중간 부분에서는 장황하고 감상적으로 되면서 젊은 작가의 얘기가 되어 있었다고 한다. 그래서 많은 부분을 잘라냈는데, 잘라내고 남은 부분이 이 부분이다. 이 부분은 웬지 모르게 자신의 마음과 닿아 있는 느낌이었다고 한다.

그렇다면 이 부분의 무엇이 춤꾼 김명자를 끌어 당겼던 것일까? '부서지면서 밀려오는 밀물 위 인간의 바다를 찾아 떠도는 바다새'가 구도자로서의 춤꾼 김명자를 형상화한 것이라면, 잉태되는 것은 무엇인가? 타오르는 불덩이는 무엇이고 바람적시는 단비는 무엇인가? 결혼하고 나서 지금까지 켜켜이 쌓인 서러움과 아픔이 격정의

'불덩이'가 되어 막 타오르려 하는 것인가? 그 격정의 불덩이가 그대로 타오르도록 하지 않는 바람적시는 단비는 무엇인가? '넘을 수 없는 벽'인 이매방 춤을 조금씩 알아가는 희열인가? 당시 춤꾼 김명자가 무명의 가정주부로서 얼마나 힘든 세월을 살아왔고, 이제 춤꾼으로 홀로서기까지 마음에 꾹꾹 눌러왔던 '불덩이'를 무대 위에 마침내 내보내는 '잉태와 해산'의 고통이 느껴지는 머리글이다.

구도자와 같은 춤꾼 김명자의 '살풀이춤'

● 제11장

인간 이매방과 그의 춤(1)
_ 진화하는 천재적 섬광

　흔히 이매방을 두고 하늘이 내린 춤꾼이라고 한다. 우리 근현대 무용사는 이매방 이전과 이매방 이후로 나뉠 정도로 이매방 춤은 가히 독보적이다. 무엇이 이매방 춤을 이렇게 독보적으로 만들었는가? 과연 "한국의 전통춤은 이매방 이전과 이후로 나뉜다."고 평가할 정도로 그의 춤이 타의 추종을 불허하는가? 왜 이매방인가? 이매방이 아니면 안되는가? 나는 그의 평전을 쓰면서 계속 이런 질문을 나에게 던졌다. 그리고 내가 나에게 답했던 바를 독자들과 나누려 한다.

　『아마데우스』라는 영화에는 천재적인 작곡가 모차르트와 그의 천재적 재능을 미워하고 시기하는 그의 라이벌 살리에리가 나온다.

살리에리가 받은 저주는 작곡가로서의 재능은 삼류였지만 음악애호가로서의 귀는 일류였다는 데 있다. 따라서 그는 자신이 얼마나 솜씨 없는 작곡가인지를, 그리고 모차르트가 얼마나 훌륭한 작곡가인지를 잘 알았다. 살리에리 자신은 기를 쓰고 용을 써야 딸랑거리는 음악들을 내놓을 수 있었던 반면 모차르트는 마치 '하나님이 불러주는 것을 받아 적는 것처럼' 천재적인 재능을 발휘하자, 살리에리는 하나님을 원망한다. 자기처럼 경건한 사람이 아닌 저렇게 못돼먹은 모차르트에게 천재적 재능을 부여했냐고.

살리에리의 이런 불평은 이매방의 천재성을 보면서 절망하고 시기하는 주변의 춤꾼들을 생각나게 한다. 주변의 행실 바른(?) 춤꾼들이 1년을 공들여서 나올까 말까한 안무를 이매방은 재봉틀 돌리는 사이에 만들어 낸다.

공자는 익히고 노력해서 아는 평범한 사람들과 태어나면서부터 아는 자[생이지지(生而知之)]를 구별하였다. 이런 의미에서 이매방은 태어나면서 전통춤의 남다른 '유전자(DNA)'를 얻고 나온 '생이득지(生而得之)'한 자이다. 마치 영화『아마데우스』에서의 못돼먹은 모차르트처럼, 하늘은 이매방에게 천재적 재능을 부여했다. 이런 의미에서 그는 '생득(生得)적' 춤꾼이다.

이러한 이매방의 천재성을 두고 언젠가 명창 김소희씨가 한 말이 떠오른다. "이매방 동생은 남 못하는 예술을 가진 사람으로서 젊어서는 정말 '개판'이었지요. 누구라도 한번 걸렸다하면 밤샘 술을 마서야 하고 휘젓고 돌아다니고 욕설 잘하고, 그러나 그 춤만은 현재로선 제가 아는 한 전무후무한 명무라 해도 과언이 아닐 겁니다. 그 춤만은 가히 당대의 명인이지요."

이매방 자신 또한 "나 자신이 무엇이 될 것인가를 세 살 때 혹은 일곱 살 때, 어쨌든 그 이전에 운명적으로 예감하고 있었다."고 하였는데, '생득(生得)적' 춤꾼으로서의 길을 이미 예감하였던 것은 아닐까. 이매방이 오늘의 이매방이 될 수 있었던 것은 노력도 노력이지만 그의 몸 안에 '생득(生得)적'으로 깃들어 있는 천재적 섬광이 존재했기 때문이다. 그리고 그 천재적 섬광은 어느 한 지점에 고정되어 있는 것이 아니고, 끊임없이 '스스로를 창조하기 위해' 진화하는 것이다.

예컨대, 김백봉의 회고처럼, 1950년대 지방을 전전하던 떠돌이 이매방에 대한 소문이 서울의 춤계에서도 들리기 시작했다. 당시 서울에서 '얼굴 없는 춤꾼'인 이매방에 대한 전설은 바로 '이 시대에 북을 가장 잘 연주하는 춤꾼'이라는 것이었다. 이것은 앞으로 올 이매방의 시대가 어떻게 열릴지를 예고하는 것이었는데, 1977년 YMCA 강당에서의 승무 공연의 성공 요인 중의 하나는 그의 북솜씨였다. 그의 북장단에 관객의 마음뿐 아니라 공연장 전체가 흔들릴 정도였다.

그러나 그 당시 이매방 선생님의 춤은 그간 우리가 보아왔던 한국무용과는 다른 춤이었습니다. 당시 우리는 신무용이라는 창작한 국무용을 주로 추었는데, 이매방 선생님의 춤은 토속적인 호남춤을 기방예술로 꽃피운 방안춤이며 호흡이 아주 다른 춤이었습니다.

그래서 춤사위에 기교가 많고 다양하며 대삼소삼으로 이어지고 북가락 역시 겹가락, 변가락 등 변화무쌍한 장단가락은 아무나 할 수 없는 경지였습니다. (김문숙 회고)

당시 한영숙의 승무가 무형문화재로 지정되어 있었지만, 한영숙 자신은 북장단을 잘 몰라서 이매방처럼 이렇게 북가락을 자유자재로 구사할 수가 없었다. 한영숙이 세상을 떠났을 때, 이매방은 한영숙이 자신에게 북장단 배우길 원했는데도 죽기 전에 북장단 가르쳐 주지 못한 것을 못내 아쉬워 했다.

이처럼 이매방 승무에서 빼놓을 수 없는 장기는 북놀음춤이다. 북놀음은 「변죽」과 「구레」(궁편과 각)로 「대삼」 「소삼」의 조화를 이루는 가운데 많은 가락을 만들어 신명나게 두들기면서 무아의 경지에 도달한다. 그러면 장내가 화끈한 열기로 가득차고 구경꾼들은 이에 매료되어 꼼짝 못하게 되고 만다. 그러면 그는 자기의 한을 힘찬 북소리에 실어 외계로 날려버린다.

이매방은 다른 춤꾼이 못 가진 자신만의 천재적 섬광을 느낄 수 있었다. 그런 까닭에 그가 개인발표회를 열었을 때, '북소리'는 처음

이자 끝이 된다. 1984년부터 시작된 개인발표회의 타이틀이 '북소리' I, II, III, IV로 이어지는 시리즈이고, 그 공연의 마지막은 언제나 작품 '북소리'로 끝난 것이 이를 잘 말해주고 있다.

'북소리'의 경우 〈삼고무〉, 〈오고무〉, 〈칠고무〉, 〈구고무〉 등으로 구성되어 있는데, 이매방 춤에서 〈삼고무〉의 시초는 1948년 목포 가설극장에서 창작 초연되었으며, 〈오고무〉는 1955년 11월 광주극장에서, 〈칠고무〉는 1954년 서울 계림극장의 삼성여성국극단 공연에서 특별 출연하여 초연되었다. 〈구고무〉는 1953년 10월 군산 희소관 극장에서 있은 군산국악원 공연에서 도금선과 함께 공연하여 오늘날의 '북소리'가 있게 되었다.

그러나 이매방은 1996년 그의 고희 공연 때는 뒤에 북 하나를 달고 양 옆에 북 두 개씩을 단 〈오고무〉를 선보이며, 그전의 형식인 뒤에 북 세 개를 달고 양 옆에 하나의 북을 단 〈오고무〉와 뒤에 북 하나를 달고 양 옆에 외고 세 개를 세워서 치는 〈칠고무〉 그리고 뒤에 북 하나를 달고 양 옆에 외고 네 개를 앞으로 세워서 치는 〈구고무〉를 정리하게 된다. 그리하여 1996년 이후부터 지금까지는 〈삼고무〉와 〈오고무〉만 공연되고 있다.

> 거 새로운 것을 내가 맨들었재, 북가락을 … 원형은 놔두고, 원형 테두리에서 인저 내가 원형은 변형, 변질 못 시키재. 선생님께 배운 것 그대로 허고 그놈에서 인저 응용해가지고 내가 가락을 맨들

었지. … 가락 만들 때 전라도의 어떤 장구가락 같은 데서 따오는 건 없어. 북을 여러 개 놓고 보믄 내가 이렇게두 추고 저렇게 허고 인자 북을 여러 가지로 인자 조각, 형태를 변화시킬라니까 내가 연구해서 내가 가락을 맨들지.

물론 북소리의 원조는 어려서부터 배운 권번 스승인 이대조이지만 거기에서 그친 것이 아니라 그 테두리 내에서 북가락이 진화되고 있었는데, 기존의 있는 가락을 따오는 것이 아니라 북을 여러 형태로 변형시키면서 그에 맞는 가락을 만들어 내고 있는 것이다.

춤가락은 선생님가락이지, 내 춤은 왜 독특하잖아. 정중동은 유달리 내가 딱딱 박아서 하니까 춤이 돋보이지. 선생들은 '덩'에 이렇게(손끝에 힘을 들이지 않는 흉내) 손을 올린다면 난 박력을 넣어서 강하게 떵하니 춤이 하늘과 땅으로 변하지. 원래 선생에게 받은 것은 가락이 길고 많은데, 간략하게 좋은 걸 빼서 만든 거지. 그러니까 추던 가락이 반복이 없지. 배우는 이의 입장에서는 그러니까 어렵겠지.

그리하여 천이나 무늬 모양이 다른 것처럼 그 조각이 다르게 다른 색깔을 낼 수 있도록 원형은 하나인데 여러 가지로 진화하게 하고 있다. 그리하여 1948년부터 시작한 〈삼고무〉와 1950년대부터 시작한 〈오고무〉, 〈칠고무〉, 〈구고무〉가 계속 변화 발전하고 있는 것이다. 여기서 우리는 이매방이 가진 진화하는 천재적 섬광의 한 예를 볼 수 있겠다.

이매방 승무에서의 북놀음

이매방씨가 예술가로서 높이 평가받는 것은 거의 신기(神技)에 가까운 승무의 명무자라는 것과 오늘의 북틀춤을 탄생케 한 창조자로서의 장본인이라는 점일 것이다. 이씨의 승무에서 돋보이는 것은 하나는 그가 치는 북놀이이다. 그는 북놀이를 할 때 마치 한(恨)을 풀듯이 신명나게 치고, 감정을 한곳으로 몰입시켜 주술경에 도달한 정도이다… 이매방의 승무는 비단 춤사위의 멋 만이 아니라 북놀이에도 그 정수를 느낄 수가 있다. 그의 북놀이는 궁편과 각을 조화있게

> 타주(打柱)하는 가운데 많은 가락을 만들뿐만 아니라 그 기교는 무아경(無我境)에 이르는 신비스런 율동이다.(정병호,「이매방의 승무」,『이매방 화보집』)

이매방의 천재적 재능을 발견하고 무대공연을 주선하는 등 그가 문화재 반열에 오를 수 있게 하는 데 결정적인 역할을 했던 정병호는 그의 춤 중에서 승무를 으뜸으로 꼽는다. 그리고 이매방 승무가 다른 유파의 승무와 달리 돋보이는 점은 그가 치는 북놀이에 있다고 하였다. 그리하여 이매방을 승무에 있어서 북틀춤을 탄생케 한 '창조자로서의 장본인'이라고 높이 평가하고 있다. '궁편과 각을 조화 있게 타주(打柱)하는 가운데 많은 가락을 만들뿐만 아니라 그 기교는 무아경(無我境)에 이르는 신비스런 율동'인 그의 북놀이는 이렇게 천재적 섬광의 발현이며, '북소리' I, II, III, IV로 계속 진화하여 전진하고 있는 것이다.

이렇게 진화하는 천재적 섬광의 예는 이매방 〈살풀이춤〉의 즉흥성이 이루어지는 방식에서도 볼 수 있다. 1996년 '우봉 이매방 고희 기념공연' 때의 〈살풀이춤〉과 2001년 '외길 인생 이매방춤 대공연' 때의 〈살풀이춤〉을 비교해보면, 처음 시작의 대목과 살풀이장단에서 잦은 살풀이장단으로 넘어가는 대목, 잦은 살풀이장단에서 다시 살풀이장단으로 넘어가는 대목 그리고 마지막 끝마치는 대목은 원형을 고수하면서 일정한 규칙성을 보이고 있다. 하지만 세 번째 장단부터 다르게 전개되고 있다.

문예회관 대극장 〈북소리〉 팸플릿 표지(1984.6.9~10)

〈살풀이〉는 일종 즉흥무거든. 인자 〈검무〉, 〈승무〉는 법무 아니야?…… 인자 〈검무〉, 인자 〈승무〉 그것은 법, 법이로 정해 옛날 부팀 법으로 정해져 있으니까 법무라 그랬지. 그것 뛰든 그 인자 춤에 입소하고 그러믄 자기 멋, 자기 감정, 자기 표현, 자기 가락을 즉흥적으로 맨들어서 그 즉흥적이로 추는 거 그게 즉흥무여 그것이. 근데 살풀이란 것이 인저 그 이상하게 느끼나봐. 살, 살을 푼다는 그 말 그렇게 다 해석허는데.

'각자 멋은 사람마다 다르고, 옷도 요렇게 입고 저렇게 입고 별사람 다 있는 것처럼', 이매방 〈살풀이춤〉이 똑같은 순서로 추어지는 것이 아니라 무대에서 춤추는 춤꾼에 따라 혹은 상황에 따라서 달라질 수 있는 자유자재함을 보여주고 있다. 이것 또한 원형의 테두리에서 진화하는 이매방의 천재적 섬광의 발현인 것이다.

이매방이 의상에 있어서도 천재적이라는 것은 널리 알려진 사실이다. 그의 천재성은 살풀이춤과 승무 의상에도 그대로 반영되어 나타난다. 예컨대, 흰 치마저고리를 입는 한영숙류나 김숙자류 살풀이춤과 구분되는 이매방류 살풀이춤 의상의 특징은 화려한 조바위, 남바위와 같은 쓰개와 무동복을 들 수 있는데 전체적인 구조가 두루막혀 있어서 얼핏 두루마기와 같아 보이나 다르며, 맞깃의 형태는 몽두리와 비슷하나 다른 구도를 이루고 있다. 무동복은 전후좌우에 일정한 비율의 너비를 넣은 A라인의 넓은 실루엣을 이루고 있으며,

앞뒤에 일정한 너비의 나비모양의 고름을 맨다. 무동복의 테두리에 전체적으로 얇은 선단을 댄다거나 화려한 금수나, 화려한 단을 오려 붙이기도 하여 앞 뒤 좌우 어느 방향에서 보더라도 그 화려함이 부족함이 없으며 춤을 모르는 관객이라 하더라도 의상이 한영숙류나 김숙자류의 도살풀이와는 확연히 달라 이매방류라는 것을 구분할 수 있다.

살풀이춤 의상 구성에도 변화가 많다. 1984년 이전에는 쾌자가 없는 바지저고리에 무동복을 착장(着裝)하였고 1988년 기점에서 보면 분홍색 쾌자를 끼워 입는 형식의 구성 변화가 있다. 1999년에는 무동복이 많이 넓어지면서 단에 금수 단을 장식하여 화려해지고 쾌자를 끼워 입었으며 2000년 이후에는 폭이 넓은 무동복에 금수 단이나 흉배를 이용하여 화려하게 장식하고 쾌자 또한 겹겹이 끼워 입어 부피감을 줌으로써 치마보다도 넓고 마치 드레스와 같이 풍성한 실루엣을 나타내고 있다.

특히 이매방류 살풀이춤 의상의 특징 중 하나는 섶단과 밑단에 얇게 다른 색으로 배색하여 선단을 둘러 가식한 점이다. 의상의 고름 또한 직선재단으로 하던 것이 시간이 흐르면서 무동복의 A라인의 재단과 같이 고름 위는 5cm 이내로 하고 고름 밑은 8cm 이내로 사선을 내어 밑으로 점차 넓어지는 고름의 형태로 바뀌었으며 길이도 점차 무동복의 밑 길이가 길어짐과 같이 일정한 비율로 길어진다.

이처럼 춤뿐만 아니라 무대의상에 있어서도 이매방은 자신의 천재적 섬광을 조화롭게 춤과 결합하여 감정을 표현하였고, 자신만의 독창적인 디자인으로 창작하여 이미지화하고 있다. 예컨대, 전통적으로 '살풀이춤 = 슬픔'이라는 소복과 같은 백색의 치마저고리에 비해서, 이매방류 살풀이춤 의상은 슬픔에서 승화된 표현의 의상으로 살풀이춤에 내재한 의미와 상징성을 의상을 통해 살풀이춤의 미의식을 의상에 그대로 접목시켰다. 살풀이춤 의상에 있어서 한영숙류나 김숙자류는 대체로 흰색저고리치마를 착용하는데 반해서 이매방류는 다양한 색들이 사용되었으며 무동복은 주로 옥색이나 하늘색, 연보라와 같은 색이 사용되었다. 여기에 이매방 자신의 개성과 감수성이 의상에 반영된 것이다.

이매방의 무대 의상은 오방색의 다양한 활용을 비롯하여 선의 잔상 효과 등 전통을 고수하면서도 그 틀이나 고정관념을 과감히 넘어섰으며 자신만의 예술 세계에 맞는 독창적인 새로운 의상을 창작하였다. 무대화에 발맞춰 폭이 넓은 실루엣을 강조함으로써 기술화되고 세련된 형식으로 발전됨으로써 우아미를 연출하였고, 동작에 방해되는 기능적인 부분들을 꾸준히 개선하였으며, 기타 소도구들까지도 직접 만들고 연구함으로써 착용에 불편함을 개선시켰다.

이처럼 이매방의 천재적 섬광은 이매방류만이 갖는 독특하고 창의적인 무대 의상이 나오게 하였고, 또 그 천재적 섬광의 진화와 함께 춤과 조화를 이룬 오늘날 이매방류 무대 의상으로 변화하고 있는 것이다.

1999년 살풀이춤 의상

2009년 살풀이춤 의상

● 제12장

인간 이매방과 그의 춤(2)
_ 남성성과 여성성을 초월한 '요염함'

    이매방은 15세 때 목포 역전 가설무대에서 열린 임방울의 명인명창대회 때 박봉선 대신 승무를 추었는데, 이것이 그의 첫 무대였다. 이때 관객들은 이매방의 춤을 보고 모두 여자가 춤춘 것으로 여겼다고 한다. 이때부터 시작하여 80 평생토록 그는 여성적 요염한 자태와 끼에서 내뿜는 춤 솜씨로 춤판을 사로잡아 왔다.

    기녀들은 과거 봉건계급사회의 신분적 차별로 인하여 그늘진 한의 정서를 여성적 감수성과 예술적 심미성으로 춤에 녹였다. 그래서 기방춤은 화려하고 정갈하고 아름다운 춤사위로 여성적 교태미를 발산하지만 그 이면에는 그늘진 한(恨)의 정서가 표출된다. 이처럼 이매방의 춤에서는 여성보다 더 여성적인 아름다움의 극치와 더불어 한의 정서가 깃들어 있기에 보는 이로 하여금 심금을 울리는 매력(魅力)과 마력(魔力)까지 지니고 있는 것이다.

> 고요함 속에 움직임이 내재되어 있고, 움직임 속에는 고요함을 숨기고 있으며 천지운행의 원리인 음양이 춤 속에 녹아 표현되어야 하고, 장단과 춤이 하나 됨을 강조하시며 강하게 표현하는 부분과 작게 표현하는 부분의 대소 삼을 말씀하신다. 춤에 있어서 정적인 요소는 암놈이고 아름답고 요염하며 고요하다. 밤을 상징하며 곡선미를 살리기 위해 관절이 오그라든다. 동적인 요소는 수놈이고 활발하고 강하고 박력 있고 명랑하다. 낮을 상징하며 직선미를 살리기 위해 동작의 선이 크다. 선생님의 춤은 마치 우주의 별들이 조화롭게 운행하듯 이러한 요소들이 조화롭게 결합하며 한국 전통음악의 시나위와 같이 즉흥성을 가미하여 화려하고 다채롭게 펼쳐진다. (임수정 회고)

여기서도 이매방 춤의 특징은 '정중동, 대삼 소삼, 음양'으로 표현되어 있다. 그리고 이러한 '정중동' 개념을, "춤에 있어서 정적인 요소는 암놈이고 아름답고 요염하며 고요하다. 밤을 상징하며 곡선미를 살리기 위해 관절이 오그라든다. 동적인 요소는 수놈이고 활발하고 강하고 박력 있고 명랑하다. 낮을 상징하며 직선미를 살리기 위해 동작의 선이 크다."라고 하여 춤을 추는 무자(舞者)의 입장에서 파악하고 있다. 그러한 무자(舞者)의 표현이 극대화될 때, 앞에서 본 이매방의 '탐미주의적 성적 욕망'의 분출을 이해할 수 있을 것이다.

한편 무자(舞者)의 입장에서의 이러한 '탐미주의적 성적 욕망'의 분출은 이것을 수용해야 할 관객들에게 어떤 식으로 받아들여질까? 이러한 관객의 반응과 관련하여 다음과 같은 현장에서의 수용 체험담이 참고가 된다.

　　나는 대학 4학년 때까지 전통춤 공연을 제대로 본 적이 없었다. ⅰ) 내 주변은 춤과는 전혀 관련이 없었기 때문이다. … 웬 곱게 차려 입으신 할아버지 한 분이 무대로 터벅터벅 걸어 들어가시며, 자리를 잡고 상수를 향해 서는 것이 아닌가. 살풀이춤이었다. … 춤은 시작되고 춤 중간에 국악하시는 선생님들의 추임새가 여기저기서 들린다. ⅱ) 그 중 귀에 확 들어오는 소리 "으메 사람 죽여 야!", "저것이 사람이여", "으메 으메 으메" 다들 춤에 빠져들어 눈을 떼지 못하고 몰두되어 있음을 느낄 수 있었다. 나 역시 눈을 뗄 수가 없었다. … 공연과 모든 행사가 끝나고 행사 짐들을 정리하여 차에 싣는데 객석을 빠져나가는 관객들 입에서 들려오는 소리가 아직도 생생하다. 삼삼오오 극장을 나가면서 서로 주고받는 이야기가 무슨 확성기라도 틀어 놓은 듯 너무나 선명하게 귓속에 들려오는 것이다. ⅲ) "할매가 어찌 그리 춤을 곱게 추노", "춤 춘 할매 옷이 무슨 옷이고? 참 곱드라. 그리고 할매도 너무 곱데.", "생전에 저렇게 춤 잘 추는 할매 첨 본다." 여기저기서 남자인 우봉 선생님을 여자로 착각하고 감탄의 말들을 쏟아내며 객석을 빠져나가고 있는 것이 아닌가. 그날의 화제는 '춤 잘 추는 할매'였다. 수많은 사람들의 마음을 사로잡은 그 춤의 마력, 지금도 그 기억은 생생하여 잊혀지지 않는다. (백경우 회고)

이 회고담은 꾸밈없이 솔직하다. 그래서 춤을 추는 사람들의 입장이나 혹은 평론가나 전문가적 시선으로부터 자유롭다. 그래서 현장에서 춤을 수용하는 일반 평범한 관객의 춤 수용 측면과 그들의 반응을 알아보는 데 더할 나위 없이 유용하다. ⅰ) 춤과 전혀 관련 없고 사전 지식 없는 관객의 반응이다. 따라서 일반 평범한 관객들의 반응을 편견이나 선입견 없이 알아보기에 안성맞춤이다. ⅱ) 처음 춤을 접하는데도 이매방 살풀이춤이 그들을 빨아들이고 있다. "으메 사람 죽여 야!", "저것이 사람이여", "으메 으메 으메" 이렇게 신음소리가 날 정도로 현장 반응이 나오고 있다. 이것은 마치 무대에서 춤을 추는 춤꾼 이매방과 바닥에서 그를 수용하는 관객 사이의 '탐미주의적 성적 욕망'의 교호와 같은 신음소리이다. 따라서 이러한 교호작용에 있는 관객들이 춤에 빠져들어 눈을 떼지 못하고 몰두되어 있는 것은 당연하다. ⅲ) '탐미주의적 성적 욕망의 교호 작용' 뒤에 남는 여운은 '감탄'이다. 그 '감탄'은 마치 성적 카타르시스를 경험하고 난 뒤의 만족감에서 오는 것과 같은 '경탄'이다. 그리고 그 '감탄'의 중심에는 '춤 잘 추는 할매'의 '요염함'이 있다.

그렇다면 일반 평범한 관객들까지도 빨아들이는 '춤 잘 추는 할매'의 '요염함'은 어디서 오는 것일까? 그 요염함은 이매방이 늘 강조하고 있는, 상체사위의 움직임의 원리인 양우선의 교태미에서 찾을 수 있다.

양우선은 빗방울 떨어지듯이 앞에는 둥근데 뒤에는 끝이 날리듯이. 이제 뿌리가 가면 끝은 날려. 또 뿌리가 가면 끝이 날리고, 또 뿌리 가면 또 뿌리 오고, 또 힘있게 날리고. 관절이 여기 여섯 군데 아니냐, 하나, 둘, 셋, 넷, 다섯, 여섯. 여섯이 하나는 펴. 둘은 숨을 뱉으니께 오그라들어. 또 숨을 들이 마시고 허- 펼 때 펴. 또 뱉으면 후-. 모든 물건도 끝이 처지잖니. 특히 대나무 같은 거. 이렇게 하면 돼. 대나무 날리다가 딱 치면, 모든 것이 양우선. 우리나라 춤은. 양우선은 우리나라 춤밖에 없단 말이여. 미국 춤은 전부 직선이야.

  양우선에는 음과 양의 형태가 함께 존재한다. 태극 원리에 입각하여 운행하는 양우선의 경우 한 손이 엎어지면 한 손이 뒤집어지고, 한 손이 올라가면 한 손이 내려오는 서로 상반된 형태를 보인다. 여기에서 손이 올라가면 양의 형태가 되고 손이 내려오면 음의 형태가 된다. 양우선에서 손이 아래 있을 때 음이라 할 수 있는데 이러한 음의 형태에서 음적인 교태가 나타난다. 특히 상체사위에서 음의 형태가 앞에 보이고 양의 형태가 뒤에 있어 음이 더욱 강조됨으로써 음적인 교태가 나타나는 것이다. 하지만 교태미는 홀로 나올 수 없다. 태극과 관련하여 양손이 태극의 형태로 돌아가 음양이 서로 존재하는 가운데 양적인 형태는 뒤에 가려지고 음적인 형태가 보일 때 그리고 몸 또한 팔과 함께 돌아가는 상황에서 양적인 앞태에서가 아닌 음적인 뒤태의 형태에서 교태미가 나타난다.

이매방 승무에서의 양우선

    이러한 교태미는 이매방 춤에서만 강하게 나타나는 특징으로, 이매방 춤의 경우 특히 『주역』의 '지천태괘'와 같이 앞의 양은 내려오고 뒤의 음은 올라가 양이 되어 음양이 서로 사귀어 화합함으로써 교태미를 생성하게 되어 형통하게 되었다. 즉 춤 속에 음과 양이라는 이원대립적인 관계가 상생을 통해 이매방 춤에서 미적 특징으로 나타나는데 여기에서 음적인 형태의 교태미가 나타난다고 말할 수 있다.

이런 까닭에 이매방은 "암놈과 수놈, 남과 여, 동과 정, 밝음과 어둠, 해와 달, 음양의 조화로움 속에 맺고 풀고 어르는 춤사위의 맛이 바로 우리 춤의 정신인거야."라고 하여 자신의 춤에 있어서의 음양의 상생을 통한 조화를 강조하고 있다.

우리춤의 특징이 정중동(靜中動)이 생명이라 했잖아. 무식한 말로 발레나 현대에는 정(靜)자가 없어, 전부 동(動)자 일색이야, 그래서 전부 숫놈이고 전부 대낮처럼 밝어. 정(靜)자는 달밤이야. 내 춤에는 남녀가 있잖아. 서구의 춤이 박력있고 강하고 활발하고 선이 크고 그렇지. 그러나 요염함이 없잖아. 일본 춤이나 우리 춤은 정중동이 생명이지. 나는 유달리 양우선을 강조하니 곡선이 유다르지. 양우선은 손이 올라가지만 손끝은 아래를 향하고 손이 내려오면 손끝은 위를 향하는 그런 거지. 그리고 내 춤은 방안 춤으로 무대화되어서 사선형으로 보는 것이 아니라 동서남북을 향해 추는 것이지. 사방으로 손님이 있으니까 모두를 보면서 하지. 옛날 춤 그대로 하지. 내 춤은 공간이 좁아. 무대에 2층 무대를 만들고 병풍을 세워서 무대를 좁히지. 무대가 넓잖아 그러면 춤이 죽지.

이러한 '정중동'의 강조와 함께 "요염은 뒤에서 나온다."고 하여, 뒤태와 사선 뒤태에서 교태를 추구하고 있으며 미적으로 큰 의미를 두고 있다.

요염이 뒤에서 나오잖애, 여자의 요염. 아무리 미인도 정면 오래

보믄 이상하게 뚝 떨어져요. 살짝 보고 사선 얼굴, 사선 옆 모습

여기에서 이매방이 언급하는 요염은 춤사위의 정확성이 아니라 춤에서 오는 느낌을 말하는 것이다. 일반적으로 요염하다는 느낌을 춤으로 표현하기 위해서는 형태인 '태(態)' 즉 교태있는 모습을 보여야 한다. 여기에서 '태(態)'란 사전적 의미로 겉에 나타나는 모양새이다. 이매방 춤에서의 요염함은 춤을 표현하는 형태에서 비롯된다고 할 수 있다. 이매방은 요염이란 뒷모습이나 뒤 사선 옆 모습에서 나온다고 언급하고 있는데 이것은 뒤태 혹은 사선 뒤태라고 말할 수 있다.

뒤태의 경우 다른 전통춤에서도 다 존재한다. 하지만 다른 춤에서는 뒤태와 관련하여 교태에 대해서 언급을 하지 않고 있으며 거기에 대한 의미를 두고 있지 않다. 그것은 각기 춤마다 추구하는 미의식이 다르기 때문이다. 따라서 교태는 다른 춤에도 조금 나타나긴 하지만 특히 이매방 춤에서 강조되어 표현되는 미적 특징이며, 태극과 관련된 양우선에서의 음적 형태에 음적인 뒤태 또는 사선 뒤태를 통해 '요염'을 표현해 내고 있다.

그렇다면 다른 류파의 춤에서는 거의 강조되지 않는 이매방 춤의 이러한 '요염함'은 우리 전통춤의 원형과 어떤 관련이 있는 것일까? 이매방은 자신에게 어려서부터 전통춤을 전수해 준 이대조 선생이

곧 전통춤의 뿌리라고 생각하면서 그를 존경하고 중앙에 알려지지 않은 것을 안타까워한다. 이대조 선생보다 중앙에 알려져서 전통춤의 주류가 된 한성준 선생에 대해서는 '때를 벗은 전통춤'이라고 크게 인정하려 들지 않는다.

> 한성준씨 춤은 무대를 막, 무대가 넓으니까 드르르 쫓아오고 드르르 뒤로 뒷걸음하고 막 뺑뺑이 돌고 … 긍게 전통춤을 추는 사람은, 춤이 아니라 오두방정이지, 별 놈의 춤 다 있다, 이러지만 그 사람들도 우리 춤을 보면 아유 고리탑탑해, 냄새나, 또 이러고.

그래서 이매방 춤만이 갖고 있는 '요염함'의 뿌리 또한 이대조 선생까지 거슬러 올라 간다고 생각한다. 물론 원로 선생님들이 구체적으로 '요염'이라고 표현하지는 않았지만, 그들이 가르친 '전통춤의 그늘'을 '요염함'으로 해석하면서 천재적 섬광으로 재창조해낸다.

> 그런께 춤은 무겁게 춰야 된다. 정중동을 구별해서. 정중동을 떠나선 안된다 그말이여. 요염하고 아름답고. 춤은 그늘이 있어야 된다, 무겁게 춰야 된다. 그늘이 뭐냐면, 음, 뭐라고 표현할까. 무겁게 추라는 것은 그 찐덕찐덕하게. 저 엿이 뜨뜻한 방에다 엿이 녹아가지고 잘 안뜯어지잖애? 발 디딜 때 무겁게, 조심해서 디뎌라 그말이여. 그것보고 무겁게 춰라. 그늘이 있으믄 요염하고 아름답고. 이렇게 요염한 것 보고 인저 그늘. 춤은 그늘이 있어야 된다, 옛날 그 원로선생님들이 쓰는 얘긴데.

이처럼 전통춤의 원로들이 주로 했던 "춤은 그늘이 있어야 된다."라는 말을, '요염함'과 '아름다움'이 다 포함되어 있다고 해석해서 재창조해낸 춤이, 그 어느 누구도 모방할 수 없는 이매방 춤이다. 이것이 곧 이매방류의 특징인 것이다.

제13장
인간 이매방과 그의 춤(3)
_광기에 가까운 완벽주의

　미쉘 푸코는 그의 책 『광기의 역사』에서 광기의 개념이 만들어지고 변화되는 과정을 방대한 자료에 의존하면서 끈질기게 추적하였다. 그에게 광기는 병이 아니다. 그것은 이성 중심의 서구문화가 포용하지 않고 배척했던 인간적인 인식과 특성의 한 요소일 뿐이다. 광인에 대한 사회적 수용의 변화는 바로 침묵 속으로 억압된 광기의 수난사를 보여주는 것이고, 그것은 결국 이성 중심의 사회가 정신과 의사를 대변자로 만들어 광인을 치료의 대상으로 삼아 정상인들의 사회로부터 배제한 과정의 역사이다. 푸코는 그렇게 억압된 광기의 침묵과 침묵의 언어를 옹호하기 위해 그 책을 썼다.
　푸코는 특히 데카르트의 "나는 생각한다. 그러므로 나는 존재한다."라는 기본 개념이 인간의 사고와 존재의 동일성을 확립하는 한편, 사고와 광기의 상호배제적 관계를 만들어 놓아 결국 인간성의 일부를 이루는 광기를 배제하게 만들었고, 그 결과 이성과 비이성(광기)의 분할선을 그어 광기를 침묵하게 했다고 비판한다.

그러면서 푸코는 자기에 대한 애착, 자기 자신에 대한 집착을 광기의 첫 번째 징후로 꼽았는데, 이매방의 자기 자신에 대한 집착과 관련해서는 다음 에피소드가 주목된다.

    i) 대중가수 전인권은 이렇게 말하였다. "과거 (한국무용가) 이매방 선생과 제주에서 같이 공연한 적이 있는데 사람들이 '이 친구가 전인권'이라고 소개하자 그분이 '난, 나밖에 몰러~'라고 하시더라고. 그 말씀이 진짜 멋있고 충격적이었어."(연합뉴스, 2014-10-07)

    ii) 그런데도 자기 누님 돌아가실 때는 안 가셔요. 그래서 내가 누님 돌아가셨는데 왜 안 가셔요? 그랬더니 돌아가셨는데 가서 뭐해. 살아있을 때 갔어야지. 그러시더라고. 그래서 내가 깜짝 놀랐거든요.(김명자 회고)

    iii) 여성국극단 전성시대 당시 목포 공연 때입니다. 목포 공연 때 나는 작곡도 하고 음악지도도 할 때인데 막이 올라가면 관중석 앞자리에 악사가 앉아 반주할 때 젊은 학생 하나가 매일 계속 구경을 오기에 의아해서, "어찌 매일같이 구경을 오느냐" 했더니 "무용을 배우고 있는데 국악이 좋아 구경 오게 되었습니다." 하였습니다. 나중에 알고 보니 그 학생이 이매방이었습니다. 그 후로도 국극 신작품을 내어 전국 순회공연을 다니다가 또 목포공연을 가게 되었는데 역시 그 학생이 또 구경을 왔었습니다. (정철호 회고)

　이매방을 겪었던 사람들은 흔히 "이매방은 자기 자신밖에 모른다."고 말한다. 정말 그렇다. ⅰ)에 나온 전인권에 의하면 이매방 스스로 "나는 나밖에 모른다."고 하고 있다. 이것은 세상적 관점에서 본다면 '이기적'이라는 말인데, 전인권이 이 말을 듣고 "그 말씀이 진짜 멋있고 충격적이었어."라는 반응을 보인 것은 왜일까? 전인권 또한 음악에 몰입하여 사는 예술인의 입장에서 볼 때, 이매방의 이 말이 무엇을 뜻하는지 그 느낌이 왔던 것이다. 세상의 일반 사람들은 주위 사람들의 시선에 신경 쓰고, 세상의 장난감(?)에 눈 돌리고, 시시콜콜한 남의 가십에 에너지를 쏟는다. 이매방은 기본적으로 이런 일들에 관심이 없다. '자기 자신' 외에는 신경 쓰고 싶지도 않다. 자신이 '전인권이 누구인지'와 같은 자기 밖의 세상일을 알아야 할 까닭이 없다. 푸코가 자기 자신에 대한 집착을 광기의 첫 번째 징후로 꼽았다면, 이런 의미에서 이매방은 '광기' 어린 사람이다.
　그런데 그 광기는 ⅱ)에서 보듯이 누나가 죽었는데도 굳이 갈 필요를 느끼지 않는 등의, 세상일에 에너지를 쏟고 싶어하지 않는 광기이다. 반면에 ⅲ)에서 보듯, 세상으로부터 회수한 에너지를 온통 자신이 추구하는 가치[춤]에 쏟아 붓는 광기이다. 춤이 나올 수 있는 통로인 '자기 자신'에게만 집중하는 광기이다. "인간은 자기 자신을 상상적으로 찬양함으로써, 자신의 광기를 신기루처럼 생겨나게 한다."는 푸코의 말처럼, 자기 자신에 대한 '상상적 찬양'으로 피어오르는 광기이다.

　　iv) 60년대 중반 발레 하는 이인범씨와 국도극장 악극단 쇼에 나간 것이 말썽이 되어 무용협회가 이들을 제명처분하려던 사건이 있었다. 징계 사실을 사전에 안 그[이매방]는 술을 잔뜩 퍼마시고 지금 세종문화회관 자리에 있던 예총으로 쳐들어가 기물을 부수는 등 광란의 주란을 부린 적이 있다. "먹고 살자는 일인데 너희들이 내게 돈을 줬느냐 쌀을 줬느냐" (이세기, 『빛을 가꾸는 에피큐리언』)

　　v) 누군가가 그[이매방]의 춤을 '기방춤'으로 격하시키려 하자 "궁중무를 빼고 기방춤이 아닌 것이 뭐가 있느냐? 너희 춤은 양춤이냐 발레춤이냐? 뿌리도 없는 형식춤을 어디다대고 비교하느냐"고 길길이 날뛰었다. (이세기, 『빛을 가꾸는 에피큐리언』)

　　vi) 연말, 국립극장에서 행해지는 이매방 선생 문하의 대공연이 다가오고, 제자들이 모여 연습하는 날들이 이어지고 있었지만, 선생님 눈에는 너무나 부족한 것 투성이어서, 날마다 답답하고, 화가 치솟고, 울화통을 터뜨리고, 고함을 치고, 섬뜩한 욕도 날아다닌다. 장고도 날아간다. "젊었을 때라면 제자 머리카락을 화악 벗겨버릴 일이지만, 이제 나이가 들어 그런 것은 못해요. 게다가 요즘 그렇게 했다가는 제자가 모두 도망가 버리잖아." 선생님은 내게 일본어로 그렇게 말씀하신 적이 있지만, 흥분할 때의 에너지는 선생님이 오십대였던 최초의 대공연(1984년) 무렵과 차이가 없다. (김리혜, 수필집 『바람의 나라 바람의 춤』)

ⅶ) 일단 정점까지 오르면 선생님의 노여움은 항상 급격하게 꺼지고 만다. 다음으로는 엉뚱한 화제가 튀어나오거나 이상한 이야기를 해서 우리들은 고개를 숙인 채 킥킥 웃기도 한다. 이러한 감정의 기복은 순간순간 변하기 때문에 만일 그것을 그래프로 만든다면 험준한 산과 깊은 계곡의 선이 이어질 것이다. (김리혜, 수필집 『바람의 나라 바람의 춤』)

따라서 이러한 광기는 ⅳ)처럼 자기의 생계와 관련되었을 때 '광란의 주란'으로 이어지기도 하고, 혹은 ⅴ)처럼 자신의 춤의 정체성이 부정당할 때 마치 자신의 목숨이 부정당하는 것처럼 길길이 날뛰기도 한다. 그리고 이러한 광기는 ⅵ)에서처럼 제자들이 성에 차지 않을 때, 고함을 치고 섬뜩한 욕도 날아다니고 장고도 날아간다. 심지어 제자들의 머리카락을 화악 벗겨버리고 싶을 지경이다. 그러다가 ⅶ)에서처럼 정점에서 급격하게 꺼지면서 시시각각 수시로 변화무쌍하게 돌아 다닌다. 이매방을 두고 흔히 "변덕이 죽 끓는 듯 하다."고 하는 험담들은 바로 이러한 그의 광기를 지적한 것이다.

ⅷ) 선생님께서 가구를 사셨습니다. 아주 비싼 것인데요, 며칠 밤낮을 이리 저리 옮기시더니 어느 날 망치를 가져오셔서는 조각내듯이 다 잘라내셨습니다. 저 좋은 가구를 왜 저렇게 자르실까 의아했

습니다. 그냥 쓰시면 될 것을 왜 이렇게 힘들게, 귀찮게 저걸 하실까 생각했었습니다. 물론 저도 몇날 며칠을 그 일에 매달려야 했고요. 그런데, 나중에 그 작업이 끝나고 보니, 선생님 방 사이즈와 선생님이 쓰시기에 편한 높이를 1밀리미터까지 정확하게 재서 누워서 손 한번 올려보시고 앉아서 올려보시고, 어떤 조건이던지 편히 사용할 수 있도록 선생님에 맞게 다시 조립을 하신 것입니다. 보통 우리들 같으면 아까워서라도 그거 흠집 안 나게 조심조심 쓸 것들인데 말이에요. 집안에 모든 가구들이 그렇게 탄생했답니다. (김정기 회고)

ix) 집안에 물이 샜습니다. 다행히 장마 전이었는데, 모든 공사가 끝나고 마지막으로 에어컨을 새로 놓는 와중에 생긴 일이랍니다. 에어컨 물 빠지는 호스가 보기 좋지 않게 벽을 타고 창문으로 이어진 모습을 보시고선, 세상에, 집 벽을 허물고서 그 사이로 그 물길을 빼셨어요. 단지 보기 싫다는 이유로만요. 그 벽 허물고, 구멍을 뚫는데 밤새도록 했는데 주변 이웃집에서 난리가 났었습니다. 시끄럽다구요. 선생님께선 한 번 하려고 맘먹은 건 어떻게 되던지 꼭 끝을 봐야 마음을 놓는 분이세요. 그렇게 벽을 허물고 지붕을 뚫은 결과, 물이 엄청나게 더 새서 온 집안이 물바다가 된 적이 있답니다. 결국 다시 방수막치고 수리 다시 하셨지요. 무슨 일을 하셔도, 제대로 안되면 될 때까지 직성이 풀리실 때까지 멈추질 않으세요. (김정기 회고)

그의 이러한 광기는 viii)에서처럼 1밀리미터까지의 오차를 허용하지 않는 완벽함의 추구에서 나오는 것이었다. 이러한 완벽함을 위해

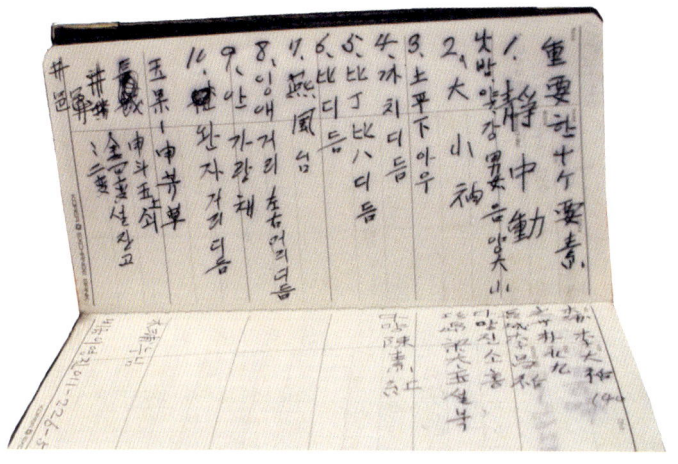

이매방이 손수 꼼꼼하게 기록한 우리춤의 춤사위 용어 기록

  거기에 들이는 돈이나 시간 따위는 전혀 관심의 대상이 되지 않는 광기이다. 그리고 그의 이러한 광기는 ix)에서 보듯, 필연적으로 '미(美)'의 추구로 이어질 수밖에 없는 광기이다. 보기 좋아야 하는, 달리 말하면 예뻐야 하는 것이 일순위이다. 그리고 '제대로 안되면 될 때까지 직성이 풀릴 때까지 멈추지 않는' 광기이다. 다시 말해서 결벽증과 같은 완벽함을 추구하는 '광기'의 표현이다.

  실제로 그는 걸레 빠는 데도 한 시간 이상 걸릴 정도로 완벽주의자이다. 바느질 할 때도 1mm 한 치의 오차도 없이 치수 재고 재단하고… 재봉틀 돌릴 때 오래된 골동품이라 실이 자주 엉켰는데 그 불같은 성미에 가위로 뚝 잘라 다시 시작하면 될 것을, 손으로 안 되면 핀셋 두 개로 1시간이라는 시간이 걸려서라도 끝까지 한 올 한

올 풀어내는 '은근과 끈기'의 화신이다.

이렇게 광기에 가까운 완벽함의 추구는 결국은 광기의 속성 상 '자기 자신'으로 집중되는데, 이러한 집중의 귀착점은 곧 자기 자신의 몸 그 자체인 '춤'인 것이다. 그리고 그 춤의 미학을 극대화 하기 위해서는 '실제 무대에서 장삼자락의 모양과 무게가 어떠해야 가장 고아하게 뿌려지고 퍼지는지, 그리고 의상의 매무새가 어떨 때 가장 맵시 있게 살아나는지 보통의 한복 전문가는 제대로 알기 어려운 까닭에 그가 직접 연구하여 옷을 지어 입어야' 했다.

> 옷감이며 소품, 장식품까지 원재료를 구하러 광장시장 단골집에 수십 년째 다니는데, 필자가 동행하여 듣게 된 단골 원단가게와 자수전문점 주인들의 증언은 그의 이런 꼼꼼하고 완벽한 무대의상 제작자로서의 모습을 전한다. "이매방 선생님의 머릿속엔 작품의 전체가 다 연결되어 있어서 항시 원단 한 올조차도 낭비되는 법이 없을 정도이다. 도안 치수 모두 정확하게 재어 와서 더 보탤 것이 없다." 실제 무대에서 장삼자락의 모양과 무게가 어떠해야 가장 고아하게 뿌려지고 퍼지는지, 그리고 의상의 매무새가 어떨 때 가장 맵시 있게 살아나는지 보통의 한복 전문가는 제대로 알기 어려우니 그가 직접 연구하여 옷을 지어 입는 것은 그 춤의 미학이 극대화되는 효과를 가져 온다. (김영란, 『이매방 화보집』)

이매방의 춤이 거의 신기(神技)에 가까운 까닭 중의 하나는 그의

재봉틀로 옷을 짓는 이매방

이러한 광기에 가까운 완벽함의 추구에서 나온다. 이러한 완벽함의 추구는 그의 춤에서의 표현을 각양각색의 느낌에 따라 나타날 수 있도록 한다. 느낌에서는 가벼움과 무거움, 재빠름과 더딤, 흐늘거림과 꼿꼿함, 섬세함과 우람함, 정교함과 장중함, 가냘픔과 뭉뚝함 등이 있다. 감정에서는 슬픔과 기쁨, 애석함과 환희, 괴로움과 기쁨, 고요함과 시끄러움 등이 표현된다. 느낌을 넣는다든지 감정을 갖는다든지 하는 무형적인 내공 기법은 이매방 춤이 삶의 고뇌와 애환은 물론이고 희망과 행복을 담고 있다는 것을 말해 준다. 이렇게 그는 끊임없이 광기에 가까운 완벽함을 추구한다. 그 완벽함은 때때로 스승을 찾는 간절함으로 나타난다. "내 나이 지금 80 넘어도 나 가르쳤던 선생님이 살아계시면 기동을 못하고 걸음을 못해도 살아있으면 말은 할 수 있을 거 아니야. 그럼 말로 선생님한테 지도받을 수도 있고."

> 가슴이 문드러지도록 외로워 보아라.
> 온몸에 소름이 돋도록 고독해 보아라.
> 그 속에 세상 사는 깊이가 있을 것이며
> 마침내 그 다음에서야 춤의 참 맛을 알게 될 것이다.
> 화려한 길보다는 외길로 가는 한적한 작은 길이 춤꾼이 가는 길이라고 (김덕숙 회고)

이것이야말로 광기로 지탱해온 그의 길이다. 세상 사람들이 그의 완벽주의에 대해 비아냥거리고 '기생춤'이라고 업신여길 때, 가슴이 문드러지도록 외로울지라도 그는 포기하지 않았다. 온몸에 소름이 돋도록 고독할지라도, 전통춤의 원형에 관한 한, 절대 타협하지 않았다. 그리하여 그는 "70 넘어서야 비로소 춤 맛을 알겠더라."는 말을 곧잘 하곤 했다. 외로움과 고독 안에서 비로소 춤 맛을 알게 되었기 때문이다. 비록 '광인' 취급을 받으면서도 자기가 이 외로운 길을 직접 걸어봤기 때문에 제자들에게도 화려한 길이 아닌 한적한 작은 길을 권하고 있는 것이다.

이매방의 춤에는 이러한 그의 '광기에 가까운 완벽주의'가 내재되어 있다. 그가 타고난 천재적 춤꾼인 것은 사실이고, 그의 천재적 섬광의 발현에 대해서는 앞에서 이미 보았던 터이지만, 그의 춤 한 사위 한 사위에는 "춤 한 사위를 만 번은 추어야 자유로울 수 있다."는 그의 '광기에 가까운 완벽주의'가 기본으로 깔려 있는 것이다.

제14장
부와 명성을 모두 얻은 남자(1)
_ 승무와 살풀이춤 무형문화재 지정

　1977년 YMCA 승무 공연을 기점으로만 보면 이매방이 화려한 예술 인생을 걸어온 듯 보이지만 그 이면에는 그의 강렬한 개성과 예술가적 기질로 빚어진 굴곡있는 삶이 존재했다. 1977년 YMCA 승무 공연 성공 이후 그는 바로 다음 해에 혼자 서울로 올라와서 김소희 선생 소리 연구소를 빌려서 알음알음 춤을 가르쳤다. 기거할 곳이 마땅치 않아서 그 연구소에서 먹고 자면서, 열악한 형편에서 서울과 부산을 오가는 생활을 했다. 그러다가 1981년 서울 마포 아현동에서 자리를 잡고 처음에는 학원에서 기거를 하며 생활해 나갔다.

　얼마 전까지만 해도 그는 아현동에 있는 그의 연구소에서 한 쪽 귀퉁이에 휘장을 치고 연탄불에다 냄비밥을 끓여먹었다. 결벽증이

심해 돈이 오가는 풍조를 체질적으로 경멸하는데다가 재능이 없어 보이면 처음부터 제자로 받아들이지도 않는다. 이곳저곳 떠도는 방랑벽, 훌쩍 떠나고 소리 없이 머물면서 긴 정착을 꺼리는 성격 탓에 마뜩한 거처 하나 마련하지 못했었다. 그의 부대끼는 삶의 모습을 지켜보던 둘째 누이가 2년전 타계하면서 유산으로 남겨준 연구소 옆 허름한 아파트가 60 평생에 처음 가져보는 제 집일 것이다. 어두컴컴한 복도를 지나 현관에 들어서면 마루 한가운데 왜정시대때나 볼 수 있었던 낡은 싱거 미싱 한 대가 놓여 있었다.(이세기, 『빛을 가꾸는 에피큐리언』)

당시 연구소 한 쪽 귀퉁이에 휘장을 치고 연탄불에다 냄비밥을 끓여먹었다. 어두컴컴한 복도를 지나 현관에 들어서면 마루 한가운데 왜정시대 때나 볼 수 있었던 낡은 싱거 미싱 한 대가 을씨년스럽게 놓여 있었다.

1981년 당시는 이매방이 〈승무〉로 무형문화재로 지정받기 6년 전이어서 제자들도 많지 않았고 모노륨 연습장도 비어 있을 때였다. 순정한 전통춤에 대한 갈증을 느끼는 사람들만이 알음알음으로 드문드문 찾아올 때였다. 이때 이매방에 대한 소문을 듣고 일본에서 처음으로 찾아온 제자가 당시 이매방을 만났던 상황을 이렇게 묘사하였다.

    처음 선생님을 뵈었을 때의 기억이 선하다.
    방을 열자마자,

"어서 와요. 저기 앉아!"

굵게 울려 퍼지는 일본어. 목소리의 주인을 올려 보자, 방 모퉁이, 천정에 닿을 정도의 높은 단상 위에 앉아 있던 남자가 나를 내려보고 있었다. 그리고는 갑자기,

"나, 뛰어내려요!"

라고 말하면서, 그 높이에서 훌쩍 내 앞으로 뛰어내렸다. 낡은 트레이닝복, 키는 그다지 크지 않다. 울대뼈가 튀어나온 마른 남자. 그 분이 바로 한국무용의 대가, 내 생애의 사장(師匠)이 되신 이매방 선생님이었다. 낡은 건물 안에 값싼 모노륨 장판이 깔린 25평 정도의 연습장. 그리고 그 한쪽 구석을 베니아판 한 장으로 막아 작은 방으로 삼고 그 곳에서 혼자 생활을 하시던 때였다.… 구식 화장실에 앉은 듯한 자세로 엉덩이를 바닥에서 띄우고 양 팔을 무릎을 감싸면서 웅크려 앉은 채, 굵은 뼈 마디가 튀어 나온 긴 손가락 사이에 담배를 끼우고 불을 붙여 천천히 빨아들이고 길게 담배연기를 내뿜었다. … 대중목욕탕이나 시장에 가는 것 외에는 선생님은 언제나 집에 계셨다. 한국어를 거의 몰랐던 내게 일본어를 섞어가면서 직접 지도해 주셨다. "아홉 번 반복하면 외울 수 있으니까" 새로운 순서로 들어갈 때마다 그렇게 말씀하시고는, 몇 번이고 내 앞에서 함께 춤을 추시며 가르쳐 주셨다. 그 후, 90년에 〈살풀이춤〉으로도 무형문화재로 지정되어, 점점 많은 사람들이 선생님의 제자로 들어왔다. 선생님과 단 둘이서 꼬박 지새우는 연습장은 이제 생각조차 할 수 없다. (김리혜, 수필집 『바람의 나라 바람의 춤』)

이러한 모습은 많이 익숙하지 않은가? TV 개그 코너에서 이른바 '폐인'을 형상화 할 때 주로 쓰인 것이 낡은 트레이닝복, 양 팔을 무릎을 감싸면서 웅크려 앉음, 길게 내뿜는 담배 연기, 대중목욕탕 갈 때 빼고는 집에만 틀어박힘 등이다. 1977년 YMCA 강당에서 있었던 승무 공연으로 그렇게 언론에 회자되고 화려하게 비상했건만, 일상인으로서의 이매방의 삶은 크게 달라지지 않았다. 1981년 당시에도 일상인으로서의 이매방의 모습은 거의 '폐인'을 방불케 하고 있다. 옆에 뒹구는 소주병이 묘사에서 빠져서 그렇지, 실제로는 '폐인'으로서의 필요 충분 조건을 다 갖추고 있는 것이다.

이매방은 1973년 김명자와 첫 선을 보는 자리에서 자신이 앞으로 문화재가 될 거라고 하면서 문화재 되려고 작성했던 무보(舞譜)를 건네주었다고 한다.

그때, 선생님이 문화재 되시려고 무보 쓴 것을 보여주면서 이걸 가지고 가서 베껴 가지고 가라. 그러면 무용하는데 도움이 될거다. 이러면서 그 무보책을 내주시는거에요. 집에 와서 깨알같이 써가지고 왔어요 제가.

그런데 이때는 이미 한영숙이 1969년에 중요무형문화재 제27호로 지정이 되었던 터였다. 1973년 당시 한영숙은 서울시문화상(1967), 대통령표창(1970), 국민훈장 동백장(1973) 등을 받는 등 서울에서 유명세를 떨칠 때였다. 그런 한영숙을 보고 1969년 문화재 지정 당시 자신이 문화재가 될 수도 있었다고 아쉬움을 나타냈던 적이 한두 번이 아니다. 그리고 자신이 될 수 있었던 승무 무형문화재에 한영숙이 되었을 때 크게 좌절하고 분노하였다.

> 그 죽은 박헌봉씬가 누가 말을 했대, "어찌 매방이가 맨 첨에 〈승무〉 문화재지정법 생겨갖고 내가 매방이 찾을 때 연락이 안돼 … 그래갖구 울며겨자먹기로 한영숙이를 그 자기 할아버지 한성준씨 이름 있으니까 그래서 문화재 지정을 줬다니까. … 그래갖구 그 여자가 근 20년 내가 지정받기 전까지 … 목에다 힘주고 거만부리고 … 좀 가관이었어. 한영숙, 한영숙, 한영숙, 여기도 한영숙, 저기도 한영숙 …

그래서 한영숙이 승무로 무형문화재 지정 받은 이후에도 무형문화재의 꿈을 버리지 않고 오히려 무보를 기록하여 준비하고 있었던 것이다. 그러다가 1973년 김명자를 만났을 때 자신의 희망인 무형문화재의 꿈을 나누고 싶었던 듯싶다. "지금은 '기인(奇人)' 소리 들으면서 대접 못 받고 살지만, 나도 앞으로 무형문화재가 될 수 있는 희망이 있고, 그것을 이렇게 준비하고 있다."고 하면서 '무보'를 보여 주었던 것이다. 하지만 그렇게까지 해서 결혼하였건만, 1981년 당시에도 그렇게 꿈꾸고 기대하였던 무형문화재 지정은 이루어지지 않고 있었다.

그 바로 직전인 1980년 6월에 이매방을 문화재로 추천하는 〈호남승무〉 무형문화재조사보고서가 제출되었지만, 이 보고서는 받아들여지지 않았다. 이병옥의 주장에 따르면 '이매방의 품격 문제'로 보류되었다고 하는데(『이매방화보집』), 이 일에 대해서 이매방은 "내가 촬영하고 다 서류 꾸미고 했는데 정○○이 그걸 가지고 『춤사위』라는 자기 책을 만드느라 서류 부실로 안됐다."고 회고하였다. 어쨌든 이때 이매방은 크게 기대했던 터라 실망도 컸던 것 같다. 당시 옆에서 지켜본 아내 김명자의 증언이다.

> 선생님이 조그만 방에서 자취하고 계실 때, 방학이라서 올라오니까 그때 문화재 뭐, 소위원에서 무산됐다고 그러더라구요. 문화재가. 그러니까 선생님이 얼마나 실망을 하시는지, 코가 땅에 닿도록 머리가 수그러지셨어요. 내가 너무 가엾어가지고, 부산에 가가지고, 우리 학부형 중에 무당이 한 분 계셨어요. 그래서 내가 무당 어머니한테 물어봤어. 언제 문화재 되느냐고 물어봤어요, 내가. 물어보니까, 옛 조상들, 그 불쌍한 조상들 제사를 지내라고 그러더라구요. 조상들 지내는 제삿날이, 음력 9월 9일이 조상들 제사지내는 날이거든요. 어디서 돌아가셨는지도 모르는 사람들을 위한 제사. 그런 제사를 제가 지냈어요.

오죽하면 당시 넉넉지 않은 살림에 불쌍한 조상들 제사까지 다 지냈겠는가. 아내 김명자의 이러한 지극 정성으로 인한 건지 몇 년 뒤(1987년)에 무형문화재의 꿈을 이루지만, 당시 실망했던 이매방의 좌절은 술로 이어지고, 마음 속 분노는 다른 사람들을 향한 '욕'으로 이어졌다. 그리하여 자신보다 못한 춤꾼들이 설치고 다니는 무용계에는 참여하고 싶지도 않고, 목에 힘주고 있는 사람들을 만나고 싶지도 않은 마음에 집에만 틀어박힌 채 목욕탕 외에는 외출조차 하지 않고 있었다. 이런 '폐인' 모드의 이매방을 당시 재일교포 첫 제자가 되는 김리혜가 만났던 것이다. 김리혜 이후에도 많은 재일교포들이 이매방 춤에 매료되어 현해탄을 건너 춤을 배우러 왔다.

저보다 먼저 재일교포로서 처음으로 이매방 선생님의 제자가 되신 선배 김리혜 언니, 조수옥 언니, 강방강 언니, 그리고 제 뒤에도 김군희 언니, 이능자 등 많은 재일 교포들이 선생님의 춤에 매료되어 현해탄을 건너 춤을 배우러 선생님 연습실 문을 두드렸고 또한 도쿄에는 이매방 선생님이 무척 예뻐하신 가야금 연주가 지성자 선생님의 연구소가 있었습니다. 그곳에서 이매방 선생님을 모시고 강습회가 종종 열리곤 하였습니다. 그 덕분에 많은 재일 교포 제자들이 살풀이춤, 승무, 북가락 등 선생님의 작품을 일본에 있으면서도 직접 배울 수 있는 행운을 가질 수가 있었습니다. 일본어를 능수능란하게 구사하시는 선생님은 춤사위 하나하나를 정성스럽게 설명하며 며칠 동안이나 아침부터 밤까지 피곤함도 잊으시며 지도를 해 주셨습니다. 그렇게 온갖 정열을 쏟아 주시니 일본의 제자들도 선생님의 매력에 흠뻑 빠졌던 것 같습니다. 지금은 일본에서도 승무, 살풀이춤 등 한국 전통춤이 많은 사람들에게 사랑을 받고 있습니다만 그 계기를 만드신 것이 이매방 선생님이라고 해도 과언이 아닐

것입니다. (장지혜 회고)

이처럼 이매방은 당시 어떤 춤꾼도 우리 전통춤의 세계화에 눈을 돌리지 않았을 때, 그렇게 배고픈 와중에서도 자신의 춤이 언젠가는 세계로 진출할 수 있으리라는 것을 믿었고, 먼저 가까운 일본을 주목하였다.

이런 좌절과 아픔을 겪은 이매방은 1984년에 '북소리'라는 타이틀로 본격적인 개인 발표회를 열게 된다. 그는 1984년 6월 '이매방 무용인생 50주년 기념공연 북소리'라는 공연 제목으로 문예회관 대극장에서 공연을 가졌다. 그것이 이매방 춤판 최고의 결정판 '북소리' 시리즈의 시작이었다. 이날 공연에 대해 이매방은 다음과 같이 회상하고 있다.

관객들한테 북소리라는 것두 인저 알려주고 보여주는 것이 나는 참 기분이 좋지, 뭐. … 그래두 이틀 동안 해서 손님이 좌석 다 차고 못 들어와서 바깥에 난리고 막 그랬잖어, 암표를 팔고 막, 굉장했잖어.

1980년대는 정치적으로 암울한 시대였음에도 불구하고 해방 이후 한국의 춤문화가 가장 눈부시게 발전한 시기였다. 평론가들이 이 시기를 춤의 르네상스라고 부르는 것은 결코 과장이 아니다. 이 시기 춤문화는 양적으로 성장하는 것에 그치지 않고 질적으로 매우 다

'북소리 Ⅱ' 팸플릿

양하고 심화된 모습을 보여준다. 특히 오랫동안 춤계의 관심 영역 밖에 밀려나 있었던 전통춤은 사회전반의 전통문화에 대한 새로운 관심에 힘입어 춤계의 중요한 영역이자 상상력의 원천으로 부상했다. 일제강점기와 근대화 초기를 거치면서 사라져간 전통춤의 원형적인 모습을 보고 싶어 하는 목마름이 절실한 때에 마침 공연된 이매방의 '북소리'는 표가 매진되어 암표가 난무할 정도로 폭발적인 반향을 일으킨 것이었다.

이런 반향 속에서 비록 무형문화재는 못 되었지만, 전통예술의 보급과 선양에 지대한 공헌을 인정받아 1984년 10월 옥관문화훈장을 수여받았다. 이어서 더욱더 춤판을 강렬하게 꾸며 나갔는데, 1985년 6월 이매방 전통무용 '북소리 II' 공연이 있었고, 1986년 서울아시안게임 축전 행사 때는 〈살풀이춤〉으로 출연하기도 하였다.

이렇게 대중적으로도 점차 인정받고 있던 이 시기에도 전통춤만을 추는 춤꾼의 배고픔과 냉대가 어떠했는지는 다음 에피소드에 잘 나타나 있다.

> 또 하루는 친구(김묘선)와 함께 공연을 하라고 하셨다.
> 살풀이춤은 당신이 추시고 둘이서 승무와 학춤을 추라고 하셨다.
> 웬 학춤? 난데없이 학춤을 추라고 하시니 그것도 강남의 한 백화점 오픈식 날 정문 앞에서… 아마도 백화점의 로고가 '학'이었던 것

같다.

둘이 생전 처음으로 학춤을 연습하느라 허리를 펴지 못하고 발만 쳐다보며 눈치 보기에 급급했다. 공연 날 친구와 승무를 추고, 선생님의 살풀이춤과 마지막으로 학춤!

그날 멋있는 학 두 마리가 강남에서 날아다녔다. 비록 두꺼운 다리의 학이었지만 아마도 우리가 검정 스타킹을 신고 춤을 추어 보기는 그때가 처음이자 마지막이었던 것 같다. 부끄럽기도 하고 우습기도 하고 선생님께서도 미안하셨는지 "아나 이거 기름 값이다." 하시며 용돈을 주셨다. 지금도 그때 이야기를 하면 둘이서 배꼽을 잡고 웃는다. 그때는 어려웠고 모두가 고생하던 시절이었다. 1986년 5월 그 시절이었다.(오은명 회고)

강남은 대한민국 '부(富)'의 상징이다. 백화점은 자본주의의 표상이다. 한 편에는 그 '강남'과 '백화점'이 있고, 또 다른 한 편에는 '승무'와 '살풀이춤'이 있다. 그리고 먹고 살기 위한 '학춤'이 있다. 신생(新生)하고 있는 '자본[돈]'과 생존의 안간힘을 하고 있는 전통춤의 대비가 눈물겹다.

이러한 천대와 좌절 속에서도 오직 외길 인생을 살면서 대중적인 폭발적 호응을 얻은 결과 마침내 1987년 7월 1일에 승무로 예능보유자 지정을 받았으며, '88서울올림픽 문화예술축전에도 참가하여 세계에 우리춤을 알렸다. 1989년에는 일본무용예술제와 국악대공연에 참가하는 등 더욱 왕성한 공연활동을 펼치게 되었고, 1년 뒤인

1990년 10월 10일에는 드디어 살풀이춤으로 예능보유자 지정을 받게 되었다. 이것을 계기로 이매방은 전통춤꾼으로서 받아야 했던 천대와 멸시 속에서 완전히 벗어날 수 있었다.

> 이매방은 천부의 재능을 지녔다고는 하나 그가 무용가로서의 실질적인 인정을 받기까지는 실로 50년 세월 속에서 몸부림쳐야 했다. 춤은 예술이 아니라 재인(才人)의 재주일 뿐이고 더구나 사내녀석이 남의 앞에서 춤을 추는 일은 장터에서 재롱떠는 일로 인식된 환경 속에서 그가 흘린 눈물과 탄식은 우리의 상상을 넘어서는 지경이었다. 재물도, 명성도 후견인도 없이 방랑 아닌 방랑의 인생 역정은 어찌 보면 고행(苦行)의 바다를 헤엄쳐 나온 필사적인 몸부림이었을진대 50 고개를 넘어서야 명인이요 인간 국보로 인정받았던 그의 삶은 문자 그대로 인간 승리의 표본이라고 해도 결코 지나친 표현은 아닐 것이다.(차범석, 외길 인생 이매방 춤 대공연(2001)에 붙여)

그의 무형문화재 지정은 학자나 평론가들이 만들어 준 것이 아니었다. 누구의 후광으로 된 것도 아니었다. 그의 춤의 에너지는 밑으로부터 올라오는 것이었다. 차범석의 표현처럼 그는 재물도, 명성도, 후견인도 없이 혼자서 눈물 흘리며 탄식하며 고행의 바다를 헤쳐 나왔다. 그러기에 그의 춤에는 학연도 인맥도 없이 눈물과 탄식으로 지새우는 민중적 삶이 자연스레 배어 있다. 이매방 춤을 본 관객들의 직접적인 반응은 여기에서 연유하는 것이다.

이런 의미에서 이매방 춤의 힘은 결국 경탄의 힘이다. 앞에서 보았듯이, 춤과 전혀 관련 없고 사전 지식이 없는 관객들이 그의 춤을 보면서 "으메 사람 죽여 야!", "저것이 사람이여", "으메 으메 으메" 이렇게 신음소리가 날 정도로 즉각적인 반응을 보인다. 관객들이 춤에 빠져들어 눈을 떼지 못하고 몰두하고 있는 이 민중적인 에너지가 이매방 춤의 힘이다. 마치 성적 카타르시스를 경험하고 난 뒤의 만족감에서 오는 것과 같은 '경탄', 그것이 곧 이매방 춤의 힘이다. 이매방 춤에는 이러한 민중적 에너지가 응집되어 있다. 일제강점기 권번이라는 '가장 낮은 곳'에서 시작하여, 식민지 근대화시기에 천박하다고 내쳐졌던 토속적이고 때 벗지 않은 그야말로 '조선적'인 것이 그의 춤에 배어있는 것이다.

> 그때 춤 췄다믄 막 무당 집안이다, 그래 인간 쌍놈 … 내가 학교 다닐 때 학생들한테 멸시 무시당하고 … 으 나보고 무당 집안 새끼다, 당골네 새끼다, 재인놈 새끼다, 뭐, 머시매다, 가시내다, 아주 노리갯감 되고 그런 시절을 얼마나 당한줄 알아? … 내 춤은 기양 춤 수준 이하다, 바닥이다, 저질하다, 유치허다, 아이구 인간 이하다. 그때 송범, 임성남, 최현 춤은 최고, 왕이고 … 최승희 춤이 다 퍼져갔고 … 그 춤이 세도가 얼마나 센지.

이렇게 천대받던 이매방 춤에서 평론가 강이문은 '민족무용 특유의 양식'을 발견하게 된다. 그의 춤에는 전통적 무용기법뿐만 아니라 '조선인'의 피에 흐르는 고유의 가락이 있고 그의 천재적인 감각으로 재탄생한 우리 의상이 삼위일체로 된 전일적 유기적 관계를 이루고 있었기 때문이다. 그리하여, '이매방이 돌아온 고향은 목포가 아니라 한국'이었고, '그가 안긴 품은 어머니나 아내가 아니라 「우리춤」의 세계'였으며, "춤을 통하여 한국을 발견했고 그래서 국내외에서 가장 한국적인 춤꾼이라고 인정받은 것이다."(차범석, 춤인생60주년기념 대공연에 붙여)

이매방은 평소에 자기는 평론가를 믿지도 않고 인정하지도 않는다고 하였다. 그들은 한국 정서도 모르고 한국 장단도 모르면서 발레에나 적용할 법한 서양 이론의 틀로 한국춤을 재단한다는 것이다. 그들은 탁상공론만 할 뿐 이매방 자신의 춤을 모른다고 하였다. 하지만 예외로 인정한 평론가가 강이문과 차범석이었다.

무용평론가들이 … 무용에 대해서 모르는 사람들이 평을 … 그래 내 춤은 평 못 해요. … 도둑놈은 그 집 내막을 알아야 도둑질하는 거여. 그와 같이 니가 춤을 알고 평을 해야지. 춤, 발디딤 하나도 모르는게 평을 어따. … 내 춤에 평을 쓴 사람이 없어요. 평을 쓴 사람은 죽은 강이문씨나, 지금이루 말하면 차범석씨 그 정도재이, 무용, 무용 평을 할 만한 사람이.

강이문은 1987년 이매방이 승무로 무형문화재가 되자, 1989년에 "우리춤을 국무(國舞)라고 부르자"라고 제안하면서, 민족무용으로서의 국무(國舞)라는 개념을 내놓았다. "민족문화의 동질성이란 민족집단의 개성을 말함이요, 민족무용 특유의 양식이란 전통적 무용기법, 음악, 의상이 삼위일체로 된 전일적 유기적 관계에서 이루어지는 것이다."(강이문, 『한국무용문화의 전통』)고 하여, 전통춤에 관한 깊은 천착과 함께 그로부터 우리 춤 전체의 방향성을 개념화하여 제기하였다. 그의 전통춤에 관한 깊은 천착은 1976년 부산에서의 〈신검〉 공연 이래 이매방 춤과의 끊임없는 교호작용 가운데서 이루어진 것이었다. 이렇게 이매방이 유일하게 인정하는 평론가였던 강이문은 부산에서 이매방 자신과 함께 간첩으로 몰려 그 중상모략으로 인해 상처받아서 병으로 죽었다고 했다. 자신의 춤을 시샘하던 황모(某)씨가 자신을 간첩이라고 무고하였는데 이때 강이문도 연루되었다. 그리고 이때 받은 상처가 결국 강이문의 죽음으로 이어졌다는 주장이다.

> 강이문, 으음 좋지 온순하고 사람이 교양 있고, 격이 있고, 이북 사람이야. … 황○○, 그 무용 애호가 그놈 따문에 병 나갖구 죽었지. 황○○이라고 옛날 그 악극단에서 노래 불르고 박자도 지대로 못 맞추고 … 그때 … 강이문씨 간첩이라 그러구, 나보러 간첩이라 그러구 아무 근거 없는 중상모략 … 가슴 아프게 해서 죽었지, 강이문씨.

살풀이춤 인간문화재로 인정받기 한 달 전인 1990년 9월에 이매방은 '이매방·북의 춤 - 북소리 Ⅲ' 공연을 '북소리 Ⅱ' 공연 후 5

년 만에 가지게 되었다. 그리고 4년 후 1994년에 이매방은 '춤인생 60년 기념 대공연 - 북소리 IV'라는 타이틀로 무대에 다시 섰다. 앞에서 보았듯이, 그의 '북소리Ⅰ~IV'에는 그의 천재적인 섬광이 점점 진화하고 있었다.

이매방의 춤은 우리 민중의 토속적이고 때묻지 않은 원형 그대로의 전통춤에 깊게 뿌리 박고 있기 때문에, 그 뿌리 깊은 생명력이 '북소리Ⅰ~IV'로 점점 가지를 뻗어 나가게 된다. 우리 민중의 무속적 전통을 포함한 뿌리 깊은 생명력이 그의 몸을 통해 춤으로 표현되어, 시대와 상황의 변화에 따라 그 모든 민중적 애환을 춤으로 담아내고 있는 것이다. 이런 면에서 그의 진화하는 천재적 재능은 원형이니 변형이니를 뛰어넘어 삶의 모든 것을 담아내는 큰 그릇이 되고 있다. 왜냐하면 그의 춤은 백년에 한 번 날까 말까 할 정도로 '크기' 때문이다. '북소리Ⅰ~IV'를 관통하는 그의 진화하는 천재적 섬광을 한마디로 표현한다면, "이매방의 춤은 크다!"이다.

이매방이 승무와 살풀이춤의 보유자로 인정되자 그의 많은 옛 제자들이 다시 찾아들기 시작하였고, 새로이 입문한 문하생들이 그의 춤과 북놀이를 배우기 위해 열정을 바치기 시작했다. 1990년대 입문해서 열정을 바쳤던 문하생들 중에 이화여대 무용과 출신들이 특히 눈에 띄었다.

1970년대와 1980년대에 한국 창작춤의 발전에 지대한 영향을 주

'북소리 Ⅲ' 전단지 앞면(1990.9.2~3)

었던 것은 '창무회'라는 존재이다. 창무회는 1976년 당시 이화여대 무용과 교수였던 김ㅇ자의 감독 아래 한국 무용을 전공했던 졸업생들이 설립한 단체이다. 이 단체의 창단 이념은 '한국 전통의 재창조'와 '한국춤의 현대화'였는데, 여기에서는 한국의 현실을 반영하며 한국 무용의 언어를 현대화시키는 창작작업을 한다는 뜻이 포함되어 있다. 원래 이 용어는 한국무용계의 인간문화재 제1호였던 김천흥 선생이 젊은 무용가들의 미래를 축복하며 '새로운 춤을 창작하는 단체'라는 뜻에서 지어준 것이다. 이 단체의 이름 또한 1970년대의 창작춤 운동 상황을 반영하고 있다. 창무회라는 용어는 한자어로 創(창조하다), 舞(춤추다), 會(단체)로 이루어져서 '춤을 창조하는 단체'라는 의미를 담고 있다.

대부분의 한국무용가들이 인정하고 있듯이 창무회는 한국 창작춤의 운동에서 구심적 역할을 했고, 후속 창작춤 단체들의 전형적인 모델이었으므로 이 단체의 이름이 창작춤이라는 용어가 정착되는 데 일조했다는 것은 부정할 수 없는 사실이다.

그런데 1992년에 사회적 논란이 되었던 이화여대 무용과의 입시 부정으로 김ㅇ자가 교수직에서 축출되고 무용계에서 지배권을 상실하면서 창무회는 무용수 확보나 경제적인 기반에 손실을 입었다. 이때 구심점을 잃은 창무회의 많은 우수한 재원들이 이매방 문하로 입문하게 된다. 그들에게는 '한국 전통의 재창조'를 위해 퍼도 퍼도 마르지 않는 '깊은 우물'이 필요했는데 바로 그 우물이 곧 이매방 춤이었던 것이다.

이매방 문하에 입문하기 전, 김○자가 창무회를 주도할 때 한영숙의 승무를 재창조의 재료로 사용하기도 했지만, 이매방의 승무는 그 깊이나 넓이가 달랐다. 이매방 승무는 자유자재함과 동시에 여러 가지 창작의 아이디어를 제공하고 창작열에 불을 지르는 마법의 원천이었다. 그들의 갈증을 모두 채워줄 수 있을 정도로 "이매방 춤은 컸다." 우리 민중의 무속적 전통을 포함한 뿌리 깊은 생명력이 이매방의 몸을 통해 춤으로 표현되고 있었고, 시대와 상황의 변화에 따라 그 모든 민중적 애환을 춤으로 담아내고 있었다. 창무회에서 입시 부정 사건에 실망하고 탈퇴한 많은 회원들이 이제 이매방에게서 자신들의 목마름을 채우기 위해 대거 입문하였던 것이다. 이들로 인해 1990년대 이매방 춤은 다시 한 번 영역을 넓히면서 이른바 '이매방류' 전성시대의 막을 열게 된다.

1998년 봄. 프랑스의 아비뇽 페스티벌 관계자가 한국 춤꾼을 행사에 초청하기 위해 서울을 방문했다. 우리 측에서 제공한 여러 한국 춤을 관람한 그들은 여태껏 봐 온 춤사위와 크게 다를 바 없다면서 초청의사를 밝히지 않았다. 이 페스티벌은 프랑스 남부 도시 아비뇽(Avignon)에서 매년 여름에 열리는 세계 최고 권위의 연극축제다. 1947년 프랑스 연극계의 거장인 장 발라르가 연극의 지방화를 내세우고 교황청 뜰에서 개최한 예술제가 그 시작이다.

한국 연극계에서는 비장의 카드로 우봉(宇峰) 이매방 인간문화재

아비뇽축제 때, 빛나는 훈장을 가슴에 달고(1998.7)

의 살풀이춤을 보여줬다. 그의 고운 손끝 맵시와 일(一)자로 종종 비켜 가는 버선코의 걸음걸이, 하얗다 못해 푸른빛이 사무친 기다란 소매의 출렁이는 비상, 절제된 정·중·동의 움직임 속에 감지되는 기이한 기운. 아비뇽 참관자들은 넋을 빼앗겼다. "저게 사람이 추는 춤인가!"

그리하여 1998년 7월 이매방은 프랑스 아비뇽 축제 주최측의 초청으로 아비뇽에서 〈승무〉를 공연하게 되었고, 한국 전통춤의 심오한 예술성과 우수성을 세계문화계에 널리 알렸다. 그 결과 프랑스 정부로부터 프랑스 예술문화훈장을 수여받았다. 그 당시의 일을 회상하며 이매방은 다음과 같이 말했다.

프랑스에서 훈장 받은 게 기억나요. 순금덩어리를 주더라고. 수상 기념공연에 정치인 김종필씨가 왔는디, "한국정부가 주어야 할 상을 프랑스가 먼저 주었다"며 미안하다고 했어요. 한국보다 외국에서 제 춤이 더 인정받는다는 건 씁쓸하지.

1999년 11월 국립중앙극장 대극장에서 '춤 인생 65년 기념 대공연'이란 이름으로 공연하였다. 이 공연에서 이매방은 1950년대와 1960년대 광주극장, 원각사, 전주예술회관 개관공연 등에서 그에 의해 공연되었던 〈화랑도〉(1950년대 창작춤)를 남자군무로 재안무하여 구성했고, 1950년대 안무되어 1990년 호암아트홀에서 열린 '이매방·북의 춤 - 북소리'에서 공연되었던 〈장검무〉를 여자군무로 재안무하여 구성했다. 그리고 1954년 서울 을지로 계림극장에서 여성창극단 '삼성국극단' 공연 때 처음 무대에 올려졌던 〈대감놀이〉 일명 〈무당춤〉을 여자군무로 재안무 구성하였으며, 〈기원무〉 또한 군무로 재안무 구성되어 무대에 올린다. 〈승무〉와 〈살풀이춤〉도 이매방과 그의 제자들이 함께 무대 위에서 이매방을 주축으로 한 군무의 형식으로 무대에 올렸다.

1950년대에 올렸던 〈화랑도〉는 장화를 신은 의상에 칼과 활을 소품으로 용맹스러운 모습을 보여주는 창작춤이고, 〈장검무〉는 중국 대련에서 매란방의 제자에게 배웠다는 중국의 장검무를 기억하고 안무한 춤이다. 또한 〈대감놀이〉는 무속 의례인 굿판에서 무당이 추는 신춤을 무대 예술화한 것으로서 이매방이 1950년대에 호남

아비뇽축제에서 이매방 승무(1998)

지역의 세습무 굿을 비롯하여 서울과 황해도 및 평안도 지역 강신무 굿 등을 보고 창안하였다. 당시 한국 무용계에서의 무당춤은 20세기 초중반 '신무용' 개념 속에서 형성된 근현대식 무대예술에 맞도록 창안되어졌는데, 이매방 무당춤(대감놀이)도 이러한 시류를 배경으로 창안된 것이다.

이렇듯 이 세 춤 모두 1950년대와 60년대 신무용이 휩쓸던 시기에 이매방 또한 어떻게든 살아남기 위해서 창작할 수밖에 없었던 춤이기도 하다. 그럼에도 불구하고 이제 '밀레니엄'이라는 새 천년을 앞에 두고 이매방은 자신의 아킬레스건일 수 있는 젊은 시절 먹고살기 위해 시류를 무시할 수 없었던 못난 자식들을 다 끌어안고 가기로 한 것이다. 왜냐하면 이때 이미 이매방 춤은 원형이니 변형이니를 뛰어넘어 삶의 모든 것을 담아내는 큰 그릇이 되었기 때문이다. 이미 그의 춤은 우리 민중의 토속적이고 때묻지 않은 원형 그대로의 전통춤에 깊게 뿌리 박고 있기 때문에, 그 뿌리 깊은 생명력이 군무 형태로 〈화랑도〉, 〈장검무〉, 〈대감놀이〉로 점점 가지를 뻗어 나가고 있는 것이다.

여기에서 주목할 점은 이러한 작품들이 군무의 형태로 바뀌더라도 이매방이 홀춤으로 공연하던 형태에서 크게 벗어나지 않는다는 점이다. 혼자서 춤을 추면 홀춤이 되고 여러 명이 춤을 추면 군무가 되는 형태로 적합하게 무대화되었지만, 전통춤의 원형 틀은 그대로 고수해 왔음을 확인할 수 있다.

대감놀이 무당춤(이현주)

나는 언젠가 이매방·조상현과 제주에 야외공연을 하러 간 적이 있었다. 제주 시내 용연(龍淵)이라는 곳에 조그마한 배를 띄우고 그 배를 무대처럼 사용하여 춤을 추고 판소리도 하게 했었다. 내가 해설을 하며 KBS TV로 중계했기 때문에 나는 이매방 선생이 그 좁은 배에서 어떻게 춤추는지 궁금하여 눈이 뚫어져라 하고 살펴보았다. 큰 극장의 무대를 종횡으로 누비던 춤추던 춤꾼이 조그만 공간, 그것도 물위에서 출렁이는 배에서 어떻게 춤을 출 수 있을까 궁금했었는데 이매방 선생은 전혀 문제없이 아주 멋진 춤을 보여 주었다. 정말 놀랐다. 배에서의 일거수 일투족이 모두 춤이 되어 수많은 관중을 감동시켰다.

나중에 식사하면서 물어보았다. 그렇게 좁은 공간에서 어떻게 그런 춤을 출 수 있느냐고. 헌데 이매방 선생은 "그깐 배가 문제인줄 알아? 옛날 전쟁 중에는 상(床)위에서도 춤을 췄어"하는 것이었다. 어떤 환경에서도 춤이 되도록 출 수 있다는 얘기 같았다. 하긴 한국 춤은 춤꾼의 속에 들어있어서 어떤 환경에서도 그 현장에 맞게 재창조되며 새로움을 더해가는 것이지 고정된 작품으로 굳어있는 것이 아닌데 그런 실제를 보여준 좋은 사례라고 생각한다. (최종민 회고)

이처럼 제주 시내 용연(龍淵)이라는 곳에 조그마한 배를 띄우고 그 배를 무대처럼 사용하여 춤을 출 수 있을 정도로 이매방의 춤은 '크다'. 그의 춤이 '크기' 때문에 "여기서 여기까지가 그의 춤이다."라고 선을 그어서 한정할 수가 없다. "모름지기 이매방 춤은 이래야 한다."고 평론가의 이론적 틀 안에 고정시킬 수 없다. 그 큰 춤이 이매방이라는 춤꾼의 속에 들어있어서 어떤 환경에서도 그 현장에 맞게 재창조되며 새로움을 더해가는 것이다.

제주 용연에서의 이매방 살풀이춤(2002)

● 제15장

부와 명성을 모두 얻은 남자(2)
_ '춤꾼'과 '교주'의 경계에서

반세기 이상 왕성한 공연활동을 전개해 온 이매방은 2001년 3월 위암 판정을 받아 수술대에 오른다. 그 해 5월에 미국에서 계획되었던 중요한 공연은 위암 수술로 인하여 취소되었다.

내가 그년 때문에 피를 두 번 토했어. 그래서 결국 이 암 초기로 변해 가지고 [……] 내 체중이 평생에 60kg 될 듯 말 듯 했는데 지금은 45kg 나오네. 엊그저께도 체중계로 재니까 43kg 나오데. 2kg 더 빠졌어. 그러니께 지금 뼈만 있어. 그래서 목욕탕에 못 가. 내가 봐도 끔찍해. 완전 해골, 송장. 한 죽은 지 열 보름 된…. 근데 나 죽으면 아무것도 없어.

그런데 도대체 무슨 일이 있었던 것일까? 무엇이 이매방으로 하여금 피를 토하면서 쓰러지게 하였고 결국 위암으로 이어지게 했던 것일까? 이렇게 쓰러지기 직전에 이매방은 한 통의 전화를 받았다.

> 신모(某)가 오후 3시쯤 전화 와서 '여보세요?' 하니까 '이매방 선생님이세요? 나 신모(某)올시다.' '신위원이 웬일로 나한테 전화를 주네?' '딴 것 아니고 선생님이 추천했던 정○숙이가 오늘 문화재 후보로 진행 됐다고.' '뭣을 추천해요?' '선생님. 정○숙이 추천 안 했어요? 선생님 동의하고 다 추천한 거 아닙니까?' '그니까 뭘 추천해요?' '문화재 후보.' '뭐라고요? 방금 뭐라 그랬어요? 당신 이상해요. 나 처음 듣는 소리인데 이것이 뭣을 추천하고 문화재 후보로 해요. 살다가 별 소리 다 듣겠네.' 그랬더니 '어허허, 이거 큰일 났네. 선생님 이걸 몰라서.' '모르다니. 난 처음 듣는 소린데.' '정○숙이를 선생님이 추천해서.' '야가 지금 나한테 공부하러 온 게 시간으로는 열 몇 시간 공부했는데 어떻게 문화재…?' '뭐요?' 그래갖고 밤에 이 죽일 년 나쁜 년 이렇게 이렇게 한 것이 새벽 다섯 시인가 여섯시에 우엑 피를 토했어.

이매방의 증언에 따르면, 그에게서 춤을 배운 지 얼마 되지도 않은 한 여제자가 이매방의 추천 서류를 조작해서 문화재 후보에 올랐다는 것이었다. 이매방은 아는 문화재위원으로부터 이 사실을 전해 듣고 그날 밤 그 충격으로 피를 두 컵이나 쏟았다고 한다. 실제로 이매방의 이 이야기는 각종 인터뷰에서 빠지지 않는 대목이다. 나 또한 그와 대담할 때, 계속 다른 주제로 '진도'(?) 나가야 하는데도 늘 이 이야기로 돌아와서는 억울함을 하소연하곤 했다. 문화재청(당시는 문화재 관리국) 담당자에게 사실을 알리고 호소해봤지만, 넉 달 만에 담당자가 바뀌고 시간이 흘러 여태껏 그 서류가 취소되지 않았다는 것이다.

이매방 집에서 숙식을 같이 하며 춤 공부도 하고 조교 노릇도 했던 제자가 마침 이매방이 전화 받을 당시 현장에 있었는데, "선생님의 그런 모습은 처음 보았어요. 전화를 받을 때 얼굴빛이 노오랗더니, 받고나서도 몸을 벌벌 떨면서 말을 잊은 채 사색이 되었어요." 라고 이 책을 쓰는 중간에 다시 나에게 증언해주기도 하였다. 그날 밤 피를 토하고 벌벌 떠는 이매방을 그 제자가 밤새 지키고 있다가 다음 날 아침 일찍 그를 병원으로 데리고 갔다. 그날 밤 그는 어린애처럼 떨고 있었다.

이날 이 사건이 얼마나 억울했으면 이런 해프닝도 있었다.

> 그 년 면도칼로 코 깎으려고 인사동에서 면도칼 오천원 주고 샀거든. 그래서 코 자르러 갔더니 우리 집 조교가 뒷 차로 왔지. 또 여기 대학교 교수가 남자 교수가 뒷 차로 왔지. 코를 못 자르게 하려고. 그 년 무용학원에 갔더니 누가 전화를 했는가 올라가서 보니까 현관문 다 걸었더라고. 그래서 바깥에서 '이 시불년' 이러면서 면도칼을 땅에 던지고 '너 이 시불년 오늘 운이 좋다 이 잡년' 이러고 칼

던지고. 그 날 있었으면 코 면도칼로 자르면 금방 자르지.

이매방을 아는 사람들은 다 인정하듯이, 그는 마음이 여린 사람이다. 말은 험한데도 실제 행동은 그렇게 모질지 못하다. 예컨대 1980년대 초반에 공연을 앞두고 마포학원에 모여 연습을 할 때 이런 일이 있었다. 그가 공연을 앞두고 얼마나 신경질적으로 되는지는 겪은 사람들은 다 알 것이다.

> 공연을 앞두고 선생님의 역정이 불같았다. 욕을 한참하시더니 춤이 될 때까지 너희 년들 오늘 집에 못 간다고 하며 철문을 잠가 버렸다. 모두들 하얗게 질려서 말도 못하고 쩔쩔매고 있었다. 이름은 잘 기억나지 않는데 아이를 데리고 연습을 온 동료가 있었다. 그 딸아이가 대여섯 살 정도였던 것 같다. 선생님 앞으로 다가서더니 왜 우리 엄마를 야단을 치고 못 가게 하냐며 졸졸 따라다니며 따지는 것이었다. 우리는 벼락이라도 떨어질 것 같아서 조마조마했는데 선생님은 그 아이에게 아무 소리도 못하고 입을 삐죽거리며 이리저리 피하시는 것이었다. 너무나 의외의 모습이라 속으로 웃음도 나고 지금도 그 광경이 머릿속에 남아 있다. (오은명 회고)

대여섯 살 정도 되는 어린 아이의 항의 아닌 항의에 입을 삐죽거리며 도망다니는 이매방의 모습을 보라. 이것이 욕쟁이 이매방의 진면목이다. 그의 내면의 천진난만한 아름다움이다.

이 날 황당하게 꺼낸 면도칼 얘기는 실상 어렸을 때 동네에서 목격했던 어떤 사건이 너무 인상적이어서 그때까지 그의 무의식 속에 가라앉아 있었던 것인데, 하도 억울한 사건을 당해서 그게 툭 튀어나온 것이다.

인자 면도칼로 코 자르는 것은 우리 집 옆에 닭 장사. 닭 팔러 가면 일주일만에 시골로 댕겨. 그런데 여자가 인자 첫 애기를 낳아서 바람나 갖고 애기 놔두고 나가버렸어. 그래서 남편이 닭 팔고 집에 오니까 여자가 없어. 애기는 동네 여자들이. 그래서 물어보니까 애기 엄마가 바람 난 거 같다고. 뒷집 어떤 놈이랑 바람 폈다고. 그래서 여자를 찾아가서 손발을 묶어. 그리고 면도칼로 걍 확… 이게 1초 내에 뚝 떨어져. 우는 소리가 '아이고~' 안하고 '하호호~'. 소리 음성이 금방 변하잖아. 코가 없으니까. 음성이 아이고 이래야 되는데 아호오…. 자기 시동생이 떨어진 코를 갖다 신문지에 싸가지고 병원 데리고 나갔는데 붙였는가 어쨌는가 모르지. 코 떨어지면 죽진 않아. 보기 흉해져. 피만 많이 나고. 코 깎으면 내가 살인은 살인범으로 해도 뭐 몇 십년 징역 받겠니? 그니까 각오하고 내가 코 깎으러 갔었어. 아휴…….

지금도 당시 그가 이 이야기를 할 때의 어린애 같은 모습이 눈에 선하다. 그가 천재적이어서 그런 것이었는지, 아니면 정서불안이라서 그랬는지 모르지만 하여튼 그는 '종잡을 수 없는' 인간임에는 틀림없었다. 억울하다고 하면서 한참 슬픔에 잠겨있다가도 갑자기 '하호호~', '아호오' 하면서 웃어 제낀다. 그러다가 돌연 대담(對談)하고 있던 나에게 '아범'이라고 부르면서, "아들이 있었으면 아들에게 부탁했겠지만, 대신 아범이 가서 복수 좀 해 달라"고 나를 꼬신다(?). 자신이 주변에 아는 사람이 많으니 몇 년 형 안 받고 나올 수 있게 해줄 수 있다는 단서 조항과 함께. 그야말로 '친절한 매방씨'라고나 할까.

실제로 얼마나 억울했으면 이 사건이 있고 나서 한참 뒤인 2011년에 이매방은 이 사건을 법원으로 끌고 갔다. 정○숙의 살풀이춤 보유자 후보 선정을 취소해 달라며 법원에 소송을 제기한 것이다. 다시 말해서 중요무형문화재 살풀이춤의 보유자 후보로 정○숙을 선정한 것을 무효로 해달라며 문화재청장을 상대로 소송을 냈다. 그는 소장에서 "정씨가 1993년 후보자 선정 때 제출한 이력서에 '1965~1991년 이매방 선생에게 사사를 받았다'고 썼는데 사실이 아니다. 1990년 5개월간 일주일에 1~2번씩 수업을 받은 것이 전부다. 그리고 내가 정씨를 이수대상자로 추천했다는 추천서도 냈는데 허위로 작성된 것이다."(「연합뉴스」, 2011년 10월 27일자)라고 주장했다.

남에게 아쉬운 소리 하기 싫어하고, '춤' 외의 세상만사는 다 귀찮아 하고, 집 밖에 나돌아다니기 싫어하는 그가 이렇게 번잡한 소송까지 불사했다는 것은 그가 얼마나 이 사건에 대해 마음 아파했는지 알 수 있다. 이때 그는 처음으로 "아들이 필요해."라고 말했는데, 외동딸 이현주에 의하면 자신이 30년 넘게 살아오면서 그가 아들이 필요하다는 얘기를 한 것은 이때 처음 들었다고 할 정도이다.

> 내가 사는 것도 아주 지겹고. 언제 죽을지, 아직까지 이 계통에서 10년을 더 할지… 사는 것도 지겹다 그 말이야. 원인은 저 년이 내 제자들이 복수를 해줘야 하는데 복수를 누가 해줘. 그래서 아들이 필요해. 니 같은 아들 있으면 아들이 칼 준비 해 갖고 가서 '야이, 시불년' 그래서 아들이 필요한데. 아들이 없잖아, 딸 하나잖아.

이 사건 이후 이매방은 아내 김명자에게 크게 의존하기 시작했다. 한동안 자신의 기대치에 못 미치는 아내의 춤 실력을 혹평하기도 하고, 다른 제자 앞에서 무안을 주기도 하는 등 자신의 아내를 어떻게 대해야 할지 모르는 사람 같아 보였던 그가 '이 부분'에서 아내의 말을 듣지 않았던 것을 땅을 치고 후회했다. 그때 김명자는 이매방에게 쉽게 이수자 자격증을 주지 말라고 당부했는데도, 이매방은 아내의 말을 대수롭잖게 여기고 무형문화재로서 휘두를 수 있는 권력의 매력에 빠져 있었던 것이다. 그리고 아무 생각 없이 휘두른 권력이 뒤에 부메랑이 돼서 자신에게 돌아왔고, 그 부메랑으로 말미암아 피를 토하면서 후회해보지만 다시 되돌릴 수는 없는 노릇이었다.

> 우리 이매방 선생님이 문화재가 되시고 나니까 정○숙씨가 기념 파티하는데 와 가지고, "현주엄마, 나는 승무는 내가 북을 못 치니까

이수를 못했지만, 살풀이 춤은 내가 1호로 꼭 이수를 해 줘." 이러더라구요. … 그걸 내가 반대했죠. 그렇게 시키지 마라, 그렇게 시키며는, 춤이 안 된 상태에서 이수시키면은 그 사람들이 너무 건방져져 안 된다. 어쨌든 1년 공부를 더 시켜서 해라. 내가 못 하게 했죠. 이수를 시키지 말라고 했죠. 이수를 시키긴 시키되 공부를 더 해서 시켜라. 그걸 저 양반이 말을 안 들었죠. 그걸 말을 안 들으셨어요. 그래 가지고 우리는 사실 문화재가 되면서 가정의 파탄이 많이 생겼어요. 문화재 이수자 할 때마다, 그 잘난 사람들이 너도나도 먼저 하겠다고, 경쟁하는데 있어 내가 못하게 하고. 그렇게 하지 마라. 더 공부시켜라. 이렇게 하면서 선생님하고 우리 가족이 파탄이 너무 많았어요.

말은 험한데도 실제 행동은 그렇게 모질지 못한 이매방은 억울함을 '말'로라도 풀지 않으면 살 수 없을 지경이었다. 그래서 이매방의 '사정거리' 안에 누구라도 잡히면 그의 '속사포'를 피해갈 길이 없었다.

이매방을 서울 무용계에 본격적으로 알렸다고 평가받는 중앙대 무용학과 교수였던 정○○도 예외는 아니었다. 실제로 이매방은 1977년 서울 YMCA에서 '이매방 승무 발표회'를 통해 서울에 본격적으로 알려지기 시작했는데, 그 발표회를 주최한 전통무용연구회 회장이 그였다. 그런데도 불구하고 이매방이 그를 비판한 것은 주로 두 가지 이유에서이다. 첫째는 앞에서도 언급했듯이 이매방을 〈승무〉 문화재 만든다고 해서 만든 서류와 사진 자료들을 가지고 『춤사위』라는 자신의 책을 만들어 문예진흥기금을 탔다는 것이고, 둘째는 정

○숙씨가 서류를 조작해서 문화재후보가 될 때 그가 도와 줬다는 것이다.

> 중앙대학교 정○○라고 있어. 그 놈이 젊었을 적에 정○숙 때문에 나 모르게 서류를 며칠 동안 꾸민 거야. … 근데 나한테 들어와서 시간으로는 열 몇 시간 배운 년이 30년 동안 춤을 배웠다고 하니까. 내 문하에서. 30년 더 배운, 60년 배운 여자 있고 남자 있고 제자가 수두룩 북적인데 우리 처도 나한테 시집온 지가 40년 넘도록 내 춤 추는데 우리 처도 꿈에도 생각 안하는데, 그 년이 그러면 쓰니? 응?

당시 자신과 경쟁 관계에 있던 무형문화재에 대한 공격도 이어진다. 먼저 자신보다 나이가 위면서 자신과는 다른 계통의 승무 무형문화재 보유자였던 한영숙에 대해서는, 그녀에 대한 인신공격적 내용도 있지만, 춤꾼 한영숙으로서의 박자 감각을 주로 비판한다. 왜냐하면 "장단 속에 춤이 있다."라는 것이 전통춤에 대한 이매방의 기본 철학이기 때문이다. 그는 언제나 춤사위가 장단 속에서 놀아야 한다고 하였다.

> 〈승무〉 염불을 갖다가 5박이로 춘 여자여. 그렇께 악사들이 저기 … 내가 나타나믄 (다섯 손가락을 펴 보이시며) "오박이로 맞춰주시오, 형들. 형님들 뭐 저 여자 이제서 알아요?" 그랬느니, "5박이루 어떻게 음악을 맞추겠냐, 이놈아." "그래 냅둬." 그래 60 넘어 갖구, 이제 귓구녁 뚫어져 갖구, 인자 6박이란 걸 … 염불 6박을 갖다 5박으로 춤

추문 음악이 맞겠니? 그래 그 여자가 쌩콩이고 또 터무니없는 소리 잘하고, 춤은, 춤은 멋은 없어.

그러면서 그녀가 문화재 지정 받았는 데다가 북까지 잘 치면 자신이 설움당할까봐 자신보고 북 가르쳐 달라고 몇 번 안달했지만 안 가르쳐줬는데, 그녀가 죽고 나서 "북이나 가리켜줄껀데…"하고 후회가 되었다고 하였다.

그리고 자신과 비슷한 연배로 같이 활동했던 또 다른 무형문화재 보유자인 강선영에 대한 공격도 이어졌다. 이때도 물론 강선영 자체에 대한 인신공격도 있지만, 주로 그녀가 무형문화재 보유자가 된 태평무의 의상에 관한 신랄한 비판이 있었다. 이 비판에는 단국대학교 대학원 전통의상학과 교수로 있던 한국 전통복식 전문가인 석주선씨의 견해가 들어가 있다.

석주선 그 누님이 지금 여든일곱, 여덟 되겠다, 거 옛날에 우리나라 전통의상에 권위자 아니냐, … 그 누님이 뭐라 그러는 줄 알아, 나보고? "동생, 제발 그 강선영이란 여자, 세상에 왕실 큰 행사 때 입는 대례복을 입고 나오는데 왜 각띠를 안 짜매며, 가운데 몸판을 하얗게 허며, 원래 왕비는 빨갛지 … 그렇께 왕실에 있는 대례복은 정해 갖구 있는데, 하얀 몸판에다가 더군다나 것다 중국 꽃인가 뭐이 저 목단 꽃을 수를 놓고, 대례 큰 머리도 아닌 거 이상한 괴상한 머리를 쓰고 그리고 춤추다가 또 벗으면은 큰 머리도 벗어야 되는데, 저고리에다가 큰 머리를 쓰고 큰 댕기를 치고 … 어떻게 왕비 옷을 갖다 세상에 …

그러면서 석주선은 이매방에게 "동생이 무용계에 있으니 옷 색깔도 틀리게 하고 각띠도 짜매도록 잘 말해 보라."고 했다고 한다. 이에 대해서 그는 "누님, 내가 그렇게 말했다간 나를 갖다가 씹어서 중상모략해서 나를 갈아 죽일건대?"하고 대답했다는 것이다.

전통무용이 아닌 신무용 계통의 김백봉에 대한 공격도 있었다. 김백봉에 대한 비판은 인신공격적인 것은 거의 없고, 자신의 전통춤에서 바라본 신무용춤의 한계를 지적하는 것이었다.

> 내 춤에는 정자가 있지마는 저 경희대학교 김백봉이 계통들은 '정(靜)'자가 없거든. 긍께 춤이 활발하고 명랑하고 선이 크고 직선이고 박력 있어도 요염하고 아름답고 좃꼴리는 장면이 없다 그말이야. '정'자가 없으니까. 원인은 나는 그 춤 자체가 발레, 서양춤들이 '정'자가 없잖애.

김백봉의 춤은 최승희 계통을 이어받아서 정자가 없이 전부 동(動)자이고, 그래서 춤에 곡선이 없다고 비판하는 것이다. 왜냐하면 이매방에 따르면 우리나라 전통춤은 전부 곡선이기 때문이다. 음악하고 의상은 전부 우리 한국 냄새나는데 춤의 동작은 전부 직선으로 서양의 발레와 같다고 비판한다.

그는 독설가로 소문이 난 사람이다. 더구나 원색적인 목포 사투리로 말문을 열었다하면 옆에서 듣기가 민망할 정도이다. 그러나 그 욕소리는 욕이 아니라 사랑의 매질이요 애정의 변용이다. 원칙과 완벽을 향한 강한 신념이자 주장이다. 그에게 있어서 잘못된 주변의 시선 따위는 모기 뒷다리의 무좀 격이다. 오직 전통무용의 원형과 순수한 멋과 신명을 고수하려는 비수같은 절규였다. 그러니 사이비 무용가나 편파적인 비평가가 이매방을 곱게 볼 리가 없었을 것이다.(차범석, 이매방 전수회관 짓기 전 공연에 부쳐)

이렇게 동시대의 춤꾼 3인에 대한 이매방의 평가는 장단, 의상, 춤으로 이어졌다. 왜냐하면 이매방이 깨달은 한국의 전통춤이란 이 세 가지가 삼위일체로 하나의 몸을 이루어야 하기 때문이다. 따라서 훗날 이매방을 계승했다고 하는 춤꾼들은 전통 가락을 몰라서는 안 된다. 전통 복식을 몰라서는 안된다. 곰삭은 전통 춤의 멋을 몰라서는 안된다. 단지 이매방의 춤만을 답습했다고 해서 이매방을 계승했다고 해서는 안된다. 그래서 이매방은 "춤을 사 갈 수는 있지만 감정은 사 갈 수 없다."고 되뇌었나 보다.

이매방은 평상시에 늘 "마음이 고와야 춤도 곱다."라는 말을 입버릇처럼 이야기 했다. 이 말은 그의 스승 이대조로부터 물려받은 것이라고 한다. 이대조는 시골에 묻혀있었기 때문에 욕심 없이 '고운 마음'을 유지하기가 비교적 수월했을 것이다. 하지만 이매방은 60세 이후에 유명세가 급상승하고 두 가지 무형문화재를 보유하고

서 절대 권력을 휘두를 수 있게 되었는데 '고운 마음'을 유지하기가 쉬웠을까? 혹자는 이매방의 성질이 더럽다고 한다. 실제로 더러운 구석도 있었다. 그 때문에 그를 사랑하는 제자들조차도 종종 고개를 설레설레 흔들곤 한다.

하지만 이것만은 분명해 보인다. 이매방이 "마음이 고와야 춤도 곱다."라고 할 때의 '마음'은 성질을 뜻하는 것이 아니다. 이것은 춤을 향한 순수한 마음이다. '춤'이 어떤 것을 얻기 위한 수단이 아니라 '춤' 자체가 목적이 되는 마음이다. 이런 마음을 출세지향적인 제자들에게 당부했던 것이다. '춤' 자체가 목적이기보다는 어떻게 하면 매스컴이나 타서 자신의 이름을 날려볼까 '머리 굴리는' 제자들에게 이런 마음을 안타까워 했던 것이다.

이런 면에서 이매방은 무형문화재가 되고나서도, 아파서 쓰러지고 나서도, 휠체어에 몸을 의지해야만 하는 상황에서도 춤을 향한 순수한 마음을 잊지 않으려 했다. 그에게는 늘 '춤'이 우선순위였다. 그의 삶의 목적 자체가 곧 '춤'이었다.

이런 까닭에 2001년 피를 토하고 쓰러진 이후의 이매방 춤에는 '죽음'의 아픔이 배어들기 시작했다. 왜냐하면 그전까지 막연하게 생각했던 '죽음'이 이제는 너무 생생하게 자기를 부르기 시작했기 때문이다. 그래서 그는 야윈 몸에도 불구하고 마지막 투혼을 불사른다. '춤'으로 자신의 존재를 다시 증명해 보여야 했다. '춤'으로 자신이 살아있음을 증명해 보여야만 했다. 이 시기 그의 춤이 '가슴을 울리는' 까닭은 그의 쇠잔한 육체를 통해서 나타내는 삶과 죽음 사이의 거리였다.

외길인생 이매방춤 대공연 팸플릿 표지(2001.12.17~18)

3년 뒤 2004년 3월 그가 미국 뉴욕 맨하탄의 심포니 스페이스에서 공연하였을 때 실린 「New York 스포츠서울신문」의 다음 기사에서 "나는 살아있다."는 이매방의 절규를 들을 수 있다.

> 미동도 느껴지지 않았다. 관객들은 그렇게 숨죽인 채 펄럭이는 춤사위에 빠져 들었다. 지난 14일 뉴욕 맨하탄의 심포니 스페이스. 국가지정 중요무형문화재 제27호 승무와 제97호 살풀이춤 예능보유자 이매방 옹[77]의 공연이 끝나자 객석의 절반에 달하는 외국인 관객들은 열렬한 기립박수를 아끼지 않았다. … 이번 공연을 총괄한 리아나 호스씨는 "몰랐던 아름다움에 눈을 떴다. 다른 어느 사람보다 잘 지키는 한국인의 전통이 이렇게 놀라운 음악과 춤으로부터 왔다는 것을 알았다."고 감탄하였다.

그해 겨울, 이매방은 '외길인생 우봉 이매방 춤인생 70년 기념공연'이란 이름으로 국립극장 해오름극장에서 공연을 하였다. 이 공연에서 그는 100여 명의 제자와 함께 무대에 섰다. 「한겨레신문」은 이 공연에 관해 다음과 같은 기사를 실었다.

> 한 달만에 4kg이 더 빠졌다. 자꾸만 여위어 간다. 3년 전 위암으로 위의 3분의 2를 도려낸 뒤 15kg 남짓이 이미 땅으로 되돌아갔다. 그런데도 메말라가는 것이 아니라 가벼워지는 것처럼 보였다. 장삼은 나빌레라, 금세 하늘에라도 닿을 듯. 어느새 희수의 끄트머리에 서 있는 인간문화재 춤꾼, 우봉 이매방씨다.

한국일보에서도 이 공연을 두고 이매방에 대해, '결벽중에 가까운 완벽을 추구하는 사람'으로 그를 묘사하면서 "우리 춤의 원형을 고집스레 지키면서 평생 한눈 판 적 없고, 의상과 소품 하나하나까지 직접 만들고 손질해야 직성이 풀리는 유난스런 성벽을 지녔으니, 아무리 좋아서 들어선 춤꾼의 길이라지만 고단함이 오죽했으랴."라고 평하고 있다.

우봉춤 인생 70주년 기념 공연 마지막 부분 북소리 합주(2004.12)

누구보다 이매방의 삶을 깊이 이해했던 차범석은 2004년 이매방 공연에 붙인 인사말에서 그의 춤 인생 70년을 이렇게 평했다.

> 우리 시대에 춤추는 사람과 노래하고 가락을 맞춘 장인이 어디 한 사람뿐이었겠소. 아니 수없는 장인들이 살다가 낙엽처럼 쓰러지고, 일어서다가 먼지처럼 사라진 게 헤아릴 수 없이 많았건만 오직 우봉 당신만은 올곧게 버티고, 오기스럽게 대들고, 설사 일시적으로 휠지언정 결코 꺾이지 않았던 우봉의 80평생은 문자 그대로 가시밭길이자 자갈밭이었소. 온갖 멸시와 천대와 모함 속에서도 용케도 굽히지 않고 우봉류의 춤세계를 창조하여 국내뿐만 아니라 오대양 넓은 세계에 그 이름을 떨쳤으니 그 누가 당신을 장터거리의 재인이라 깔볼 것이며, 그 누가 천덕꾸러기 광대라 업신여기겠소.

위의 평처럼, 이매방 또한 같은 시대에 먼지처럼 사라진 수많은 장인들처럼 이름도 없이 사라질 수도 있었다. 그동안 그는 장터거리의 재인이라고 깔봄을 당했고, 천덕꾸러기 광대라고 업신여김을 당했다. 그럼에도 불구하고 그 수많은 무명의 장인과 다른 지금의 이매방을 있게 한 것은 '비록 가시밭길이었지만 올곧게 버티고, 오기스럽게 대들고, 비록 휠지언정 꺾이지 않았던 그의 춤을 향한 순수한 열정' 때문이었다. 따라서 이 열정이 식거나 없어질 때쯤이면 그의 춤과 삶 또한 사그라질 수 있는 운명의 것이었다.

2005년 7월 이매방은 그의 고향인 목포에 그의 이름으로 전수관

목포전수관 개관 현판식(2005.7.8)

을 건립한다. 목포시의 지원으로 목포문화예술회관 내에 전수관이 개관되었다. 그리고 그 해 10월 목포시민문화체육센터에서 전수관 개관공연을 하였다.

> 내 고향 목포는 또 하나의 자부심을 가져도 좋을 것이다. 신문화가 시작된 이후 목포는 그 시대조류와 자각에 발맞추어 수많은 예술가를 배출했다. 박화성, 김우진, 이화상, 허건, 허림, 김진섭, 노옥신 등 많은 예술가를 배출했기에 예향이라는 자부심을 얻게 했다. 그뿐만 아니라 근자에 와서 전통무용에 이매방, 발레에 홍정희, 그리고 현대무용에 최청자 등 큰별이 모두 목포 출신이라는 사실은 다시한번 우리의 자부심을 부추기는 쾌사가 아닐 수 없다. (차범석)

차범석의 말처럼, 신문화가 시작된 이후 목포는 그 시대조류와 자각에 발맞추어 수많은 예술가를 배출했다. 박화성, 김우진, 이화상, 허건, 허림, 김진섭, 노옥신 등 많은 예술가를 배출했기에 예향이라는 자부심을 얻게 했다. 이매방은 그 예향의 자존심으로 목포에 자리매김하고 있는 것이다.

2년 후 2007년 1월에 이매방은 '우봉 이매방선생님 팔순 기념공연-무선(舞仙), 님께 드리는 헌무(獻舞)'라는 이름으로 무대에 올랐다. 이 공연은 이매방의 나이 80세가 되는 2006년의 다음해에 올린 것으로, 제자들이 주축이 되어 이매방에게 춤을 올리는 헌무 형식의 공연이었다. 그러나 이매방은 직접 〈승무〉에 출연하였다. 이 공연은 국립국악원 예악당에서 이루어졌다. 그러나 일회 공연이었기 때문에 관객들이 너무 많이 공연장을 찾아오는 상황이 벌어졌다. 표가 매진되는 사태가 벌어지면서 공연 시작에도 불구하고 로비에서는 못 들어간 사람들의 항의가 빗발친 것이다. 이런 상황 속에서 이매방은 그의 공연 순서임에도 불구하고 직접 로비로 나가 극장 관계자에게 관객을 입장시키라며 관계자와 실랑이를 벌였고 관객들이 다 들어온 후에야 다시 공연이 시작되는 상황이 일어나게 되었다. 이런 일화에서도 앞서 보았던, '비록 가시밭길이었지만 올곧게 버티고, 오기스럽게 대들고, 비록 휠지언정 꺾이지 않았던 그의 춤을 향한 순수한 열정'을 볼 수 있겠다.

하지만 "절대 권력은 절대 부패한다."고 했던가. 이른바 '이매방 류'가 전성을 구가하고, 자신과 비슷한 연배의 인간문화재들이 다 세상을 떠나자 이제 경쟁상대가 없어졌다. 그리하여 '전통춤' 하면 '이매방'과 통할 정도로 거의 일인 독주체제를 형성하였다. 가시밭 길이자 자갈밭을 지금껏 걸어왔던 이매방은 더 이상 무명의 스승 이 대조와 같은 처지가 아니었다.

내 춤 좋아하는 년 놈도 있는데 문화재 지정 받은 께 다 정신이 횟 딱 돌아버렸다 그말이여

이매방은 자신이 인간문화재로 지정받은 후, 그동안 자신의 춤이 좋아서 자신에게 왔던 제자들까지도 정신이 다 돌아버렸다고 한탄 했다. 대체 무형문화재에 지정된 것이 무엇이길래 그들의 순수한 열 정을 타락시켰단 말인가. 이렇게 변한 것은 과연 제자들뿐인가? 혹 시 이매방 스스로도 무형문화재라는 독배를 들이켜서 자신도 모르 는 사이에 점점 자만과 독선에 자신의 몸을 맡기고 있었던 것은 아 닐까? 이매방 자신은 인정하고 싶지 않겠지만, 그가 무형문화재로 지정받고 나서 그의 춤이 예전과 달리 형식화되어 가고 있음을 예의 주시하는 눈들이 있었다.

1980년대의 이매방은 절정의 기량을 자랑하는 화려하고 현장감 있는 춤으로 관객을 사로잡곤 했다. 그는 춤을 절도 있고 확실하게

절제하면서도 그늘이 있게 표현하기 때문에 관객들은 숨을 죽이고 집중하게 되어 잠시도 긴장감을 놓을 수가 없었다. 무엇보다 그 춤은 완벽한 것이어서 조금의 흐트러짐이나 부족함이 없어 보였다. 혼자 추는데도 세종문화회관 대강당 같은 큰 무대가 꽉 차도록 춤을 추었고 춤이 만신이 엑스타시 상태가 된 것처럼 한 없이 그 흥을 풀어내는 것이었다. 그래서 그 무렵은 활달하고 화려하고 한 없이 자유롭게 현장과 조우한 작품이 만들어졌다. 그런데 중요무형문화재의 예능보유자가 되고 많은 제자들을 가르치고 하면서는 이매방의 춤이 양식화하는 경향을 보이기 시작했다. 춤사위 하나하나가 철저하게 양식화 되고 춤의 작품도 하나의 틀을 가지고 고정되는 것 같은 느낌을 받았다. (최종민 회고)

최종민의 지적처럼 많은 제자들이 몰려오기 시작하면서 그의 춤은 어쩔 수 없이 양식화되는 한편 자유발랄함은 잃어가기 시작했다. 예컨대, "먼 산을 바라보면서 천근 만근 손을 들어라."라는 가르침은 이제 "손의 각도는 몇 도로 들어라."로 바뀌고, "사랑하는 사람의 손을 뿌리치듯"과 같은 '감정이입적' 가르침은 더 이상 찾아볼 수 없게 된다.

이매방은 살풀이춤을 출 때, 부여잡은 수건을 가지고 상황에 맞게 때로는 애인을 상상하면서 혹은 부인이나 자식이나 부모를 상상해서 상대를 만들어서 춤 추라고 하였다. 과거의 잘못을 후회하거나 혹은 '옛날 친구가 그립다'와 같은 구체적인 감정을 상상하며 춤

예능보유자 인정서를 함께 수여받는 대기실에서(이매방 김숙자 조한춘 오수복, 1990.10.10)

으로 표현을 하도록 하였다. 이른바 최근에 교육학에서 각광을 받고 있는 감정이입식 교육인 셈이다. 그런데 이제는 더 이상 '감정이입'과 같은 가르침이 아니라 매뉴얼에 따른 '교과서'적인, 심지어 '교조적'이기까지 한 가르침이 이어지게 된 것이다.

이렇게 가르침이 변하는 이유는 그전과 달리 이수자 지망생을 양산해내는 시스템에 문제가 있었다. 많은 이수자 배출은 곧 '돈벌이'와도 연결되는 것이었다. 그리고 이러한 변화와 관련하여 이매방은 더 이상 직접 가르치지 않고 그 밑의 조교들이 가르침을 전담하게 된다. 따라서 조교-학생의 관계에서는 '매뉴얼'대로 가르치는 수밖에 없게 된 것이다. 게다가 이매방은 가르치는 것에 점점 흥미를 잃기 시작한다. 기껏해야 장단이나 쳐주는 것에 만족할 뿐이다. 그가 가르침에서 흥미를 잃으면 잃을수록 점점 재봉틀에 빠지는 것도 깊어 갔다.

이매방 춤을 보고, "저렇게 좋은 춤이 있었구나! 나도 한국 춤을 배워야 되겠다."고 결심하여 그의 문하에 들어가서 첫 제자가 된 사람이 김진홍이다. 그는 1950년대 이매방이 부산에서 어렵게 학원을 운영할 때, 동네 아줌마들과 판사, 검사, 전화국 국장댁 부인들이 고급 취미로 승무를 배우겠다고 찾아오면 이매방에게 안내하는 조교 역할을 하면서 이매방의 승무를 배웠다.(김진홍 회고) 이매방 승무의 1대 제자이다. 하지만 그는 스승 이매방과 결별하고 이매방의 울타리를 넘어 자신만의 춤, '김진홍류'를 만들어 냈다. 복식과 춤사위가 현란한 이매방류와는 다른 묵직한 내면의 춤이었다. 이매방이 "내 춤 좋아하는 년 놈도 있는데 문화재 지정 받은께 다 정신이 횟딱 돌아버렸다 그 말이여"라고 탄식했을 때, 1대 제자였던 그를 의식했을지도 모르겠다. 이매방은 김진홍을 이렇게 평했다.

그래, 오래 됐지, 그러나 걔들도 다 그 명예 욕심이 많아 갖고 부산 〈동래야유〉 춤이다 뭐, 〈동래학춤〉이다 이런 걸로 많이 배워갖고 써먹고 요새는 어쩌면 그렇게 문화재병들이 나갖고 그럴까이 … 이

▸ 상한 사람 …

하지만 김진홍의 생각은 달랐다. 스승 이매방이 달라졌다는 것이다. "나와 똑같이 추면 그것은 원숭이 재주일 뿐이야. 자기 것이 있어야지."라고 하시던 분이 언제부터인가 "저건 내 춤이 아니야."라며 관계에 선을 그어 버렸다는 것이다. 그래서 그는 "춤은 춤일 뿐이지, 종교나 정치가 아니야. 스승은 교주나 권력자가 아닌 거지. 스승이 '교주'처럼 군림하려고 하고 제자들이 '교주'처럼 받들어 주길 기대한다면 틀렸어. 그걸 벗어나지 못한다면 전통춤은 앞으로 길이 없어."(「부산일보」, 2013년 4월 5일자 대담)라고 하여, 스승 이매방을 향해 뼈있는 말을 던졌다.

이렇게 변한 이매방의 사제관계는 과연 부산일보 기자의 논평처럼, "사제 관계가 지나치게(?) 분명한 한국 전통 무용계에서 거장으로 커 버린 제자는 스승에게 더 이상 사랑을 받을 수 없었던 모양이다."로 해석해야 하는 것일까? 아니면 자신의 1대 제자까지도 자기 춤을 변형해서 이른바 '김진홍류'를 만들어내는 데서 이매방은 위기의식을 느낀 것일까?

흔히 절대권력자가 위기의식을 느끼면 느낄수록 그 권력은 점점 1인에게 집중되는 경향이 있다. 조선시대의 경우만 하더라도, 조선 중기에는 사림들이 동인과 서인 등으로 나뉘어서 권력을 공유하다가, 집권층이 점점 위기의식을 느끼면서 그 폭이 좁아지기 시작했다. 그래서 나온 것이 조선 후기 노론 일당 통치에서 몇몇 가문만의 세도정치로 그리고 대원군 일인 통치로 대략 변화한다. 먼 데서 찾지 않더라도 우리 현대사도 이런 예를 보여주지 않았던가. 삼선개헌으로 대통령직을 연장하다가 점점 위기의식을 느끼면서 이른바 '10월 유신'을 통해 권력이 일인에게 집중되었던 것이다.

실제로 이제 이매방은 자신의 아내 김명자 외에는 그 어느 누구도 자신의 춤을 지켜주지 않을 거라는 생각에서 목숨이 붙어 있는 한 '교주'가 되기로 작정한 것일까. 아니면 이매방의 영향력이 점점 한계를 보이는 상황에서 제자들이 '홀로서기'의 명분을 찾기 위하여 이매방에게서 '춤꾼'이 아닌 '교주'의 모습을 부각시키고 있는 것일까. 그도 저도 아니라면, 이매방은 이제 '춤꾼'과 '교주'의 경계에 서 있는 것일까.

그런께 나는 내 춤을 변형을 시킬라믄 시키드라도 원형에서, 그 원형에서 벗어난 땟깔은 넣지 마란 그것이 인제 충고재. 원형 춤에서 인자 변형, 변질시킬라믄 전연 내 가락이 아닌 가락, … 딴 애들은 내 춤 삼분의 일이나 넣고 나머지는 딴 가락을 섞어 놓으니까 이것도 아니고, 저것도 아니고 내가 볼 때는 막 가관이재. 그리고 보는 사람들도 내 춤을 좋아하는 애호가들 볼 때, "춤가락은 자네 가락은 조금 있기는 있는데 아니데, 자네 제자라 하고 이름은 뭐이 승무 이수자, 살풀이춤 이수자라 그러는데 자네 춤가락은 쪼끔, 간혹가다 춤가락이 있긴 있는데 아니데, 전혀 아니데" 이런 데, 그런 말 들었을 땐 아 내 분하잖애.

이매방의 이러한 '분냄'은 '춤꾼'으로서의 분냄인가? 아니면 '교주'로서의 분냄인가? 심지어 이매방이 세상을 떠나자 어느 잡지에서 그를 추모하는 기사를 내놓았는데, 여기서 어떤 춤 비평가는 이매방에 대해 "선생은 '무형문화재 예능 보유자'란 명예 앞에서는 지나치게 집착하는 모습도 보여 주었다. 이는 선생과 관련해 필자가 가장 안타깝게 생각하는 일이다."(장광열, 춤웹진, 2015년 8월, 이매방 추모기획)라고 추모하였다. 그런데 과연 이매방의 집착은 그 비평가의 말처럼, '무형문화재 예능 보유자'란 명예에 대한 집착일까, 아니면 "나중에 이렇게 원형을 무시해부믄 피가 혼혈돼갖고 뭔놈으 조선 역사란 건 다 없어지게?" 하고 걱정하고 분내면서 죽어가는 자연인 이매방의 원형에 대한 집착인가. 이매방이 생전에 춤 비평가나 평론가들이 자기를 알지도 못하면서 멋대로 비평한다고 불신했던 이유가 납득이 되는 대목이다.

● **제16장**

쓰러지고 또 쓰러지고 …
_ 꺼져가는 불꽃들

국사편찬위원회의 의뢰를 받아 이매방과 구술 작업을 할 때, 그는 대담 도중에 항상 옆 길로 빠지곤 하였다. 어떤 주제를 향해서 계속 진도를 나가야 할 때, 그가 주로 빠지는 옆 길은 '정○숙씨 사건'이 가장 컸고, 그 다음은 중간 중간에 계속 죽은 자들이 떠오른다는 것이었다. 예를 들면 다음과 같다.

i) 그러니까 우리나라에서 무용 연구소라는 것을 최승희가 맨 처음 간판 붙였어. 나 국민학교 6학년 때. 서울에 고모가 살고, 형제가 사니까. 그리고 여기 죽은 남자 제자들 다 12명이 죽었지. 이인범, 송범, 임성남, 최현, 이만식, 전상훈 다 죽었다. 다 죽었어.

ii) 발에다 방울 달아놓고 발로 착착 방울소리 내고. 그것이 장추화야. 장추화의 언니가 장옥매, 요릿집 기생이었어. 장옥매 동생이 무용가 장추화. 장추화 제자가 나 엊그저께 한성대학교 무용과 교수로 있던 내 친구 김진걸. 국립무용단 단장 오래했던 송범. 저기 사진 이인범이라고 있지. 이인범이가 이제 고희. 칠십이 고희 아니야 고희. 고희 잔치 때 마닐라에서 살면서 지가 그려서 보내 준거야. 이인범 발레에서 유명했지. 다 죽었어. 조광희 하나만 남았어. 조광희는 나보다 나이가 밑이고. 한 세 살. 이제 남자 원로는 나하고 조광희 둘밖에 없어. 다 죽었으니까. 여자는 다 죽고 지금 강선영이.

iii) 내가 10남매 중에서 제일 막둥이, 막내. 우리 어머니가 46살 때 나를 낳았으니까. 우리 큰누님이 나보다 19살 위고. 다 죽었어. 다 죽고 누님들도 다 죽고 우리 형제들 다 죽고 나 혼자 살았잖아.

iv) 그 어머니가 호가 돌 석 자, 대 산 자, 석산. 그래서 장 자를 붙여서 석산장. 요릿집 이름 있잖아, 무슨 장 무슨 장. 음식 식당 간판 보면 장 자 붙은 데 있잖아. 석산장이라는 각종 요릿집을 인사동에서 할 때, 국악인들. 다 죽었지. 하나도 없어 인자. 다 백 살 넘었으니께. 그 양반들, 거기서 저녁이 되면 모여서 술 먹고 흥타령 육자배기 춤도 추고. 그 집 딸이 대한극장, 처음 만들었던 담양 출신 대한극장 사장하고 연애하고. 다 죽었어. 아들은 얼굴 잘 생겼는데 인사동 낙원가에서 골동품 가게 한다고 하데. 딸은 인자 내가 누님 누님 그랬는데, 전화번호에 이름은 있는데 죽었을거야. 그 누님도 아흔이 넘

없으니까. 다 죽었어.

i)은 어린 시절 춤공부하러 서울을 오갈 때 얘기하다가 툭 튀어나온 말이다. "이인범, 송범, 임성남, 최현, 이만식, 전상훈 다 죽었다. 다 죽었어." 자기와 같은 시대를 울고 웃었던 또래의 남자 춤꾼들, 그 꺼져버린 불꽃들이 못내 아쉬운 것이다. 이제 자신도 바람 앞의 촛불처럼 언제 사그러질지 모르는 상황에서 이제 살았을 때의 애증관계는 이미 추억의 장으로 사라져 버린 것이다.

ii)에서도 보듯 이제 몇 빼고는 다 사라졌다. 다 이 세상을 떠났다. 다 이 세상의 무거운 짐을 벗어버렸다. 김진걸이도 보고 싶고, 이인범이도 보고 싶고, 심지어 경쟁관계로 서로 욕하면서 싸움질했던 강선영이도 살아 있어서 귀하다고 오히려 정겨워 하였다.

iii)에서는 이제 형제 자매들이 보이기 시작한다. 하지만 이제 형제 자매를 둘러볼 때 그들은 이미 세상을 다 떠났다. 자신만 이 땅에 남겨둔 채. "다 죽었어. 다 죽고 누님들도 다 죽고 우리 형제들 다 죽고 나 혼자 살았잖아."

iv)는 어머니라고 불렀던 담양 출신 진소홍에 대한 회고담이다. 이때 그의 나이 13~4세. 그 시절에 그는 새로운 세계를 보았다. 일제 강점기 속에서도 서울 인사동 석산장에서 저녁이 되면 모여서 술 먹고 흥타령하고 육자배기 춤도 추고. 어린 이매방도 재롱떨 듯 원로 국악인 앞에서 춤도 추고. 그야말로 "아~옛날이여!"하고 외치고 싶다. 그 때 생생하게 춤추고 노래하던 국악인들 모두 다 사라지고

중요무형문화재 양대 산맥 강선영과 이매방

혼자 덜렁 남겨진 것이다. 이 허허로움을 어떻게 할 것인가. 허허로울 때마다 재봉틀에 매달리는 이유이다.

하지만 그는 누가 뭐라 해도 춤을 추다 쓰러질 사람이었다. 몹쓸 병에 의사의 집도를 받고는 체중이 헌 짚신짝만큼이나 줄어들었을 때도 그는 무대에 올라서면 굽은 등이 펴지고 까치걸음이 날렵해지고 어깨춤이 절로 나는 자기 자신을 보았다고 했다. 못된 제자를 만나 피를 토하는 모욕과 배신과 울분에 사나이 눈물을 깨물다가도 장단 소리만 나면 생기가 돌았다고도 했다. 자신은 그렇기 때문에 천생 '춤을 추다가 갈 사람'이라는 것이다.

그래서 비록 '바람 앞의 촛불'처럼 자신도 언제 사그러질지 모르지만, 2001년 1차로 쓰러지고도 그는 계속 활동했다. 마치 자신의 살아있음을 증명이라도 하듯, 더 역동적으로 공연 활동을 펼쳤다. 하지만 그러다가 쓰러지고 또 쓰러지고 …

이렇게 쓰러지기를 거듭하는 중에 뜻밖의 소식이 들려왔다. 자신의 애제자인 임이조가 급성폐렴으로 세상을 떠났다는 것이다. 당시 임이조의 나이 63세였고, 2013년 12월의 일이었다. 원래 임이조의 별세는 전 달인 11월 30일이었지만, 심약한 이매방이 받을 충격을 생각한 가족들이 2주 정도 후에야 그 소식을 알렸다고 한다.

실제로 이매방을 얘기할 때 임이조를 빼고서 얘기할 수 없다. 훌륭한 스승 밑에서 뛰어난 제자가 나오기도 하고 거꾸로 제자가 뛰어나서 스승이 그 제자로 인해 더 유명해지는 경우도 있다. 스승 이매방과 애제자 임이조의 관계가 바로 그랬다. 서로 '윈(win)-윈(win)'할 수 있는 관계였다. 이매방은 쉽게 자기 제자를 인정하지 않기로 유명한데도 임이조에 대해서는 이렇게 제자를 뛰어넘은 '동반자' 관계로 표현하고 있다.

제자 임이조는 분명 노력하는 춤꾼이다.
그는 춤에 대한 나의 철학을 이해하고 있지만 사제지간의 제자된 도리로써 무조건 스승의 뜻을 따르는 것이 아니라, 그 또한 우리 춤의 원형을 지키는 것이 자신을 지키는 것이라는 것을 춤꾼의 양심으로 받아들이고 있기 때문에, 우리 서로 마주 보고 서 있는 것이 아니라 같은 방향을 향해 걸어가고 있다고 본다.(임이조 홈페이지에서)

이처럼 이매방은 제자 임이조를 '전통춤의 원형'을 지키는 파수꾼으로서 같은 방향을 향해 걸어가고 있다고 보았다.

임이조 또한 어려서부터 춤을 추어왔지만 21살 때 스승 이매방의 승무를 보고, "북받치는 가슴을 내리 누르고, 뭉클하게 맺혀진 눈 주위를 훔치며 내 춤의 경망함을 새삼 부끄럽게 곱씹었습니다. 선생님의 깊은 연륜은 그간의 내 외형적인 기교를 참담하게 했고 선생님이 쌓아 오셨을 그 공력은 그간의 내 춤을 산산이 부서지게 했습니다. 그렇게 나이 스물 하나에… 나는 미약하나마 순간의 깨달음을 얻었고, 절제의 미학이 어느 만큼의 경지에서 표출해낼 수 있는 것인지 인식하게 되었습니다. 그리고 그날의 그 경이로움은 제게 춤의 길을 열어주었고, 선생님의 승무는 저를 거듭 생명으로 태어나게 했습니다."(임이조, 홈페이지, 「예술철학」 중에서)라고 그 감격을 부둥켜안고 살았다.

그는 '이매방 시대'가 언젠가 열릴 것이라고 확신하였기에, 종로 단칸방에서 스승 이매방과 동거동락 하면서 마치 이매방의 '분신'처럼 살았다. 그래서 마침내 중요무형문화재 승무 전수조교가 되었고, 이제 '신선이 구름 위를 걷는[선운(仙雲): 임이조의 아호]' 자신만의 춤 세계를 본격적으로 펼치려는 순간 갑자기 타계한 것이다.

공자에게도 가장 아끼는 제자가 있었는데, 이름이 안회였다. 공자가 가장 신임하였던 제자이며, 공자보다 30세 연소(年少)이나 공자보다 먼저 죽었다. 안회가 죽었다는 소식을 들었을 때, 공자는 "억! 하늘이 나를 버렸구나! 하늘이 나를 버렸구나![噫! 天喪予! 天喪予!]"라고 비통해 하였다.

이매방이 애제자 임이조가 죽었다는 소식을 밤중에 미국에 있는 지인으로부터 전해 듣고 바로 다음날 아침 미망인을 호출하였다. 그리고 임이조의 죽음을 확인한 이매방은 미망인 앞에서 이렇게 애통해 했다고 한다. "아! 임이조가 갔으니, 내가 죽으면 누가 내 일을 봐줄 것인가?"

이처럼 이매방의 관심은 죽은 자인 '임이조'에게 있었던 것이 아니라 죽을 자인 '이매방'에게 있었다. 철저하게 '자기'밖에 모르는 인간 이매방의 모습이다. 이것이 공자와 다른 인간 이매방의 진면목이다. 세상 사람들이 날마다 하듯이 상대방의 입장을 헤아리고 예의를 따지고 품격을 세우는 데에는 전혀 관심이 없다. '춤과 자기'로 똘똘 뭉친 고슴도치와 같은 그의 평생에서 나온 '자기방어'적 본능을 어찌할 것인가. '이매방으로 하여금 이매방되게' 하는 수밖에.

이처럼 이매방은 자신의 애제자인 임이조의 죽음 소식을 듣고 크게 충격을 받은 것은 아니다. 다만 자신의 앞일을 걱정했을 뿐이다.

딸 현주 대학 졸업식에서 임이조 부부와 이매방 가족(1997.2)

오히려 임이조의 타계에 마음의 충격을 받은 사람은 정작 이매방이 아닌 딸 현주와 부인 김명자였다. 그는 딸 현주의 유치원시절부터 대학 졸업까지 아빠의 빈 공간을 채워줬고, 부인 김명자가 남편 이매방으로부터 상처받고 어디 가서 하소연할 곳이 없어 할 때마다 그 하소연을 다 들어주고 공감해줬기 때문이다. 그런 면에서 임이조 부부는 이매방 가족에게 또다른 가족과 같았다.

자신의 앞일을 봐줘야 할 자신의 분신 같은 제자 임이조마저 세상을 떠나고, 자신의 육체는 날로 쇠잔해져 쓰러지기를 거듭할수록, "이제는 여편네밖에 없다."는 이매방의 절박감은 깊어갔다.

내 춤이 대를 받는 춤은 오로지 우리 얘펜네, 우리 딸밖에 없단 말이여, 내가 죽으믄 내 춤을 변형 안 시키고 변질 안 시키고 그나마 영원히 보유하고 보관할 사람은 얘팬네하고 딸뿐이지. 딴 것들은 나 죽으믄 다음 날부터 내 춤을 갖다 쩌기 보내고 지 즈그 맘대로 하고 딴 사람들한테는 내 춤이라 그러고 … 그 사기치는 거지 말하자믄. 그런께 그 꼴 안 할라믄 빨리 죽어야 돼요. 빨리 가야 돼 인자, 아유 몸서리가 나 …

이매방의 이런 절박감이 깊어갈수록 아내 김명자의 심적 부담감도 커갔다. 특히 이러다가 갑자기 돌아가시면 어떡하나 하는 미래에 대한 두려움이 엄습하곤 하였다.

예, 그렇죠. 그래서 그것도 겁날 때도 있고, 나는 주변에 믿을 만큼 나를 밀어줄 사람도 없거든요. 그래서 그런게 참, 사람들은 옆에서 사모님 사람을 만들어 놔야 된다고 이렇게 말해도. 글쎄, 그걸 만든다고 되는게 아니잖아요. 그래서, 그렇다고 해서 주변에 사람을 만든다고 해서 그 사람이 또 어떤 마음을 가지고 있는지 모르겠고. 그래도 내가 요만큼 건강할 때, 내가 더 뭘 찾아서, 선생님 것을 뭘 다 찾아서 간직해서 세상에 다 회향을 하고 나도 가야될 것 같은데. 그런게 나도 참 걱정스럽고 어떨 때는 두려울 때도 있고, 무서울 때도 있고, 나중에 이 큰 별을 어떻게 내가, 마누라가 못 되가지고, 마누라가 주변머리가 없어가지고, 저 마누라가 죽일 년이다. 이럴까봐 겁나고. 그리고 또 막 다부지게 내가 욕심을 챙겨야겠다 그런것도 사실

없거든요. 근데 워낙 큰 사람이니까. 저렇게 큰 사람을 어떻게 빛이 나게, 보석이 될 수 있도록 해야 할 책임을 내가 가졌는데, 내가 가만히 앉아있을 형편이 아닌데, 내가 왜 이렇게 편하게 있지? 이러면서도 안되는거에요. 뭐부터 해야할지 모르겠어요. 그런 두려움에 좀 힘들어요.

누구라도 그렇지 않겠는가? 배가 침몰하기 전에 쥐새끼들이 먼저 떼 지어 탈출하듯이, 이매방이라는 큰 배가 침몰하기 전에 먼저 자기 살 길 찾는 일부 제자들의 모습을 보면서 두려움을 느끼는 것은 너무나 자연스러운 반응이다. 다만 그 두려움 속에서도 주목되는 것은, "저렇게 큰 사람을 어떻게 빛이 나게, 보석이 될 수 있도록 해야

인간 이매방과 인간 김명자가 같은 곳을 바라보는 모습

할 책임을 내가 가졌는데, 내가 가만히 앉아있을 형편이 아닌데, 내가 왜 이렇게 편하게 있지?" 하는 마음이다.

이것이 '사랑' 아니겠는가? 가령 부모로서의 우리 입장을 생각해보자. 자식이 너무 뛰어난데, 부모는 그 자식의 뛰어남을 어떻게 받쳐 줘야 할지 모른다고 가정해보자. 그런데도 편안히 일상생활 하는 자신이 불편하지 않은가. 이것이 곧 가진 것 없지만 자식을 사랑하는 부모의 마음이다. 아내 김명자가 이매방에게 갖고 있는 마음이 바로 이러한 '사랑'의 마음이다.

> 이제는 그 나한테 그렇게 막 했던거 다 잊어버리고, 이제는 불쌍한 것만 생각나는 거에요. 이렇게 보면 내가 가면 창문을 이렇게 보고 고개를 막 흔들고 이래요. 그러면 내가 해봐, 해봐 (손으로 키스를 보내는 몸짓) 했는데, 보이지도 않고, 이러고 있어. 그러니까 내가 요새 그렇게 하니까 자기도 무대에 가서 키스를 날리는 거에요. 그러니깐 관객들이 막 자지러지면서 박수치고. 그래서 내가 헤어지면서 그거라도 가르쳐놓고 갔구나. 그런 생각도 하고.

마치 주말부부처럼 아내 김명자와 이매방이 헤어지는 장면이다. 서로 손으로 키스를 날리기도 하고. 그걸 또 이매방은 무대에서 관객들에게 응용한다. 이제 죽음을 앞에 두고 서로 사랑을 배워가는 장면이기도 하다.

이매방이 세상을 떠나기 몇 달 전의 일이다. 그의 뜻하지 않은 죽음으로 49재 치른 직후로 연기되기는 했지만, 당시 아내 김명자의 부산 공연이 8월로 잡혀 있었다. 그 공연을 위해서 양재동 자택 2층 연습실에서는 아내 김명자를 비롯해서 그의 제자들이 한창 연습에 땀을 흘리고 있었다. 연습이 끝나고 김명자는 2층에서 내려와 옷을 갈아입기 위해 안방에 들어갔다. 아내와 제자들의 연습 내내 누워있던 이매방은 그때 마침 1층에 내려와 있던 '우봉춤보존회' 총무를 불러서 아픈 다리를 좀 주물러 달라고 부탁했다. 그때 이매방의 안색이 어두웠다고 한다. 총무가 다리를 주무르기 시작하자 몸을 돌아눕던 이매방이 갑자기 넋두리처럼 이렇게 혼잣말을 했다. "큰일이다! 내가 사랑으로 보듬어줘야 하는데 큰일이다. 그걸 못하니 큰일이다!"라고.

이제 자신이 사랑으로 보듬어줘야 할 아내 김명자가 보이는 것이다. 이제 자신이 사랑으로 끌어안아야 할 자식이 보이는 것이다. 이제 자신이 사랑으로 이끌어줘야 할 제자들이 보이는 것이다. 예전의 '유아독존'적인 춤꾼 이매방에게서는 상상할 수도 없는 모습이다. 한편 아름다우면서도 한편 안타깝기도 하다. '춤꾼' 이매방이 이제 '인간' 이매방으로 거듭나는 모습을 보고 있는 듯해서이다. 하지만 어쩔 것인가? '일모도원(日暮途遠)'이라고, 갈 길은 먼데 이미 해가 지고 있는 것을! 이제 시간이 얼마 남지 않았다고 예감하고 있던 이매방이 갑자기 사색이 되어 넋두리처럼 외치고 있는 것이다. "큰일이다! 큰일이다! 큰일이다!"라고.

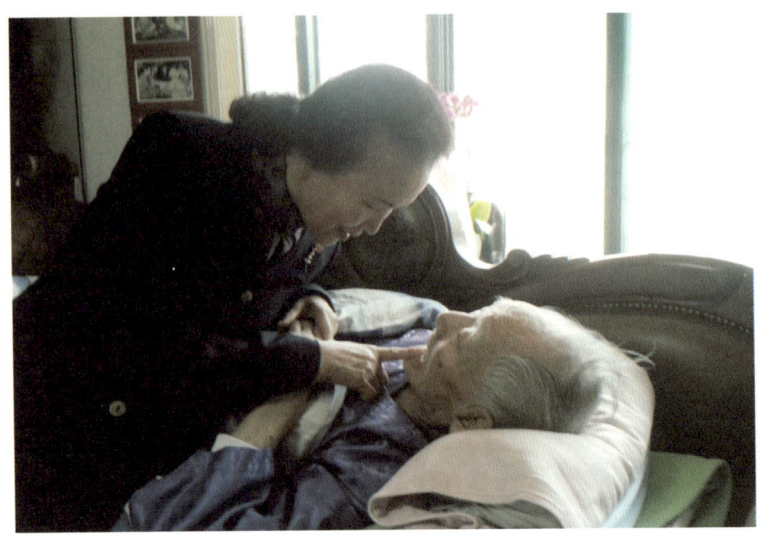

"큰일이다."고 걱정하는 이매방을 보듬는 아내 김명자

나는 이 얘기를 전해 듣고 너무나 가슴이 아팠다. 그의 이러한 탄식 속에서 나를 포함한 연약한 인간이면 누구나 갖고 있는 '두려움의 바닥'을 보았기 때문이다. 가령, 나에게 주어진 시간이 얼마 남아 있지 않다. 그런데 갑자기 이 세상을 떠나기 전에 해놓고 가야 할 일들이 떠오른다. 바로잡고 가야할 일들이 발목을 잡는다. 그동안 소중한 사람들을 너무 아프게 했다는 자책과 함께 얼마 남지 않은 생이지만 그 시간만큼이라도 그들을 사랑으로 보듬어줘야 할 텐데 하는 걱정이 앞선다. 그렇지만 그 일들을 다 해놓고 이 세상을 떠나기에는 너무 시간이 없다. 마음이 급하다. 그 때 그 어느 누구라도 이렇게 외치지 않겠는가? "큰일이다! 정말 큰일이다!"라고. 그가 어린 애처럼 무력하게 누워만 있어야 할 때, 죽음 앞에서 지는 해를 바라보며 얼마나 외로웠을지 마음이 아파온다.

> 나는 후회는 안 해. 이름이 나든 안 나든 춤을 원했고, 선생님의 춤이 내 정신에 들어와 버렸지, 아마 살아있으면 120~30살 정도지. 예술은 척도가 없잖아. 자부심, 만족은 썩는 것이지. 얼, 역사, 피 모두가 춤에 결부되어 있지. 그런데 요즘 춤은 그렇지 않아. … 사실 앞으로 춤이 걱정입니다.

이름이 나든 안 나든 춤을 원했던 이매방, 그래서 오직 춤밖에 보이지 않았던 이매방, 그의 후회 없는 생의 마지막 마디에서 이제 주변이 보이고 '사랑'이 보이기 시작한 것이다. 그리고 남-실제로는 남이 아닌 자신의 아내지만-의 아픔을 사랑으로 보듬어 주고 싶은 연민과 안타까움이 생겨나기 시작한 것이다.

● **제17장**

지상에서의 마지막 나들이
_ 여정 자체가 보상이다

    2015년 5월 이매방의 생일 축하를 위해 오랜만에 제자들이 한자리에 모였다. 그때 마침 나도 '평전' 진행사항을 공유하기 위해 그 자리에 있었다. 그때는 거기 모인 모두가 그것이 마지막 생일잔치가 될 줄은 꿈에도 몰랐다. 왜냐하면 이매방은 쓰러졌다가도 늘 오뚜기처럼 모두의 예상을 뒤엎고 일어나곤 했기 때문이다.

    한편으론 '엄살'이 심한 것도 사실이었다. 아무도 없을 때는 꾸부정한 허리이지만 필요하면 종종걸음으로 다니다가도, 사람만 나타나면 언제 그랬냐는 듯이 "아고 죽겠다."고 드러누워서 신음하곤 했다. 마치 '엄마의 사랑에 굶주린 아이처럼' 모두의 관심을 한 몸에 받기를 원했다. 비록 누워 있었지만. 그래서 그렇게 골골거리면서 90 넘게 살 줄 알았다.

마지막 생일잔치

그 자리에서 나는 '평전'의 취지와 목차 구성과 대략적인 전개에 대해서 발제하였다. 모인 사람들이 적극적으로 호응해줬다. 그때 '평전' 방향에 대한 나의 제안에 동의하였다.

1) 대부분 평전이나 전기가 출생에서부터 시작하는데 나는 달리 하겠다고 하였다. 무용계에서야 이매방을 다 알겠지만 무용과 거리가 있는 일반 독자들은 이매방을 모른다. "그들에게는 '일개 춤꾼'에 불과한 '이매방' 이야기를 왜 읽어야 하는지?"를 책의 첫 장에서 제시할 수 있어야 한다. 그래서 그 첫 장을 읽고 그 다음 장들도 계속 읽을지 말지를 판단할 수 있게 해줘야 한다고 했다. 그래서 나는 첫 장에 이매방을 세상에 알린 1977년 YMCA 강당에서의 승무 공

연에서부터 시작할 것이라고 말했다. 왜냐하면 그 사건은 마치 '어린아이가 놀던 놀이터에 떨어진 폭탄' 같은 것이었기 때문이다. 그 자리에는 1977년 당시 그 공연 현장에 있었던 사람들도 있었다. 또 대다수가 그 당시 전통춤의 외피만 입은 채 얄팍하게 있던 무용계 사정을 알고 있었다. 그래서 그런지 발제가 끝나고 나서도, '어린아이가 놀던 놀이터에 떨어진 폭탄'과 같은 사건이었다고 한 내 표현에 뜨겁게 공감해 주었다.

2) 나는 이매방 춤의 뿌리를 찾기 위해서 먼저 '1930년대 일제강점기'라는 시간과 '목포'라는 공간을 함께 씨줄과 날줄로 엮기를 원했다. "어떤 영웅도 그 시대의 아들이다."라는 말이 있듯이, 이매방은 천재적인 춤꾼 이전에 자신의 개인적인 취향이나 의지와 무관하게 시대의 격동에 몸을 맡겨야 할 때가 한두 번이 아니었기 때문이다. 해방 전에 일본군에 징집되었다가 탈출하고 6·25때 인민군이 되었다가 다시 국군이 되는 것과 같은 것이 단적인 예이다. 또 이러한 한국 역사의 파란만장했던 아픔이 그의 춤에도 반영될 수밖에 없다. 왜냐하면 "그의 춤을 보면, 그의 삶도 알 수 있다."고 하듯, 무대에서 형상화 되는 '춤'과 그 춤을 추는 '춤꾼'의 삶은 무관할 수가 없기 때문이다. 그래서 이매방 평전은 역사적 문맥 속에서 그의 삶의 추이를 함께 살피는 방식을 취한다고 하였고 동의하였다.

3) 그렇기 때문에 이 평전은 '위인전'이 될 수 없다고 하였다. '무

용계'면 '무용계', 혹은 더 좁게는 이매방을 사랑하는 모임인 '우봉춤 보존회' 차원에서 "아! 옛날이여~" 하는 회고적 자료용으로나 "아! 우리 선생님~" 하는 추모용으로 이 평전을 쓸 생각은 추호도 없다고 하였다. 가급적 잘잘못을 있는 그대로 쓰고, 자서전이 아닌 '평전'인 까닭에 평자의 비평을 가할 것이라고 하였다. 시중에 나온 대부분의 자서전이나 평전들처럼 이른바 원로들의 회고나 증언들을 '품앗이' 하듯이 모아다가, 시간 순으로 '가위'로 오려서 '풀'로 붙이는 이른바 '가위와 풀의 역사'는 지양할 생각이었다.

당시 그 자리에 참석하였던 많은 분들도 이런 점에 공감하였다. 주위에서 너무 미화된 자서전들이 많이 나오고 있고, 그 자서전들은 그 동네에서나 읽히는 '구멍가게' 차원의 자서전이고, 발행일이 지나면 사라져 버리는 일회용 자서전들이라는 것을 잘 알고 있었다. 특히 대부분이 춤꾼인 이들은 '평론가'에 대한 불신이 대단하였다. 잘은 모르지만 어떤 평론가는 이 춤꾼과 또 다른 평론가는 저 춤꾼과 커넥션이 있기 때문에 평론가의 평을 믿을 수 없다고 하였다. 무용계의 인맥이 뻔하기 때문에 이매방 평전을 어떤 평론가가 썼을 경우, "그렇지 뭐~ 뻔하지~" 이런 반응이 올 수 있는데, 그런 차원에서라도 이 평전을 역사학자에게 맡긴 것은 다행이라고 하였다.

이 부분은 당사자인 이매방도 적극 공감하였다. 평소에 구술할 때도 이매방은 자신이 실수 많았던 인간에 불과하다고, 누구나 실수

'평전' 관련 대화 후, 저자의 손을 꼭 잡고 같이 앉아 있던 이매방 선생

하며 산다고, 자기를 미화하지 말아달라고, 당부하였다. 이 날도 나의 손을 꼭 잡으면서, 말이 어눌했기 때문에 눈으로 적극적인 공감을 표현하였다.

4) 이날 이후 많은 분들이 보충자료를 제공해 주었다. 미처 생각하지 못했던 부분을 말해 준 분도 있고 새로운 아이디어들을 말해 준 분도 있다. 예를 들면 이런 얘기들을 흘려버릴 수 없었다. "해방 전후사에서 전국에 이매방 같은 명인들이 많았을지 모른다. 하지만 그분들은 묻혀버렸고, 이매방 선생은 빛을 보았다." "무형문화재 지정은 약이면서 독이 되었다." "무형문화재 지정 이후 이수자들을 대량생산하기 시작했다." "창무회 해체 이후 좋은 인적 자원들이 대

거 이매방선생 문하로 입문하였다." "이매방 선생님은 어떤 춤꾼보다도 먼저 당신 춤의 세계화에 눈을 뜨셨고, 그것을 위해 노력하셨다." 등등…

그렇다면 그 많은 무명의 명인들 중에서 빛을 발한 사람이 "왜 하필 이매방이었는가?"를 집중적으로 파고 들었다. 또한 승무와 살풀이춤 무형문화재 지정 전후를 다시 한 번 살피고, 이수자 교습 방법도 좀더 깊이 들여다 보았다. 무형문화재 지정 이후의 이매방의 달라진 삶과 춤세계를 좀더 보강하고 '축복과 그 그늘'이라는 양날의 칼을 좀더 과감하게 다루기로 하였다. 그리하여 '부와 명성을 모두 얻은 남자'의 '축복과 그 그늘'을 가감 없이 서술하기로 하였다. 그리고 '창무회'와 '이매방 춤의 세계화'에 좀더 주목하였다.

'평전'을 쓰고 있던 나에게 이 날 모임은 큰 계몽이 되었다. 그리고 '백화점' 식으로 잡다하게 원로들의 회고들을 진열하는 서술은 지양해야 한다는 내 방향이 옳다는 확신이 들었다. 그래서 '회고'나 '증언'은 '평전'이 나아가는 방향에 부합한 범위 내에서, '평전'이 가지고 있는 '스토리텔링'을 강화하는 데 가장 적합한 부분만 최소로 따오기로 하였다. '평전'의 '스토리텔링'의 큰 물줄기는 물론 '이매방의 회고와 증언'이 될 터였다. 이른바 '사공이 많으면 배가 산으로 올라간다'고, 아무리 좋은 원로들의 '회고'가 있고 아무리 재미있는 주변의 이야기가 있다 하더라도, 목적지를 향해 한 발 한 발 전진하고 있는 '이매방 스토리텔링'이라는 '거대 서사'의 커다란 물줄기를 탈 수 없으면 굳이 끌어올 필요가 없었다. 왜냐하면 이매방이 구술로 풀어놓은 산재된 이야기 안에 이미 '거대 서사'가 숨어 있었기 때문이다.

이매방은 마치 자신의 죽음을 예감이라도 한 것처럼, 지상에서의 마지막 나들이를 하였다. 2015년 6월에는 자신이 어린 시절 춤을 배웠던 광주 권번을 해체한 부재를 사용해 건축한 정읍에 있는 권번 문화 예술원인 '예가인' 개원을 축하하는 자리에 참석하였다. 정읍 김동수 가옥 옆에 위치한 권번 문화 예술원은 전통문화예술 교육 및 한옥 숙박 등 체험 프로그램을 운영하기 위하여 건립한 시설인데 신축할 때 광주 권번의 상량문이 쓰여진 인연으로 광주 권번에 있었던 이매방을 초대하게 된 것이다.

광주 권번은 목포 권번과 함께 이매방 춤의 뿌리이다. 그가 처음 춤을 시작한 곳이다. 그런데 그가 세상을 떠나기 2달 전 다시 시작한 뿌리로 돌아왔던 것이다. 시작과 끝이 맞닿아있어서 그랬던지, 그는 시종일관 편안해 보였다고 한다. 그를 위해 한옥 건물 툇마루에 보료를 깔아 줬는데, 팔걸이에 기대어 마당을 지그시 내려다 보며 앉아 있는 모습이 '엄마 품에 안긴 아이'처럼 너무나 편해 보였던 것이다. 그래서 그랬던지 행사가 끝나고 참석자들이 모두 다 가고도 일어설 줄 모르고 앉아 있어서 겨우 재촉하여 모셔왔다고 한다.

그때 그는 하염없이 앉은 채로 무슨 상념에 젖어 있었던 것일까. 혹 "선천적으로 춤을 춰야 했던 나, 참으로 모진 인생길이었나 보다. 춤 외엔 아무것도 몰랐으니, 정과 한을 춤으로 내몰았으니 …, 목포에서 출발해서 돌고 돌아 여기까지, 그래 여기까지가 나의 춤 인생이었나 보다."라는 상념이었을까.

이매방에게 고향 목포는 예술의 모태다. 자신의 이름을 딴 전국무용대회는 목포와 이매방을 이어주는 탯줄이나 다름없다. 생의 마지막 순간까지도 그는 고향에 대한 애정의 끈을 놓지 않았다. 그는 7월 24일 목포문화예술회관에서 진행된 '제10회 우봉 이매방 전국무용경연대회'에 참석해서 의연하게 자리를 지켰다. 그리고 다음날부터 1박 2일로 진행된 '살풀이춤 연수회'에 참석하고 며칠 뒤 눈을 감았다.

그의 춤의 뿌리가 권번이었고, 그의 춤의 보급 통로가 목포의 이매방춤 전수관임을 생각할 때, 어찌 보면 그의 춤의 처음과 끝인 곳이다. 결국 어려운 역경과 피나는 고난을 헤치고 일어난 곳이고, 이매방의 예술세계가 살아 숨 쉬는 민족 춤으로 꽃피어진 곳이기도 하다.

> 그것은 춤을 통해 우리의 뿌리를 갖는 것이었고, 춤을 통해 민족주의적 정신을 찾는 것이었다. 그것이 이매방이 갖고 있었던 춤에 대한 본성이요 정신이었다. … 그러므로 이 땅에 오랫동안 전래되어온

우리의 것은 외래의 것에 밀리거나 일방적으로 시비 당하면서 문화적 정체성을 빼앗기는 패배의 싸움판에서 허우적거려야 했던 그 상황 속에서 선생님은 묵묵히 그리고 꿋꿋하게 우리 춤을 지켜 내셨다. 그리하여 민족의 춤을 옥석으로 다듬어 세상에 펼쳐 보임으로써 민족 무용예술의 가치를 되살리는데 평생 힘써 왔었다. 결국 어려운 역경과 피나는 고난을 헤치고 일어난 선생님의 예술세계는 살아 숨쉬는 민족 춤으로 꽃피어졌다. (양종승, 『월간 몸』, 2015년 9월호)

이제 육체로서의 이매방은 가고 없다. 하지만 정신으로서의 이매방은 제자들에게 여전히 이렇게 메아리치고 있는 것이다.

사진 (A)는 마지막 나들이로 정읍에 갔을 때이다. 그는 허리가 아파서 춤 추는 것은 고사하고 일어날 수조차 없었다. 그런데 살풀이 수건을 쥐어주자 펴지지 않는 허리가 펴지면서 일어나 춤추는 자세를 취하고 있다. 마치 자신이 늘 얘기하듯, "자신은 무대에서 춤추다 쓰러질 사람"이라는 말을 실현이라도 하듯이.

사진 (B)는 이매방에게 정부에서 은관문화훈장을 수여한 모습이다. 유가족들이 그 훈장을 받아서 안고 있고, 사진 좌우편에 대통령 박근혜와 국회의장 정의화가 보낸 조화가 보인다.

두 사진 가운데 어느 편이 '하늘이 내린 춤꾼' 이매방에게 어울리는가? 사진 (A)는 불교에서 인간이 반드시 겪어야만 한다는 네 가

(A) 마지막 나들이 정읍에서의 모습

(B) 이매방에게 수여된 은관문화훈장과 대통령 박근혜의 조화

지 고통, 즉 태어나 늙고, 병들고, 죽는 네 가지의 고통이 인간 이매방의 한 몸에 집약되어 나타나 있다. 사진 (B)는 비록 죽음 이후의 일이지만 인간이 누구나 꿈꾸는 '부귀영화'의 모습이 정부의 '훈장'과 대통령과 국회의장의 '조화'로 응축되어 나타나 있다. 춤꾼 이매방이 지금까지 걸어온 길에 대해 세상 권력이 주는 보상인 것이다. 어떤 춤꾼인들 '가문의 영광'인 사진 (B)를 부러워하지 않겠는가?

하지만 이매방이 살아서 사진 (B)를 보았다면, 전혀 부러워하지 않았을 것이다. "자신이 좋아서 걸어온 길에 대해서 왜 세상으로부터의 보상을 바랄 것인가?"하고 숨어버렸을지도 모른다. "요샛 것들은 다 티비에 나오는 것만 좋아하고, 세상에서 박수 받는 데 환장했어야."하고 시브럴(?) 거렸을지도 모르겠다. 이매방이 늘 얘기하듯, 자신은 천생 '춤을 추다가 갈 사람'이라는 관점에서 본다면, 사진 (A)야말로 너무나 '이매방다운' 장면이다.

사진 (A)에는 불교의 '생로병사'라는 인간의 네 가지 고통 중에서 세 가지를 이미 겪었고, 마지막 한 가지 '죽음'을 앞에 두고 있지만, 그 죽음 앞에서 '비록 휘지만 꺾이지는 않는' 그의 예술혼이 쇠잔한 육체 전체를 관통하고 있다. 살풀이 수건 한 장이 아니었다면, 바람 앞에 흔들리는 등잔처럼 죽음 앞에 무력한 평범한 인간의 무너져가는 몸둥아리에 불과할 수도 있었다. 하지만 그 수건 한 장이 그의 춤 안에서 '삶과 죽음 사이의 거리'를 무력화시키고 있다. 그 수

건 한 장이 그가 여기까지 걸어온 구도의 길로서의 춤꾼의 전생애를 웅변하고 있다. 죽음의 사자조차도 감히 범접 못할 춤꾼 이매방만의 독특한 '아우라(aura)'가 서려 있다.

 나는 '늙고 연약한 것'이 오히려 아름다울 수 있다는 것을 사진 (A)를 통해서 보았다. 비록 죽음의 문턱까지 왔지만, 세상의 흔들리는 파도 속에서 이리저리 흔들리면서 춤꾼으로서 여기까지 걸어온 길, 그 여정 자체의 진정성을 온몸으로 보여주고 있기 때문이다. '여정 자체가 곧 보상이요 축복이란 것을!' 우리가 아이들을 키울 때도 그렇지 않은가. 아이 키우는 과정 자체가 곧 보상이요 축복인 것이지, 아이가 커서 우리에게 갚는 보상을 기대하고 아이를 키우는 것은 아니지 않은가.
 하지만 '젊고 강한 것'만이 대접받는 세상에서 당신의 눈길이 자꾸 사진 (B)로 쏠린다 해도 결코 당신을 탓하고 싶은 마음은 없다.

 그러니까 춤꾼 이매방이 자신의 죽음을 예감하듯 마지막 나들이를 목포로 갔을 때의 일이다. 2015년 7월 24일, '제10회 우봉 이매방 전국무용경연대회'에서 제2, 제3의 '이매방'을 꿈꾸는 춤꾼들이 한껏 기량을 뽐내고 있었다. 출연자들의 춤을 꼼꼼히 지켜보던 이매방이 나지막이 속삭였다. "나도 춤추고 싶다!"
 "나도 춤추고 싶다!"… 이것이 하늘이 내린 춤꾼 이매방의 마지막 유언이다. 이것이 찬사와 비난을 한 몸에 받아온 인간 이매방의 전부이다. 이것이 무형문화재와 같은 세상 나부랭이들을 다 벗어던 졌을 때 유일하게 남은 알몸 이매방의 민낯이다.

죽음 앞에서 자연스레 터져 나온, "나도 춤추고 싶다!"는 이 한 마디면 이매방이 어떤 사람인지 알기에 충분하지 않은가. 그가 춤꾼으로서 어떻게 살아왔는지 알기에 부족함이 없지 않은가. 왜 이매방이 '이전에도 없었고 이후에도 없을 춤꾼'인지를 알기에 넉넉하지 않은가.

80평생을 춤만 추어온 하늘이 내린 춤꾼의 마지막 유언 같은 "나도 춤추고 싶다!"는 이 말 앞에 나는 부끄러워 무릎을 꿇는다. 나 또한 40년 가까이 내 전공 영역에서 나의 길을 걷고 있다고 자부해보기도 하지만, 정말로 얼마나 '곰삭았'으면 죽음 앞에서 저런 말이 나올 수 있을까? '평전'이라는 이름으로 서술해온 지금까지의 장황한 이 글이 한없이 초라해질 뿐이다. 더 이상 무슨 말이 필요하랴!

● 후기

이전에도 없었고 이후에도 없을 이매방 춤의 향방

    2015년 8월 7일 오전 9시경, 이매방이 갑자기 세상을 떠났다. 물론 그의 죽음이 예견되지 않았던 것은 아니지만, 매번 죽음 앞에서 다시 일어서곤 하였던 그였다. 그런 까닭에 제주도에서 여름휴가를 마치고 돌아오자마자 접한 그의 비보는 너무 급작스러웠고, 몇 년 동안 그의 평전을 준비해왔지만 끝마치지 못한 채 맞은 그의 죽음은 한편으로 너무 당황스러웠다. 이제는 마지막이 된 그의 생일잔치에서 꼭 쥐었던 그의 연약한 손과 나를 느긋이 바라보며 평전에 대한 내용을 귀기울여 듣던 그의 눈길이 떠올랐다. 최근에 평전을 마무리한다고 좀 미세한 부분을 질문하면, 모든 삶의 기억이 부질없다는 듯 모르겠다고 눈만 껌벅거리곤 하던 그였다.

나는 그의 제자가 아니어서 애증관계 또한 없었다. 나는 그를 있는 그대로 보기를 원했고, 있었던 그대로 쓰기를 원했다. 그리고 앞으로 오고 올 제2, 제3의 이매방들에게 "무엇이 이매방으로 하여금 이매방이 될 수 있게 하였는가"를 느꼈던 그대로 전하고 싶었다. 그런데 그의 영정 앞에 선 순간 갑자기 눈물이 왈칵 쏟아졌다. 나 자신도 놀랐다. 보는 눈이 없었다면 차라리 퍼질러 앉아서 대성통곡하고 싶을 정도였다. 평전 속의 3인칭 객관적 대상이었던 그가, '나'와 '너'의 2인칭 주관적 관계 속으로 들어왔던 것이다. 장례식장에서 만난 그는 더 이상 평전 속의 객관적 대상으로서의 '그(Him)'가 아니라, 뼈만 앙상하게 남은 손으로 내 손을 꼭 쥐고 오히려 이 땅에 남은 나를 위로하며 허허로운 웃음을 웃는 2인칭으로서의 '당신(You)'이었던 것이다.

그때 나는 그의 급작스런 죽음이 너무 서러웠다. 그의 죽음이 안타까우면서도 또한 그를 보내고 남은 '우리'가 너무 서러웠다. 왜 그렇게 그의 죽음이 나에게 서러웠던 것일까? 나는 단지 역사학자로서 역사적 인물을 평가하기 위해 객관적인 대상으로서의 거리를 유지한다고 하였는데 어느새 그의 너무나도 인간적인 삶이 나에게 '나와 너'의 주관적 관계로 젖어들었던 것일까. 그때 왜 그렇게 그의 마음이 실재하는 것처럼 느껴졌던 것인지 모르겠다.

……

원래 이 후기는 그의 급작스러운 죽음이 아니었으면 쓰지 않았을

지도 모른다. 왜냐하면 이 후기는 그의 춤을 사랑하고 그의 인간으로서의 아픔을 서럽게 느끼는 이매방 선생의 '춤과 삶' 애호자의 주관적 훈수의 장이 될 수 있기 때문이다. 하지만 이제 그를 떠나 보내면서, 평전을 집필하는 과정에서 호흡한 그의 '마음의 결'을 가지고 남은 '우리'에게 '이매방 춤의 향방'과 관련한 몇 가지 이매방 선생의 '마음'을 전하고자 한다.

목포 이매방 전수관 앞 바닷가에서 평안한 모습으로 앉아 있는 모습(2010.7.15)

첫째, 이매방 춤의 전승과 가까이 있다고 생각하는 사람들은 먼저 자기를 돌아보기 바란다. 나는 이 평전을 쓰면서 이매방 선생이 무형문화재로 지정된 것이 한편으로는 그의 춤과 삶을 서서히 무너뜨려갔던 면을 보았다. 이매방 선생은 죽음을 앞두고 자신의 죽음 이후 벌어질 자신의 춤의 향방에 많이 가슴아파했다. 물론 그의 춤 전승을 위해 이른바 전수조교 제도도 있는 것이지만, 그는 정부가 지정하는 '무형문화재제도'에 의해 자신의 춤이 보존되고 전승되리라고는 믿지 않았다.

잘 알다시피 말년에 그는 자신의 살풀이춤 전수조교 가운데 한 사람이 이미 자신의 춤이 아닌데도 자신을 팔고 있다고 늘 한탄하였다. 심지어 자신이 피를 토하고 쓰러진 원인이 그 억울함에 있다고 늘 하소연하였다. 나는 '평전' 작가를 떠나서 한 인간으로서 더 이상 그의 한탄과 하소연이 하늘에서까지 이어지기를 원치 않는다. 비록 그가 생전에 이 땅에서 저지른 실수로 말미암아 고통을 받았다 하더라도, 그로 말미암아 다시 하늘에 사무치는 한(恨)이 생겨나지 않기를 바란다. 따라서 그의 이러한 억울함과 관련된 이들은 이제는 그의 원혼을 훌훌 놓아주기 바란다.

이매방 선생은 자신의 육체가 힘을 잃고 노쇠해가면서 아내 김명자에게 점점 의지하였다. 자신의 아내가 비록 융통성이 없지만 올곧기 때문에 마지막에 자신의 춤을 원형 그대로 지킬 사람은 자기 아내밖에 없다고 믿었던 것이다. 하지만 한편으로는 자기 부인은 자신과 같은 '생득적(生得的)' 춤꾼이 아니기 때문에 그의 춤이 학습만으로 '전수'될 수 없음을 알았고 그 사실이 점점 무너져가는 육체의 아픔과 함께 그의 외로움이 되었다. 오죽하면 그가 입버릇처럼, "나 죽으면 내 춤은 내가 가져간다."고 하였겠는가.

이매방 선생이 느꼈듯이, 춤꾼 이매방과 춤꾼 김명자의 '유전자(DNA)'는 같지 않다. 이매방 선생의 살풀이춤은 춤꾼 이매방의 DNA의 발현이다. 학습만으로는 '전수'될 수 없는 이매방 살풀이춤의 '생득적' 힘과 아름다움이 학습에 의한 '전수'의 편의성과 교조성으로 인해 질식당하지 않도록 각별히 주의해야 한다. DNA의 전수는 불가능할지라도, 동작만의 '전수'가 아니라 '마음의 결'이 전수될 수 있도록 이매방 선생의 자유혼 앞에 겸허하게 엎드려서 남편으로서의 '그'가 아닌 스승으로서의 '그'를 배워야 한다.

이러한 당부는 춤꾼 이매방의 DNA를 유일하게 물려받은 외동딸 '현주'에게도 적용된다. 몸 안에 그의 DNA를 느끼고 결연하게 일어서야 한다. 그가 남긴 물질적 유산이나 후광에 의지하려 하면 안 된다. 자신의 몸뚱아리가 곧 이매방 선생의 유산이고 자신의 호흡이 곧 그의 호흡임을 늘 자각하면서 '생득적' 춤꾼의 길을 가야 한다. 이매방 선생이 이 땅에 남긴 마지막 유산으로서의 긍지와 소명의식을 가지고 그의 춤이 어디까지 왔고, 어디를 향해서 가야 하는지 끊임없이 이매방의 DNA에 물어야 한다.

이매방 선생은 생전에 딸 이현주를 늦둥이인데도 불구하고 아주 살갑게 대했던 것은 아니다. 하지만 밖으로 표출을 안 해서 그렇지 속으로는 하나뿐인 자신의 딸을 늘 마음속에 담아 두고 있었다. 자신이 이 세상에 남길 유산이 춤과 그녀뿐임을 직감하고 있었다. 그리고 그녀에게서 유일하게 자기와 같은 춤꾼으로서의 DNA가 꿈틀대고 있음을 놓치지 않았다. 그래서 그 DNA를 "현주가 '끼'는 있는데…"라고 인정한다. 그 '끼'가 곧 자신이 어린 시절 자기에게서 느꼈던 바로 그 '끼'임을 아버지만의 '본능'으로 이미 파악하고 있었다. 그래서 더욱 아쉬웠다. 그래서 더욱더 딸 '현주'에게만은 여느 아버지처럼 무력감을 느꼈다. "현주가 춤에 미치지 않어…"

이제 '현주'는 아버지에게 더 이상 무력감을 안겨 줘선 안 된다. 아버지 이매방이 춤에 미쳐 한평생을 살았다면, 그의 유일한 DNA 전수자인 현주도 생전의 아버지 바람처럼 "이제는 춤에 미쳐야 한다." 그리하여 춤꾼 이매방이 자기 스승 이대조의 거울에서 자신의 소명의식을 보았고 자신의 삶을 던졌듯, 춤꾼 이현주도 세계에서 유일한, 그래서 세계문화유산이 될 수도 있는 이매방 춤의 향방에 자신의 삶을 던질 수 있어야 한다. 아버지 '이매방'이 외롭고 고독하게 그 길을 걸어왔듯이, 딸 '이현주'도 더 이상 물질적 풍요나 혹은 남편에 안주하려 하지 말고 무소의 뿔처럼 혼자서 외롭게 그 길을 걸어가야 한다.

목포 문예회관 뒤 바닷가에서 부녀간의 다정한 모습(2010년)

둘째, 이매방 선생의 춤의 충격은 〈승무〉에서 나왔다. 이매방 선생은 평소에도 늘 〈승무〉야말로 최고의 춤이라고 승무에 대한 애정을 각별하게 보였다. 앞에서 보았듯, 이매방류 승무는 한영숙류 승무와는 전혀 다른 세계이다. 이 승무가 이름이 같다고 하여 하나로 합친다면 우리 전통춤의 영역을 좁히는 우를 범할 뿐만 아니라 인류 문화유산의 측면에서도 엄청난 범죄를 저지르는 것이다. 우봉 이매방 춤을 보존하는 모임에서는 이 사실을 명심해야 한다. '이매방류 승무'의 독자성과 천재성이 묻히지 않도록 학술 활동을 통하여서 알리고 또 공연 활동을 통하여 느끼게 하여야 한다. 이를 위하여 '우봉춤보존회'는 이제 열린 마음을 가지고 다른 류파와도 교류하고 다른 생각을 가진 사람들도 받아들여 더욱 큰 장을 만들어야 할 것이다.

마음에 맞는 사람끼리만 모여 교류하는 '동호회'의 수준에서 이매방 춤을 박제화해서는 안된다. 이매방 춤을 국수주의적이고 봉건적인 냄새를 풍기는 이른바 '국무(國舞)'로 '옹립'하려는 '우물안 개구리'식의 자기 만족적 평가는 지양해야 한다. '국무(國舞)'라는 개념은 이미 1989년 평론가 강이문이 '과거 현재 미래를 일관하여 한국 민족이 만든 무용의 총칭'(강이문, 『한국무용문화의 전통』)으로 제시되었던 터인데, 20년 이상의 시간이 지난 뒤 이런 선행 개념에 대한 이론적 검토도 없이 대뜸 "명창 중에서도 뛰어난 명창을 '국창'이라고 하는 만큼, 명무 중에서도 빼어난 명무를 '국무(國舞)'라고 한다. 하늘이 내린 춤꾼이라 칭송되는 이매방이기에 더더욱 이 시대의 국무로 꼽지 않을 수 없다."(이병옥, 『이매방화보집』)는 단순논리로 이매방 춤을 화석화한다면, 요염하면서도 흙냄새 풀풀 풍기고, 민중적이면서도 품격이 있으며, 한(恨)에 가슴 절이면서도 흥(興)으로 다시 차고 올라서는 이매방 춤의 '생득적 생명력'을 옭아매는 일이 될 것이다.

이제는 전근대적인 '한국적 정서'만을 내세우고 이매방 이름 석자의 후광에만 기대어 연명하는 '남은 자'들의 자기만족적 '보존'이어서는 안된다. '한국적 정서'를 끌어안고 인간적 본능에 닿아있는 이매방 춤만의 '정중동'의 미학을 통해 세계와 공감할 수 있는 소통의 창구 역할을 하는 것이 이매방 선생이 바라는 진정한 '보존'이 아닐까.

잘 알다시피 이매방 선생은 이미 25년 전부터 자신의 춤의 세계화에 눈을 뜬 선각자이다. 그 당시 아무도 눈을 돌리지 않던 재일교포들에게 자신의 춤을 전수하기 시작했고, 1990년대에는 일본으로 건너간 제자 김묘선이 있는 도쿠시마를 중심으로 자신의 춤을 직접 일본인들에게 전하기 시작했다. 그리고 이어서 미국에서도 LA를 중심으로 자신의 춤을 보급하기 위해 지부를 결성하기도 하였다.

이처럼 그는 자신의 춤 〈승무〉가 세계에 알려지길 원했고, 유네스코문화유산으로 등재돼서 계속 보존되길 원했다.(김묘선 회고) 이

일본 도쿠시마 아와오도리축제(1996.8)

것은 이매방이 자신의 춤의 가치를 너무 잘 알고 있다는 반증이기도 하다. '가장 조선적인 것이 가장 세계적인 것'이 될 수 있다는 것을 이미 1970년대에 마고트 폰테인을 통해서 확인한 터였다. 따라서 자신의 춤에 대한 자신감의 발로이기도 하였다. 이렇듯 〈승무〉를 비롯한 이매방 춤의 세계화는 곧 이매방의 유지이기도 한 것이다.

셋째, 소명을 영어로는 '콜링(calling)'이라고 한다. 이 '콜링'의 뜻을 가장 잘 보여주는 것이 예수가 그의 12제자들을 부르는 방식이다. 예컨대 고기 잡는 어부였던 베드로를 불러서 이제부터는 사람 낚는 어부가 되도록 하겠다는 부름이 곧 그것이다. 그리고 이와 관련해서 동양에서는 '친자(親炙)'라는 말이 있다. 이 '친자(親炙)'의 뜻은 『우리말큰사전』에서 "스승에게 가까이하여 그 몸소 가르침을 받음"이라고 되어 있다. 원래 이 '자(炙)'의 어원적 의미에는 스승이 침을 튀길 때 그 침을 받아 먹을 정도로 가까이 있는 것을 가리키는 의미가 있다. 나이든 스승이 음식을 우물거리다가 주면 그것을 받아 먹을 정도로 스승 가까이 있음의 표현이다.

이매방 선생 또한 자기가 아끼는 제자들에게 자신이 먹던 음식을 우물거리다 나눠 주기도 하였고, 나도 또한 그런 일을 겪은 적도 있다. 또 무협소설이나 영화를 보면 제자들에게 무술을 가르쳐줄 때 처음부터 무술을 가르쳐주는 것이 아니라, 밥 하고 빨래 하고 허드렛 일부터 시키는 것을 볼 수 있다. 왜냐하면 무예의 전수는 단지 싸울 때만 발휘되는 기술의 전수가 아니라 일상의 삶 자체가 곧 예(藝)가 될 수 있는 도(道)의 전수이기 때문이다.

이렇게 밥 하고 빨래 하고 허드렛일 하면서 이매방 선생의 튀긴 침을 받아 먹고 우물거리던 음식을 나누었던 제자들이 있었다. 이매방 선생은 이들에게 "너희들은 하늘이 내게 주신 인연"이라고 말하였다. 하늘의 인연으로 맺어진 '친자(親炙)'의 제자들은 그가 왜 자신들을 불러 몇 년 동안 숙식을 같이하고 허드렛일 시키면서 가까이 있게 하였는지 숙고할 필요가 있다. 이매방 선생으로부터 자신들에게 주어진 부름(calling), 곧 소명을 곱씹을 필요가 있다. 비록 예수의 12제자는 아닐지라도, 이매방 선생의 부름 받은 제자로서의 소명이 어디 있는지를 '이전에도 없었고 이후에도 없을 이매방 춤의 향방'과 관련하여 깊이 성찰하였으면 한다.

지금도 예수의 제자들을 통해 그의 현존을 느끼듯, 이매방 선생의 부름받은 제자들을 통하여 앞으로 이매방 춤의 현존을 느끼고 싶어 하는 것은 지나친 일인가? 그럴지도 모른다. 하지만 이보다 적은 것을 바랄 이유가 무엇인가!

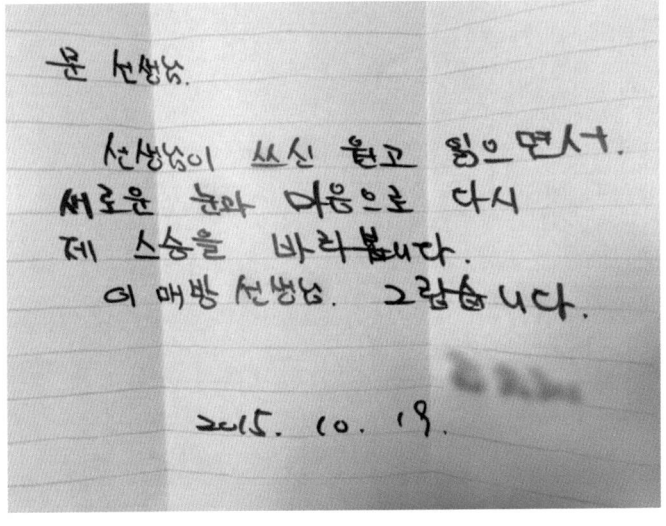

평전 원고 초고를 읽은 어느 제자가 보내온 메모 편지

추기

  원고가 완성되고 나서 아버지에 대한 부정적인 서술을 읽으면서 마음에 상처를 받았던 외동딸 이현주씨께는 뭐라고 할 말이 없다. 아버지 사십구재가 끝나기도 전에 아버지 이매방의 약점을 냉정하게 서술한 부분들을 읽으면서 설움이 복받쳐 올랐을 것이다. 그냥 평범한 인간에 대한 평전 같으면, '좋은 게 좋은 거라고' 평범하게 서술하면 그만이었을 것이다.

  실제로 이 평전을 쓰면서, 다른 춤꾼들의 기왕의 평전들을 읽어 봤는데, 대부분 '좋은 게 좋은 거'라는 평면적인 서술의 나열에 불과한 것이 많았다. 이매방 선생을 '그들 중의 하나(one of them)'로 만들고 싶지 않았다. 왜냐하면 이매방 선생은 실제로 '유일무이(唯一無二)'하기 때문이다.

  사실 기존의 논문들이나 잡문들을 모아다가, '이매방의 작품세계: 1. 승무, 2. 살풀이춤, 3. 검무, 4. 입춤 …' 하는 식으로 평면적으로 나열하면서 '평전'이라고 들이밀 요량이었으면, 나도 속된 말로 '손 안 대고 코 풀 수 있었고', '누이 좋고 매부 좋을 수' 있었을 것이다.
  하지만 이매방의 '광기에 가까운 완벽주의'를 생각할 때 그것은 인간 이매방에 대한 '배신'이었다. 그가 '베스트(Best)'이기 때문에 나도 '베스트(Best)'를 다하고 싶었다. '과유불급(過猶不及)'이었더라도 너그럽게 읽어주기 바란다.
  다만 인간 이매방의 춤세계는 그 모든 칭찬과 비난을 끌어안을 정도로 '크고', 심지어 '삶과 죽음 사이의 거리'까지를 무색케 할 정도로 '깊다'고 믿는다.

● 감사의 말

　우여곡절을 겪으면서도 이 책이 이렇게 세상에 나오게 되는 데 도움을 주신 분들은 이루 헤아릴 수가 없다. 거의 3년이라는 세월이 흐르면서 직접 간접으로 이매방 선생에 대한 많은 이야기를 접할 수 있었는데, 그 이야기들이 정확하게 직접 인용되지는 않았지만 이 책의 곳곳에 스며들어 있다.

　이 책에 나오는 이매방 선생의 직접 진술은 필자와의 대담 부분과 백경우 박사학위 논문 부록의 대담 부분을 빼면, 많은 부분이 김영희 채록의 『2005년도 한국 근현대예술사 구술채록연구 시리즈67 이매방』에 힘입었다. 서술의 흐름과 책의 성격상 일일이 전거를 밝히지는 못했지만 그 책이 없었으면 이런 작업이 불가능했을 것이다.
　또한 이 책에 실린 대다수의 사진 자료는 『우봉 이매방화보집』의 실질적인 저작권자인 '우봉이매방춤보존회(회장 김명자)'의 사전 동의를 받고 사용하였다. 그리고 제자들의 진술 가운데 많은 부분도 이 화보집 뒷 부분에 나온 「제자들이 말하는 스승의 삶」에서 따왔다. 사진과 글들을 일일이 모은 수고 끝에 나온 『우봉 이매방화보집』은 앞으로도 이매방 연구의 수고를 덜어줄 수 있는 충실한 1차 자료로서의 역할을 하리라고 본다. 이 책의 부록에 실려 있는 이매방 연보 또한 『우봉 이매방화보집』에 실린 내용(양종승 집필)을 토대로 최근 것을 보태고 가감하여 편집한 것임을 밝혀 둔다.

이 책의 1장 목포의 도시 상황은 고석규, 「근대도시 목포의 대중문화를 통해 본 식민지 근대성」(『지방사와 지방문화』9-1)을 주로 참고하였고, 2장의 권번 부분은 김정녀, 『문화재 제21호: 권번의 춤에 대한 고찰』(문화재연구소, 1988)을 참고하였다. 그리고 4, 5장의 매란방과 최승희에 대한 부분은 저자의 논문, 「동아시아 현대사 속의 매란방과 최승희, 그리고 호남예술의 진수 이매방」(『우리춤연구』19)에서 요약 발췌한 부분이 많다. 5, 7, 8장에 나온 각 시대별 무용계 동향 부분은, 한국예술연구소 편, 『한국현대예술사대계 Ⅰ Ⅱ Ⅲ Ⅳ Ⅴ』의 무용 부분 서술을 참조하였다.

11, 12장에 나온 이매방 춤의 양식적 특성과 미의식에 대해서는, 백경우씨의 「이매방 춤의 양식적 특성으로 본 역학적 분석」(2011, 성균관대 박사학위논문)에 크게 도움을 받았다. 그리고 이매방 춤 복식의 특징과 변화에 대해서는, 그동안 이매방 선생 곁에서 이매방 춤 복식을 함께 만들어온 정예희씨의 「이매방 살풀이춤[중요무형문화재 제

97호] 복식 연구」(2013, 『복식』63-7)를 주로 참고하였다. 구체적으로 일일이 전거를 밝히지 못하였지만, 이 책의 곳곳에 스며있는 그들의 노고에 감사드린다.

특히 이 책의 10, 15, 16장 부분은 김명자 사모와의 직접 면담이, 14장과 15장 부분은 김리혜 선생과 강성민 선생과의 직접 면담이, 16장은 권소온 선생(고 임이조선생의 사모)과의 직접 면담이, 그리고 이매방 선생의 유지인 '승무의 세계화'에 관해서는 김묘선 선생과의 직접 면담이 큰 도움이 되었다. 번거로움을 무릅쓰고 면담에 응해준 데 대하여 진심으로 감사드린다.

또한 최종 원고를 끝까지 읽고 검토해 주신 진유림 선생과 채향순 선생께도 감사 말씀을 전하고 싶고, 이매방 선생 장례식에서 우연히 만나서 이매방 선생의 마지막 나들이인 정읍에서의 일을 들려주고 자료를 제공해 준 제자분께도 깊은 감사를 드린다.

끝으로 평전 이야기가 나오고부터 지금까지 거의 3년이라는 긴 시간을 믿고 기다려 주신 '우봉춤보존회'의 지원에 감사드린다. 특히 '우봉춤보존회'의 김명자 회장님의 말없는 격려는 집필 도중에 포기하고 싶은 유혹을 이겨내는 큰 힘이 되었다. 이매방 선생께서 생전에 모든 역경을 이겨내고 정상에 우뚝 설 수 있었던 내조의 힘이 어디서 왔는가를 느낄 수 있었다. 왜 이매방 선생께서 돌아가시기 전에 자신의 춤의 원형을 지킬 수 있는 사람은 김명자 사모밖에 없다고 역설하였는지 이해할 수 있었다.

　저자와의 몇 차례 직접 면담 중에 귀찮아서 짜증을 부리다가도, 그 앞에 예쁜 학생들을 데리고 가서 포진시키면 언제 그랬냐는 듯이 눈을 반짝거리면서 열변을 토하던, 엉뚱하기까지 한 이매방 선생이 불현듯 그리워진다. "이매방 선생님, 저에게 이렇게 평전 쓸 기회를 주셔서 감사합니다. 사랑합니다. _^^"

마지막 나들이(정읍)에서 무한상념에 잠긴 모습

이매방 연보

성   명 : 이매방(李梅芳)(본명: 규태(圭泰), 아호: 宇峰)
생 년 월 일 : 1927년 3월 7일(음력) 5월 5일(양력)
출   생   지 : 전라남도 목포시 대성동 186번지
가 족 사 항 : 부인 김명자(무용가), 딸 현주(무용가)
무용 전수소 : 서울시 서초구 양재동 291-18 제성빌딩 4층

최종학력

1935. 3 중국대련 정포소학교 입학
1939. 3 목포 북교소학교로 전학
1940. 2 목포 북교소학교 졸업
1943. 2 목포 공업학교 졸업

예술수업

1935년-1948년 李大祚 李昌祚 朴永九 선생으로부터 僧舞, 劍舞, 살풀이춤 등 傳統舞
              踊 師事

경 력

중요무형문화재 제 27호 승무 보유자(1987년 지정)
중요무형문화재 제 97호 살풀이춤 보유자(1990년 지정)
한국무용협회 고문
한국국악협회 고문
용인대학교 무용학과 대우교수 역임(1996~2000)

상 벌

1977. 6. 29	부산시 눌원문화상 수상
1981. 10. 18	예술대상(한국전통무도예술협회)
1984. 10. 20	옥관문화훈장서훈(대통령)
1992. 10	예술문화대상(한국예술문화단체총연합회)
1995. 11	성옥(聲玉)문화상 수상
1998. 7	프랑스 예술문화훈장 수상
2001. 10. 7	제1회 세종국악대상
2002. 12. 18	무용대상(한국무용협회)
2004. 10	임방울국악상 수상
2008. 9	한민족 문화예술대상
2015. 8	은관문화훈장

국내 주요 공연 경력

1941년		목포에서 열린 "명인명창대회"에서 〈승무〉 공연으로 첫 데뷔
1945년		해방 후 권번에서 춤을 가르치기도 하고 공연도 하였음
1948년		임춘앵 여성국악단에서 무용지도
1948년	10월	목포역전 가설극장의 "명인 명창 발표회"에서 故 林房蔚 선생과 함께 출연(승무)
1950년		무용동맹 입대, 국악동맹에서 안무
1951년		대구에서 군예대 활동
		군산 영화동에 무용연구소 개설(3년간)
		군산비행장 무대 무용단 출연
1953년		문하생들과 광주에서 첫 발표회
1954년		상경, 동대문구 창신동에 이매방무용연구소 개설
1955년	11월	"이매방 무용 발표회"(광주극장)
1957년	12월	"이매방 승무 발표회"(부산대영극장)
1958년		부산무용가 협회 발족 정회원
1959년	4월	"이매방 무용 발표회"(원각사)
1967년	10월	이매방 무용 발표회 "꽃신 짚신"(명동국립극장)

1968년	8월	"일본 대판(大阪) 상은창립 15주년기념제전"〈승무〉 출연(대판후생회관)
		제23회 "광복절기념공연"〈승무〉 공연(일본 동경 거류민단본부 주최)
1970년	3월	3·1절 기념 "국악대제전"〈승무〉 출연(청탑예식장)
		"전통예술발표회" 총지휘, 〈승무〉 출연(부산대학교 대학극장)
	10월	일본하관시와 부산시와 자매결연기념공연〈승무〉 공연, 예총 부산시지부 주최 광복 25주년기념, 시민회관 착공기념 "뮤지컬 프레이 조국찬가" 출연(구도극장)
1971년	3월	"3·1절 기념 국악대공연 아아! 그날의 함성!"〈승무〉 출연(왕자극장)
1972년	4월	"3·1절 기념 국악예술대제전"〈승무〉 출연(왕자극장)
1973년	4월	6회 "동래야류 발표공연"〈승무〉 출연(금강공원 연못가광장)
	10월	부산시민회관 개관 "죠이풀엔젤스축하공연"〈승무〉 출연(부산시민회관 대강당)
	12월	"4회 전통예술 감상의 밤"〈초립동〉 출연(동래 평화예식장)
1974년	5월	"인간문화재 초청대공연"〈승무〉 출연(왕자극장)
	12월	"무용대공연"〈화랑도〉 출연(전주 삼남극장)
1975년	5월	"강백천 대금산조발표회"〈승무〉 출연(부산민속예술관)
	8월	"이선옥 초청 신작무용발표회"〈사랑과 이별〉 안무, 이선옥과 2인무 출연(국립극장 소극장)
	10월	"창립 10주년 기념 민속예술의 향연"〈승무〉 출연(부산민속예술관)
1976년	1월	문예진흥원창작지원금 무용공연 "신검(바리公主)"(부산시민회관)
	10월	15회 "신라문화제"〈승무〉 출연(경주 반월성)
	11월	"동아문학의 밤"〈승무〉 출연(동아대학교)
1977년	3월	"판소리 감상회" 출연(부산시민회관)
	5월	8회 "명창명인대회"〈승무〉 출연(부산시민회관 별관)
	7월	"이매방 승무발표회"(종로 YMCA강당)
	10월	한국문화예술진흥원 지방무용단 초청공연 "부산무용단 공연"〈신검〉 출연(서울시민회관)
1978년	3월	"세계민속예술제" 한국 대표로 참가(프랑스 렌느시)
	4월	"공간사랑 개관 1주년 기념 전통무용 초청공연"〈삼현승무〉,〈태평무〉,〈보렴승무〉 출연
	5월	한길무용회 전주 공연 "춤의 내력"〈승무〉 출연(전주시민문화관)

	6월	"한길무용회 창립기념 대전무용공연" 〈승무〉 출연(카톨릭문화회관)
	11월	"이매방 전통무용의 밤"(한국 유네스코)
		"무용대공연" 〈승무〉 출연(광주학생회관)
		"무용대공연" 〈승무〉 출연(부산시민회관)
		공간사 창립 12주년 기념공연 – 승무와 살풀이춤
		〈삼현승무〉, 〈살풀이춤〉, 〈검무〉, 〈보렴승무〉 출연
1979년	2월	"불우아동돕기 자선무용공연" 〈승무〉 출연(류관순 기념관)
	3월	"대한항공 민항 10주년 기념공연"(미국 6개 도시 순회공연)
	5월	"전통예술의 향연" 〈승무〉, 〈살풀이춤〉 출연(중앙대학교 루이스홀)
	6월	"송화영 1회 무용발표회" 〈삼현승무〉 출연(중앙국립소극장)
	10월	"한일민속무용의 비교연구를 위한 세미나와 실기교류" 〈살풀이춤〉,
		〈승무〉 출연(서울예술고등학교 강당)
	12월	8회 "전통무용발표회 명무전" 〈승무〉 출연(서울예술고등학교 강당)
1980년	7월	"한일친선 무용공연"(일본 아야미 공원)
	9월	"전(前) 일본총리대신(福田)을 위한 축하공연"(청와대 영빈관)
1981년	4월	"이매방 전통무용의 밤"(한국 유네스코) 미국 워싱턴 케네디센터, 〈승무〉 공연
	8월	"한국전통무용공연"(미국 워싱턴 케네디센터)
	10월	"코스타리카 공화국 대통령 내외분 축하공연"(청와대 영빈관)
1982년		"명무전" 〈살풀이춤〉 공연(한국일보사 주최)
	5월	"제1회 국악대공연"(조선일보사 주최, 세종문화회관)
	6월	"한국명무전" 살풀이춤 출연(서울시립무용단주최. 세종문화회관)
	10월	LA불교문화회관 건립 기금마련 예술제 "동방의 빛" 〈승무〉 출연(세종문화회관 대강당)
1983년	5월	"제2회 국악대공연"(조선일보사 주최, 세종문화회관)
	5월	"무형문화재 정기공연"(국립극장)
	7월	유럽 6개국순회공연(이태리 영국 스위스 서독 홀랜드 불란서)
	8월	이매방,이선옥 전통무용의 밤 공연(예술극장 판)
	9월	유럽 6개국 순회공연 기념 앙코르공연(국립극장)
	10월	"한일무용연구 비교 심포지엄" 한국대표로 참가(일본)
	11월	"세계무용제" 한국대표로 참가(미국 라마극장)

1984년	5월	"제 3회 국악대공연"(조선일보사 주최, 세종문화회관)
	6월	"이매방 무용인생 50주년 기념공연 북소리"(문예회관 대극장)
1985년	4월	"미국 한국문화센타 개관 기념공연"(미국 LA)
	6월	"이매방 전통무용 북소리 2"
1985년	10월	동아일보사주최 제12회 명인명창대공연(세종문화회관 대강당)
1986년	9월	"86 아시안 게임 축전 공연" 참가
		미국과 일본 순회공연
	12월	"지방순회 무용예술제" 〈승무〉 출연(포항시민회관)
1987년	6월	중요무형문화재 제27호 〈승무〉 보유자 지정
1988년	9월	"88 올림픽 문화예술축전" 참가
1989년	2월	"일본무용예술제" 참가(일본)
	5월	"국악 대공연" 참가(조선일보사 주최)
1990년	5월	"국악 대공연" 참가(조선일보사 주최)
	7월	"한일 무형문화재 합동공연"(일본)
	9월	"북경아시안게임 문화예술축제" 공연 참가(북경)
		"이매방 전통무용공연 북소리 3"(호암아트홀)
	10월	중요무형문화재 제97호 〈살풀이춤〉 보유자 지정
1991년	9월	대한민국 국제연합(UN)가입기념 미국 LA 슈라인 오디토리엄, 뉴욕 카네기홀 등 공연
1992년		제14회 대한민국 무용제 전야제 출연
	7월	"UN가입기념공연" 폴란드, 체코슬로바키아, 오스트리아, 스페인, 포르투갈 등 순회공연
	10월	"국악중·고등학교 준공기념 국악제" 〈승무〉 출연(국악중·고등학교)
1993년	9월	"제13회 대한민국 국악제" 〈승무〉 출연
		"가을맞이 국악 한마당" 〈승무〉, 〈살풀이춤〉, 〈보렴승무〉, 〈삼고무〉 공연(마포구청 주최, 대흥극장)
	11월	"노인 복지를 위한 전통예술큰잔치" 초청공연(광주 문화예술대극장)
1994년	6월	"이매방 춤인생 60년 북소리 4"
	9월	미국 퀸즈랜드주정부와 그리피스 대학 주최공연 참가(Conservatorium Theatre South Bank 극장)
		전국체전기념 "전국 유명 국악인 초청공연" 출연(대전 우송예술회관)

		"서울정도 600년 기념 민속예술대공연" 〈살풀이춤〉 출연(세종문화회관)
1995년	3월	"마지막 황후 노을로 타다" 〈한을 푸는 춤〉 출연(문예회관 대극장)
	6월	대구시립국악단 55회 "정기연주회" 〈승무〉 출연(대구문화예술회관)
	7월	"정동극장 개관기념공연"
	7월	"우리민속 한마당"(국립민속박물관)
	9월	광복 50주년 기념 "민속종합예술제" 〈살풀이춤〉 출연(국립민속박물관)
	10월	"광주비엔날레 초청공연"(광주문화예술회관)
	12월	광주 MBC초청 "이매방 무용인생 60년 무용대공연"(광주문화예술회관)
1996년	5월	"김진홍의 춤 그 먼 길…" 〈산조춤〉 출연(부산문화회관 대강당)
	12월	"우봉 이매방 고희기념공연"(국립극장대극장)
1997년	6월	"인간문화재 페스티발"(호암아트홀)
	9월	일본 매방시 제50주년기념 "ASIA 태평양음악제" 〈승무〉 출연
1998년	5월	"일본 경도시 예술제(류구무용·승무·상방무 합동공연)" 〈승무〉 출연(섭성원 내 랑풍정)
	7월	"프랑스 아비뇽 페스티발" 한국주간 참가공연
	10월	"국제무용제 전야제(6인의 명무전)"(문예회관 대극장)
	11월	29회 "중요무형문화재 발표공연" 〈승무〉 출연(국립국악원 예악당)
1999년	10월	"인간문화재 대축제"(남산골 한옥마을)
	11월	"우봉 이매방 춤인생 65년 기념 대공연"(국립극장 대극장)
	12월	"국립창극단 송년대향연" 출연(국립극장 소극장)
2000년	2월	"우봉 이매방 춤인생 65년 기념 대공연"(부산 문화회관 대극장)
	3월	"새천년맞이 무용대공연"(세종문화회관 대극장)
	5월	"인간문화재 초청 판소리와 춤의 향연"(광주문화예술회관 대극장)
	5월	"천년회상 천년상생(Reminiscences & Harmony in the New Millennium)" 〈승무〉 출연(국립국악원 예악당)
	5월	광주시립국극단 19회 정기공연 "인간문화재 초청 판소리와 춤의 향연" 〈승무〉, 〈살풀이춤〉 출연(광주문화예술회관 대극장)
	9월	2000 운현궁 문화행사 "명인명창 大제전" 〈살풀이춤〉 출연(운현궁 특설무대)
	10월	인천세계춤축제 "춤명인전" 〈살풀이춤〉 출연(인천종합문화예술회관)
	11월	"한일고전예능제 2000" 〈승무〉, 〈살풀이춤〉 출연(횡빈능악당)

	12월	한일파트너쉽 무형문화재대향연(전라북도예술회관)
2001년	8월	명인명창 대제전 살풀이춤 출연(운현궁)
	9월	중요무형문화재 우봉 이매방 전통무용 대공연 2001(목포문화예술회관)
	10월	인간문화재 대축제(남산골 한옥마을 천우각 광장)
	12월	2001년 서울특별시 무대공연지원사업 선정 작품
		외길인생 이매방 춤 대공연(국립중앙극장 해오름극장)
2002년	3월	"춘삼월, 삼청각에 부는 바람" 출연(삼청각 일화당)
	5월	"2002년 서울공연예술제" 〈살풀이춤〉 출연(문예회관 대극장)
		"용연야범재현축제" 〈살풀이춤〉 출연(제주 용두암 용연포구)
	8월	"한국천년의 소리" 일본 교토공연
	11월	"이매방 지성자의 세계" 출연(일본 동경 스파이라루홀)
		"존망(存亡)의 추(秋)" 출연(일본 동경 스파이라루홀)
2003년	5월	"동양 춤속의 여행" 출연(국립국악원 우면당)
	6월	국회 공연 "국회가족을 위한 우리 춤 한마당"출연(국회의원회관 대강당)
	8월	"명인 명창전" 출연(운현궁)
	9월	"예인의 향기" 출연(살풀이춤) (국립국악원 예악당)
		"향사 박귀희 선생 10주기 추모기념공연" 출연(국립극장 해오름극장)
	10월	"대를 잇는 예술혼 명인의 후예들" 〈살풀이춤〉 출연(서울 중요무형문화재 전수회관)
	11월	9회 "토박이모음전" 〈승무〉 출연(목포문화예술회관)
	12월	"유성준 국창추모공연" 〈승무〉 출연(국립극장 달오름극장)
2004년	1월	"점 하나로 여는 새해" 〈승무〉 출연(국립국악원 예악당)
	3월	전통음악과 춤 보존센터 초청 "Music and Dance Traditions of Korea"
		〈승무〉, 〈살풀이춤〉 공연(맨해튼 피터 노튼 심포니 스페이스)
	6월	마닐라(걸스타운) 위문공연 The Sisters of Mary School Stadium 세부(C.C.P) 공연
		Performing Art Theater (SM Cebu City)
	9월	제2회 "일한고전무용전" 출연(조일생명홀)
	12월	"외길인생 우봉 이매방 춤인생 70년 기념공연"(국립극장 해오름극장)
2005년	10월	"전무후무"(토월극장)
	10월	"제5회 한국 전통춤 공연"(대구문화예술회관 대극장)

	10월	"제25회 대한민국 국악제"(국립국악원 예악당)
	10월	"우봉 이매방춤 전수관 개관 기념공연"(목포시민문화체육센터 대공연장)
2006년	5월	"아태 생명예술–명상치유 공연예술 축제와 심포지엄" (한국불교역사문화기념관 전통문화예술공연장)
	5월	"성남시민과 함께하는 봄을 여는 춤축제"(성남아트센터 오페라하우스)
	9월	"전주 소리 축제 만정 김소희 선생 추모공연" 출연(한국소리문화의 전당 연지홀)
	9월	"굿 보러 가자"(목포시민문화체육센터 대공연장)
	9월	"우봉 이매방 초청 청주공연"(청주 예술의 전당 대공연장)
	10월	"마산 만날제 축제"(만날제 야외공연장)
	10월	"한국 전통춤 공연"(대구문화예술회관 대극장)
	10월	"제6회 가야금산조축제"(영암군민회관)
	11월	"589년이 춤추는 무대"(아르코예술극장 대극장)
	11월	무용, 무대예술 80년사 "흔아름 보듬어 맺고 풀고……."(세종문화회관 대극장)
2007년	1월	"舞仙 · 님께 드리는 獻舞"(국립국악원 예악당)
	5월	"화성 춤 페스티벌"(수원대학교벨칸토 아트센터)
2008년	6월	"춘미 박록주탄생 103주년 기념" 한마당 어울림 출연(국립국악원 예악당)
	9월	"김명자의 춤" 출연(부산문화회관 대극장)
	9월	"해설이 있는 가무악" 출연(하남문화예술회관 아랑홀)
	10월	"우봉 이매방 선생과 함께하는 목포 아리랑" 출연(목포시민문화체육센터 대공연장)
	12월	서울시무용단 정기공연 "하얀사 고이접어"(세종문화회관 세종M씨어터)
2009년	1월	"2009 NEW YEAR DANCE FESTIVAL"〈승무〉 출연(대구오페라하우스)
	2월	정월대보름 "달맞이 축제" 출연(양재천 수변마당)
	8월	"이매방과 김백봉이 함께하는 해설이 있는 우리 춤"〈승무〉 출연(대전 문화예술의 전당)
	9월	"정성숙의 춤 무상(無常) 그리고 환(幻)" 입춤 출연(국립국악원 우면당)
	10월	"松雪堂 박송희 명창 예술인생 70주년 기념공연 계왕개래(繼往開來)"

		〈살풀이춤〉 출연(국립국악원 예악당)
	12월	"그가 무대에 서면 역사가 된다. 외길인생 우봉 이매방춤 대공연"(영등포 아트홀)
2010년	12월	"외길인생 우봉 이매방 전통춤 대공연"(국립국악원 예악당)
2011년	1월	"우봉 이매방 전통춤 공연" 출연 및 총감독(호암아트홀)
2012년	11월	"우봉 이매방춤 공연" 정기공연(목포문화예술회관)
2014년	8월	"우봉 이매방춤 공연" 정기공연(국립국악원 예악당)

국외 주요 공연 경력

1968년	8월	일본대판상은창립 15주년기념제전 승무 출연(대판후생회관)
		"제23회 광복절기념공연" 승무 공연(일본동경거류민단본부 주최)
1970년	10월	일본하관시와 부산시와 자매결연기념공연 승무 공연
1978년	3월	"세계민속예술제"에 한국대표로 참가(프랑스 렌느시)
1979년	3월	"대한항공 민항 10주년 기념공연"(미국 6개 도시 순회공연)
1980년	7월	"한일친선 무용공연"(일본 아야미 공원)
1981년	8월	"한국전통무용공연"(미국 워싱톤 케네디 센터)
1983년	10월	"한일무용연구 비교 심포지엄"에 한국 대표로 참가(일본)
1983년	11월	"세계무용제"에 한국대표로 참가(미국 라마다 극장)
1985년	4월	"미국 한국문화센터개관 기념공연"(미국 로스앤젤레스)
1987년	12월	일본 도쿄 시부야 PARCO III 극장 〈神命〉 승무 출연
1989년	2월	"일본무용예술제" 참가(일본)
1990년	7월	"한, 일 무형문화재 합동공연"(일본)
1990년	9월	북경아시안게임 문화예술축제 공연 참가(북경)
1991년	9월	대한민국국제연합가입기념 미국L.A 슈라인 오디토리움, 뉴욕 카네기HALL 등 공연
1992년	7월	UN가입기념공연 폴란드, 체코슬라바키아, 오스트리아, 스페인, 포르투갈 등 순회
1994년	9월	CONSERVATORIUM THEATRE SOUTH BANK극장 퀸즈랜드주정부와 그리피스대학(GRIFFITH UNIVERSITY)주최
1995년	12월	"이매방 춤인생 60년 L. A공연"(월서이벨극장)

1997년	9월	일본 枚方市制50周年記念 ASIA 太平洋音樂祭 참가공연(승무)
1998년	5월	일본 경도 〈'98 京舞〉 승무 출연
	7월	프랑스 아비뇽 페스티발 한국주간 참가공연
2000년	10월	California State University, Northering Performing Arts Center에서 공연
2001년	5월	한국고전예능 출연(시즈오까음악관 AOI)
	10월	김묘선 한국전통무용공연(도쿠시마 현 향토문화회관)
		"한국천년의 소리" 출연(일본 고치 현 입현민문화홀, 덕도현 향토문화회관 대홀, 고송시립시민회관, 송산시민회관 중홀)
2002년	8월	"한국천년의 소리" 일본 교토공연
	11월	"이매방 지성자의 세계" 출연(일본 동경 스파이라루홀)
		"존망(存亡)의 추(秋)" 출연(일본 동경 스파이라루홀)
2004년	3월	MUSIC AND DANCE TRADITIONS OF KOREA 장소 : PETER NORTON SYMPHONY SPACE
	6월	마닐라(걸스타운)위문공연 The Sisters of Mary School Sty. Mesa, Manila
		필리핀 세부(C. C. P)공연(Performing Art Theater(SS Theater No.1), SS Cebu City)
	9월	"제2회 일한고전무용전" 출연(조일생명홀)
2005년	10월	2005년 한일우정년 "제23회 무용공연"(오사카국립문악극장)
2009년	2월	호주 "KOREAN DANCE FESTIVAL 2009" 출연(Riverside Theatres)

찾아보기

ㄱ

강선영 93, 95, 219, 238
강성민 278
강이문 16~18, 33, 92, 103, 196, 197, 198, 270
고석규 277
고장신희 63, 64
광기 175, 177, 180
광기의 역사 173
국무 197
군예대 89
궁중 정재 16, 18
권번 32~34, 40, 42, 51, 56, 86, 196, 257
권소온 278
김경옥 111
김덕숙 182
김리혜 177, 190, 278
김매자 201, 202
김명자 129, 131, 136, 143, 145, 146, 187~189, 244, 246, 247, 267, 278

김묘선 125, 193, 271, 278
김문숙 152
김백봉 92, 93, 97, 151, 220
김소희 141, 150, 184
김영희 276
김정기 178
김정녀 15, 277
김진걸 129, 237
김진홍 99, 100, 232, 233
김천홍 201

ㄷ

도쿠시마 271
동춘연예단 30, 31
디오니소스 121

ㅁ

마고트 폰테인 113, 115, 272
만인게터 25
매란방 45, 49, 61~64, 67, 73, 118
목포 권번 47

목포 문예회관 269
무동복 160
무형문화재 143, 193, 197, 222, 229, 254, 262

ㅂ

바이런 106
박봉선 12, 163
박소림 20
박영구 12, 55
박용구 111
백경우 165, 276, 277
법무 16
북교소학교(북교초등학교) 27, 28
북소리 153, 154, 191, 193, 199
비금도 84

ㅅ

살풀이춤 145, 158, 195, 199, 209, 257
석주선 219, 220
송범 94, 237
승무 18, 59, 72, 98, 99, 199, 251, 270
시장신희 63, 64
식은 밥 한 그릇 사건 123, 124
신검 104, 198

ㅇ

아마데우스 149
아비뇽 페스티벌 202
안막 71
안성희 87
애이불비 144
양동 22~24
양우선 166, 167
양종승 258
예가인 256
예능보유자 지정 195
오은명 135, 194, 213
'요염함' 166, 170, 171
원각사 41
은관문화훈장 258
이난영 22, 23
이대조 52, 53, 55, 58, 76, 111, 154, 170, 221
이동안 129
이매방춤 전수관 257
이매방 현상 110, 113
이병옥 121, 189, 271
이세기 176, 185
이시이 바쿠 43, 69, 77
이창조 55
이현주 207, 268, 275

임방울 59, 76, 163
임수정 164
임이조 240, 242
임춘앵 86, 87

ㅈ

장광열 235
장홍심 99, 103, 123
전인권 174, 175
전통무용연구회 107
전황 87
정예회 277
조선미인보감 39
조선음악무용연구회 44
조선춤 115
조지훈 12
조택원 94
중요무형문화재 187
지원병 83
진소홍 57, 58, 76, 238
진유림 278

ㅊ

차범석 126, 127, 135, 145, 195, 226, 274
창무회 201, 202

채향순 278
최승희 18, 27, 45, 69, 70, 74, 75, 77, 78, 92, 220
최종민 230
춤의 그늘 120
친자(親炙) 272, 273

ㅌ

탐미주의 116, 122, 166
탐미주의자 126

ㅍ

푸코 173, 174, 176

ㅎ

한성준 18, 44, 45, 52, 77, 85
한영숙 108, 110~112, 187, 188, 218
허튼춤 58
홍신자 102
홍종인 11, 108
화랑무 105

저 자 | 문철영

　이 책을 지은 문철영은 서울대학교 국사학과를 졸업하고, 같은 대학원에서 석사학위와 박사학위를 받았다. 현재 단국대학교 역사학과 교수로 재직 중이며, 그간 한국 사상에 대한 탐구와 역사 인물의 내면세계 이해에 주력해 왔다. 최근에는 역사학과 심리학[정신분석학]의 만남을 모색하고 있는데, 이러한 연구 방법론에 따른 역사 인물의 평전으로는 『이규보 평전』과 『인간 정도전』 등이 있다.

　2010년 10월경, 국사편찬위원회에서 주관하는 한국근현대사 구술자료 채집을 위한 프로젝트 과정에서 이매방을 처음 만났다. 그 프로젝트의 일환으로, 무용계를 포함한 한국 근현대 예술계의 동향에 대한 이매방의 경험담을 채록하기 위해서였다. 그 후 「동아시아 현대사 속의 매란방과 최승희, 그리고 호남예술의 진수 이매방」과 「인간 이매방과 그의 춤」 등 이매방 관련 논문을 발표하였다.

　그리고 이 평전에서 이매방이 구술로 풀어놓은 산재된 이야기 안에 숨어 있는 '거대 서사'의 커다란 물줄기를 역사적 문맥 속에서 '스토리텔링'을 중심으로 살려내고 있다.

하늘이 내린 춤꾼 이매방 평전
그의 춤 안에는 삶과 죽음 사이의 거리가 없다　　값 17,000원

2015년 12월 22일 초판 인쇄
2015년 12월 24일 초판 발행
2016년　1월 25일 초판 2쇄

저　자　문 철 영
발행인　成 珍 慶
발행처　**새문사**
등록번호　제1-273호 (1977.9.19)

주소 : 서울시 마포구 대흥로6길 6-12
전화 : (02)715 - 7232(代), 717 - 7235, Fax : (02)715 - 7235
E-mail : sinlon@saemoon.co.kr
website : www.saemoonbook.com
ISBN : 978-89-7411-460-2　03680